유대인 예수의 종교

유대인 예수의 종교
(The Religion of Jesus the Jew)

초판 제1쇄 발행: 1955년 8월 30일
제2쇄 개역판: 2019년 2월 15일
저자: 게자 베르메스
         (Geza Vermes)
역자: 노진준
발행처: 은성출판사
등록: 1974년 12월 9일
ⓒ 1995, 2019 은성출판사
전화: (031) 774-2101
팩스: (02) 6007-1154
e mail: esp4404@hotmail.com
homepage: www.eunsungpub.co.kr
주소: 서울시 강동구 성내동 성내로3길 16 은성빌딩 3층

출판 및 판매에 관한 모든 소유권은 은성출판사에게 있습니다. 출판사의 서면으로 사전 허락이 없이 번역, 제제작, 인용, 복사, 촬영, 녹음 등을 할 수 없습니다.

The Religion of Jesus the Jew. Copyright ⓒ 1993 by Geza Vermes. First Fortress Press edition published and Eunsung Publications has All rights for the Korean version under the translation contract with SCM in England.

ISBN: 979-11-963287-9-5 93230
printed in Korea

The Religion
of
Jesus the Jew

Géza Vermes

유대인 예수의 종교

게자 베르메스 著

노진준 譯

목차

서문 / 11
제1장 유대인 예수와 그의 복음 / 15
제2장 예수와 율법: 예수의 유대교 / 31
   1. 율법의 의미 /31
   2. 율법을 준수하는 유대인으로서 복음서에 나타난 예수의 모습 / 35
   3. 율법에 관한 예수의 정통적이고 확신 있는 가르침 / 40
      1) 예수의 의식법 준수 / 42
      2) 토라 전반에 걸친 법적 효력 / 43
      3) 예수께서 율법을 반대하신 적이 있었는가? / 48
      4) 율법에 대한 예수의 요약 / 76
   4. 율법을 윤리화함 / 87

제3장 선생이신 예수: 성경적, 카리스마적 권위 / 89
   1. 선생으로서의 예수 / 89
   2. 예수의 가르침에 있어서 성경의 사용 / 95
      1) 성경 구절의 재사용 / 97
      2) 성경적 선례들 / 103
      3) 강조나 대조를 통한 해석 / 113
      4) 페셔 형식의 주해 혹은 예언의 성취로서의 해석 / 113
      5) 복음서의 미드라시 / 122
   2. 예수의 카리마적 권위 / 129

제4장 잠언과 비유 / 139
  1. 잠언을 통한 가르침 / 143
    1) 좁은 문 / 145
    2) 낮춤과 높임 / 145
    3) 들보와 티 / 146
    4) 의사-선지자 / 147
    5) 등불-소금 / 149
    6) 추수-일꾼 / 152
    7) 연자맷돌 / 152
    8) 새들과 짐승들과 꽃들 / 154
  2. 비유에 나타난 교훈들 / 163
    1) 성경에서 쿰란까지 / 163
    2) 랍비 비유들 / 167
  3. 예수의 비유 / 176
    1) 농부의 비유 / 176
      (1) 씨뿌리는 자의 비유 / 177
      (2) 몰래 자라는 씨앗의 비유 / 178
      (3) 무화과 이야기 / 179
      (4) 겨자씨의 비유 / 180
      (5) 가라지의 비유 / 180
      (6) 잃어버린 양의 비유 / 181
      (7) 물고기의 비유 / 182

2) 일상생활의 사건에 근거한 비유 / 183
　　　(8) 건축자의 비유 / 183
　　　(9) 마태복음 11장 16-19절의 비유 / 185
　　　(10) 쫓겨난 귀신의 비유 / 185
　　　(11) 누룩의 비유 / 186
　　　(12) 잃어버린 드라크마의 비유 / 187
　　3) 사회적인 비유 / 187
　　　(13) 어리석은 부자에 관한 비유 / 188
　　　(14) 악한 종에 관한 비유 / 188
　　　(15) 두 아들의 비유 / 189
　　　(16) 포도원 품꾼들의 비유 / 190
　　　(17) 악한 종의 비유 / 191
　　　(18) 빚을 탕감해 주는 이야기 비유 / 192
　　　(19) 달란트의 비유 / 192
　　　(20) 옳지 않은 청지기의 비유 / 193
　　　(21) 주인과 임금의 비유 / 193
　　　(22) 하인의 보상에 관한 비유 / 193
　　　(23) 감추인 보물의 비유 / 194
　　　(24) 값비싼 진주를 찾아다니는 비유 / 194
　　　(25) 현명한 집주인에 관한 비유 / 193
　　　(26) 도둑에 관한 비유 / 195
　　　(27) 밤중에 찾아온 친구의 비유 / 195
　　　(28) 바리새인과 세리의 비유 / 196
　　　(29) 선한 사마리아 사람의 비유 / 198
　　　(30) 탕자의 비유 / 200
　　　(31) 부자와 나사로에 관한 비유 / 201
　　4) 심판과 재판에 관한 비유 / 201
　　　(32) 소송에 관한 비유 / 202
　　　(33) 불의한 재판관의 비유 / 203
　　　(34) 마지막 심판에 관한 비유 / 203

5) 결혼잔치의 비유 / 204
     (35) 결혼식에 관한 비유 / 204
     (36) 열 처녀의 비유 / 205
     (37-38) 문지기의 비유 / 206
     (39) 결혼잔치에 관한 마지막 비유 / 206
  4. 예수의 비유의 목적과 교훈 / 207

  부록: 공관복음에서의 비유의 분배 / 213

제5장 예수와 하나님의 나라 / 215
  1. 신약 외에서의 하나님 나라 / 217
    1) 성경적인 하나님 나라 / 217
    2) 신, 구약 중간 시대의 하나님 나라 / 222
    3) 랍비 문학과 회당예식에 나타난 하나님 나라 / 233
  2. 하나님 나라에 대한 예수의 개념 / 240
    1) 예수의 비유에 나타난 왕국 / 243
    2) 예언적 선포에 나타난 왕국 / 246
    3) 예수의 교훈과 계명에 나타난 왕국 / 251
  3. 진짜 예수의 진짜 메시지 / 257
    1) 예수의 "하나님 나라"는 무엇인가? / 257
    2) 예수는 언제 천국이 임할 것으로 기대했는가? / 258
    3) 예수는 어떻게 천국에 들어갈 수 있다고 이해했는가? / 260
  4. 예수와 유대인의 종말론에 있어서 천국 메시지 / 262

  부록: 신약성경 다른 부분에 나타난 하나님의 나라 / 264

제6장 "아빠 아버지": 예수의 하나님 / 267
  1. 예수의 가르침에 있어서 하늘에 계신 아버지 / 268
    1) 비유에 나타난 아버지 / 269
    2) 교훈에 나타난 아버지 / 269
    3) 예수의 기도에 나타난 아버지 / 280
    4) 하늘에 계신 아버지의 아들 / 292

2. 고대 유대교 역사에서의 하늘 아버지에 대한 예수의 가르침 / 302
      1) 성경에 나타난 하나님 아버지 / 302
      2) 신, 구약 중간 시대 문학의 아버지 / 306
      3) 랍비 문서에서의 아버지 / 309
      4) 하늘 아버지에 대해 예수의 교리에 나타난 전통적이고
         개인적인 요소들 / 313

   부록: 아바는 "아빠"가 아니다! / 316

제7장 종교인 예수 / 321
   1. 예수의 종말론적 유대교 / 328
   2. 예수의 종말론적 열정의 결과 / 331
      1) 종말론적 개인주의 / 332
      2) 종말론적 긴박성 / 335
      3) 종말론적 절대성 / 336
   3. 예수의 종말론적인 종교 행위 / 337
   4. 예수의 종교의 근원 / 340
      1) 믿음 / 341
      2) 하나님의 형상 / 346
   5. 거룩한 자 예수 / 357

제8장 예수의 종교와 기독교 / 359

참고문헌 / 371
약어표 / 381
색인 / 385

서문

이 책은 1973년에 시작된 『유대인 예수』(Jesus the Jew)와 10년 후에 선을 보인 『예수와 유대교의 세계』(Jesus and the World of Judaism)를 완성하는 세 번째 책이다.

처음 두 권과 마찬가지로 『유대인 예수의 종교』도 마태, 마가, 누가 복음으로 된 공관복음을 읽은 한 개인의 입장이다. 따라서 본서는 독자들에게 학문적 입장에 대한 일반적인 고찰이나 여러 다른 이론과의 논쟁 등을 제공하지 않는다. 다른 저자들의 의견은 내게 감동을 주거나 유익한 토론으로 유도했을 때만 인용했다.

이 책은 물론 성경학자들이나 신학자들도 한 번 읽어보기를 희망하지만, 궁극적으로는 성경이나 신약, 혹은 신학을 전공하지 않은 사람들로 고대 종교들, 고대 역사와 문화, 특히 유대교를 연구하는 사람들을 위해 기록되었다. 신앙의 기원에 대한 학문적인 훈련이 없는 기독교인 독자들에게는 여러 군데서, 특히 마지막 부분에서 받아들이기 힘들고 혼동이 되겠지만 사고의 영역을 넓혀 주기도 하리라고 믿는다. 복음서나 고대 유대 외경들에 익숙하지 않은 독자들을 위해서 문학적 증거들을 참고문헌에 암시하기보다는 일일이 인용하였다.

여러 해 동안 유대인 예수에 관해 강의하면서 종종 첫 시간부터 이런 반대에 부딪히곤 했다. 만일 예수가 정치적 선동가도 아니고 유대교의 기본 신조를 공격한 선생도 아니었다면 왜 죽음을 당했는가? 『예수와 유대교의 세계』의 서문에서 이미 언급한 바 있는 내용을 다시 반복하기보다는 아주 간단하게 나의 입장을 요약해 보고자 한다.

예수의 체포와 처형은 직접 그의 말이나 행위 때문이 아니었고 순례자들로 가득 차 있던 1세기 예루살렘이라는 화약통 속에서 율법과 질서의 책임을 지고 신경이 예민해 있던 권세자들을 두렵게 만든 반항적이고 선동적인 언행 때문이었다. 성전에서 돈 바꾸는 자들과 장사꾼들의 상을 뒤엎는 난동만 없었어도, 유대인들의 최후의 해방자이자 고대하던 메시야가 나타날 것이라고 예상되었던 유월절이 아닌 다른 때에 그런 일이 있었어도 그는 죽음을 면할 수 있었을 것이다. 그는 그의 잘못(소동을 부림)으로 좋지 않은 장소(성전)에서 좋지 않은 시간(유월절)에 십자가에서 죽었다. 여기에 유대인 예수의 참 비극이 있었다.

약 25년 전에 내 영어에서 틀린 부분을 발견한 고(故) Godfrey-Driver 교수가 이런 질문을 했다. "그런데 어떻게 글을 쓸 때는 틀린 부분이 하나도 없는가?" 나의 대답은 간단했다. "내게는 나와 함께 일하는 영국인 아내가 있습니다." 35년이 넘도록 아내 팸과 나는 나의 논문과 책의 내용과 양식을 위해 항상 함께 일해 왔다. 건강이 좋지 않음에도 불구하고 보여준 그녀의 도움은 이 책 『유대인 예수의 종교』

의 질을 높였을 뿐만 아니라 출판사와의 약속 기일도 지킬 수 있게 해주었다. 우리의 창조적인 사역의 모든 결실을 그녀에게 돌린다.

옥스퍼드, 1992년 10월 15일

제1장

유대인 예수와 그의 복음

　제1차 세계대전이 발발하기 전 낙관주의적 시대의 대부분의 신약학자는 이성적, 비판적 노력을 통하여 역사 속의 예수를 재발견할 수 있으리라고 분명히 믿었다. 에른스트 르낭(Ernest Renan)의 『예수의 생애』(*La vie de Jesus*, 1863)와 알버트 슈바이처의 『역사적 예수의 탐구』(*The Quest of the Historical Jesus*)가 이와 같은 움직임의 대표작들이라 할 수 있다. 이러한 단순한 기대와 함께 그의 메시지에 대한 포괄적인 이해가 충분히 가능하다는 확신도 어느 정도 확산되어 갔지만, 1929년과 1931년에 각각 출판된 예루살렘에 있는 에콜 비블리크(Ecole Biblique)의 프랑스 도미니칸 창시자인 마리-요셉 라그랑제(Marie-Joseph Lagrange)의 『예수 그리스도의 복음서』(*L'évangile de Jesus-Christ*)와 이곳 영국에서는 맨슨(T. W. Manson)의 『예수의 교훈』(*The teaching of Jesus*)이 이러한 운동의 마지막 저서들이 아닐까 생각된다.

　의심의 구름이 1914년 후반과 1926년부터 서서히 끼기 시작하더니 『예수』라는 책(영어로는 Jesus and the Word라는 제목으로 1934년에 출판)의 출현과 함께 깊이 뿌리를 내린 비관주의의 새 시대의 장이 열리게 되었는데, 이 책에서 그 후 수십 년간 신약학계에 지대한 영향을 미친 루돌프 불트만은 초대교회의 자료들, 즉 복음서가 예수의 삶이나 인격에는 관심이 없었기 때문에 그의 생애와 인격은 역사적 지식의 영역을 초월해서 소개되었다고 선언했다(op. cit., p. 14).

불트만의 견해에 의하면 복음서는 예수의 사상과 갈망을 전하는 것이 아니라 편집과 전승의 책임을 지고 있던 초대교회의 영적, 제도적 필요를 외치고 있다는 것이다. 즉 그 교훈 중에 어떤 것은 정통성이 있다는 데 의심의 여지가 없지만, 그 외에는 같은 문서에도 바울이 부른 대로(고전 12: 28; 14: 29, 32 등) 소위 기독교 선지자라고 하는 사람들이 교회 모임이나 예배 중에 부활하신 주님의 이름으로 발설한 내용도 있다는 것이다. 양식비평 혹은 불트만 학설이라고 불리는 이 입장은 기록의 문학적 구성 요소를 구분하여 그것들의 본질을 초대 기독교 역사에서 그것들이 감당했던 역할과 일치시킨다. 공관복음에 나타난 같은 사건에 대한 반복적인 기록을 통해 불트만은 그 자신이 말한 대로 극소수의 경우만 예수에게 해당한 것이었음을 보임으로 모든 전통의 원시역사를 찾으려는 야망을 품고 있었다.[1] 그의 전공 분야가 셈어(히

---

1) 『공관복음 전통의 역사』(*The History of the Synoptic Tradition* [이후로는 *HST*]:1963), 105. 동의할 수 없는 역사적 추론이 종종 있기는 하지만, 수준 높은 문학적 분석을 인하여 본서에서는 자주 언급될 것이다.

브리어와 아랍어)가 아닌 헬라어였던 만큼 그와 같은 결과는 사실 그리 놀라운 것이 아니다.

불트만의 독일에서의 엄청난 영향과 북아메리카에서의 그의 후계자들의 영향으로 신약학계에서 참 역사적 예수 연구에 관한 시계는 거의 50년 동안 멈추어 있다가, 1950년에 와서야 독일에서 "새로운 탐구" 운동이 일어났고 불트만의 학생이었던 군터 보른캄(Gunther Bornkamm)이 『나사렛 예수』라는 제목의 책을 과감히 출판했다.

양식비평이 아직도 압도적인 시대에 그와 같은 시도는 참으로 어리석어 보였을 것이 틀림이 없다. 실제로 엄청난 비난과 반대를 예상한 보른캄이 얼마나 긴장했는가는 그의 첫 문장에 잘 나타나 있는데, "이제는 아무도 예수의 생애에 관해 쓰려고 하지 않는다"[2]는 그 첫 문장은 원래 그 책의 의도와는 상반되는 느낌마저 든다.

물론 복음서가 예수의 생애나 혹은 예수의 가르침에 관한 체계적인

---

2) *Jesus von Nazareth(1956)*[영어판 제목: *Jesus of Nazareth*(1960)]. 보른캄의 예수에 대한 이해의 관점으로 볼 때 이 책은 전혀 새로울 게 없고 최근까지도 전통적으로 내려오던 유대교에 대한 독일 학계의 반감을 반영하고 있다. 보른캄은 예수가 유대인의 범주 안에 있었다는 사실을 인정하기를 꺼리며 오히려 포로생활 이후의 좁고 편협한 유대교는 이스라엘 종교의 변색된 모습이었기 때문에 이방인으로서 거리를 두고 있었다고 주장했다. 서기관과 바리새인들의 영향력 아래 유대교는 형식적인 율법주의요, 예수와 대조를 이루는 탈무드 종교의 서정으로 발전되었다.

연구를 위해서는 부족한 것이 너무 많다. 하지만 그것은 "예수"에 관해서는 거의 아무것도 알 수 없다는 불트만과 그의 동료 회의론자들의 주장에서 비롯된 부르짖음에 불과하다. 더욱 합당한 질문은 예수의 생애와 교훈, 그리고 그의 성격에 관해 핵심적이고 중요한 것을 알 수 있는지다. 지난 20년간 출간된 몇 권의 책은 (그중 세 권은 옥스퍼드에서 출간되었다) 그것을 알 수 있다고 주장한다. 불트만이나 그의 동료들과는 달리 역사적 탐구에 중점을 둔 최근의 저자들은 공관복음서 자체 내에서 문제를 다루면서도 참된 예수를 이해하는 데 성경 이후의 유대 문학이 끼친 영향에 대해 말로만 인정할 뿐 아니라 실제로 여러 가지 방법으로 폭넓게 활용하고 있다. 하지만 이제 그들의 입장을 다루기 전에 갈릴리 유대주의의 전문가요 훌륭한 고대 역사가인 옥스퍼드에 있는 나의 후임자 마틴 굳맨(Martin Goodman)이 불트만 학파의 모순을 정확하게 지적하며 한 말에 주의를 기울이는 것이 좋을 듯하다.

"예수의 생애와 사역을 재구성하는 데 발생하는 문제가 무엇이든 간에(실제로 문제들이 엄청나게 많다) 복음서에 기록된 그의 생애에 관한 일반적인 윤곽이 정확하다고 보는 것이 그렇지 않다고 보는 것보다 더 일리가 있다. 왜냐하면 이 이야기들이 부분적으로 수정된 것이 아니라 신학적인 목적으로 완전히 재구성되었다는 가설은 예수의 생애에 관한 윤곽이 정확하게 묘사되었다는 믿음보다 더 나을 것이 없기 때문이다. 전자에 대한 여러 이견 중에는 각 복음서에 나타나 있는 예수에 대한 상반된 입장과 자서전을 신학적 교훈을 위한 수단으로 사용했다는 희귀함도 포함되어 있다."[3]

본서와 이전에 출판된 『예수와 유대교의 세계』(1983)의 전편이라고 할 수 있는 『유대인 예수』(1973)는 맨 마지막에 다루기로 하고, 우선 나의 절친한 친구요 옥스퍼드의 동료였던 하비(A. E. Harvey)와 샌더스(E. P. Sanders)의 저서들로부터 시작하도록 하자.

『예수와 역사의 억제』(Jesus and the Constraints of History: 1982)에서 하비는 복음서의 일반적인 역사적 신빙성에 대한 회의적 입장에 어느 정도 동의하면서도 예수님의 생애에 관한 연구에 불고 있는 신선한 바람을 매우 긍정적으로 평가한다. 그래서 그는 이렇게 말한다: "역사적 신빙성에 대한 정상적인 기준으로 볼 때 의심해야 할 아무런 이유도 없는 예수에 관한 분명한 사실도 있다. 이러한 사실 중에는 예수가 갈릴리와 유대에 잘 알려진 인물이라는 것, 그가 선생이었다는 것, 여러 종류의 병을 고쳤다는 것, 특히 귀신을 쫓아내었는데 이것들은 모두 기적으로 간주하였다는 것, 모세의 율법에 관한 문제에 있어 동료 유대인들과 마찰이 있었다는 것, 본디오 빌라도가 총독이었을 때 십자가 처형을 당했다는 것들도 포함되어 있다"(p. 6).

반면에 복음서에 관한 제한된 역사적 신빙성을 제시하면서도 다른

---

[3] *The Ruling Class of Judaea*(1987), 22f. 또한 *State and Society in Roman Galilee*, A.D. 132-212(1983)를 보라.

대부분 신학자와 마찬가지로 그는 "정말로 중요한 것" 즉 "예수의 메시야적 의식 상태, 그의 도덕적 완전성, 혹은 그의 하늘에 계신 아버지와의 관계" 등에 관해 알 가능성은 부인한다. 다시 말해 그는 예수의 자서전적 서술은 인정하면서도 그가 볼 때 불투명한 교리적인 부분에 대해서는 상당히 회의적이다.

신학자라고 볼 수 없는 에드 샌더스는 예수의 종교적 메시지에 관한 아주 민감한 부분에 대해서도 망설임 없이 상당히 저돌적으로 접근한다. 『예수와 유대교』(1985)에서 샌더스는 복음서를 교훈서로 규정하고, 확실하고 충분히 가능하며 믿을 만하며 신빙성이 있는 것으로 평가했다. 그의 첫 번째 범주에는 예수가 하나님 나라를 악인을 포함한 모든 사람에게 전했다는 논증과 그가 종말론적인 배경에서 복음을 전했다는 것, 예수나 그의 제자들이 의도한 천국의 도래는 정치적인 것이 아니었다는 것, 그리고 그는 모세의 율법을 전적으로 반대하지 않았다는 논증 등이 포함되어 있다(p. 326).

나의 첫 번째 논문인 「유대인 예수」는 다음의 두 가지 확신에 근거하는데 그 첫 번째가 역사가들은 믿음과 별개로 연구에 정진할 의무와 권리가 있다는 것이고, 다른 하나는 (예수 시대의 팔레스타인 유대인들에 대한 방대한 지식의 증가에 감사한다) 복음서와 같은 비역사적인 자료들에서도 역사적으로 신빙성 있는 정보를 끌어내는 것이 가능하다는 것이다.

이 연구는 요한복음을 제외한 마태, 마가, 누가복음에 제한되어야 하는데, 그 이유는 요한복음이 간간이 역사적인 내용을 담고 있기는 하지만 역사적 탐구를 하기에는 신학적으로 너무 진보되어 있기 때문이다. 요한복음과는 반대로 교리적 선입관 없이 공관복음을 읽는다면 직접적으로는 요세푸스를 통해 알 수 있고 간접적으로는 랍비 문학을 통해서도 알 수 있는 1세기 갈릴리 상황에 딱 들어맞는 유명한 선생, 치료자, 귀신을 쫓아내는 자로서의 예수의 모습을 발견할 수 있다. 그는 엘리야나 엘리사와 같은 성경의 선지자들을 모델로 한 주전 1세기의 호니(Honi)나 예수 이후 시대의 하나나 벤 도사(Hanina ben Dosa)와 같이 기적을 행하는 거룩한 사람들의 카리스마적 유대교를 대표한다. 그들은 모두 굶주린 자들을 먹이고, 정신적, 육체적 병자들을 치료했으며, 귀신을 쫓아내었다.

「유대인 예수」의 후반부는 복음서에서 예수님에게 부여된 칭호들—선지자, 주님, 메시야, 인자, 하나님의 아들—을 중점적으로 다루었다. 이 칭호들을 언어학적, 역사적으로 분석해보면 아람 어구인 "인자"를 제외하고는 현존하는 유대 문학이 뒷받침해 주는 칭호의 사용을 찾아볼 수 없고, 예수가 주장하거나 인정했다고 생각되지 않는 "메시야"도 선지자, 주님, 혹은 상징적으로 하나님의 아들이라고 불릴 수 있는 거룩한 사람들에게 적용했던 칭호임을 알 수 있다. 따라서 요술사 호니의 하나님과의 관계는 아들과 그의 아버지의 관계와 비교되고, 세례받을 당시의 예수처럼 하나나 벤 도사도 하늘로부터 "나의 아들"이라는 음성을 들었다고 묘사되었다 (*J.J.* 206-10).

『유대인 예수』의 핵심은 기독교의 신학적 사고 이전의 최초의 복음서 전통에서의 예수에 대한 인식인데, 예수를 카리스마적인 선지자적 설교가로, 기적을 행하는 자로 당시 알려졌던 이러한 영적 운동의 대표자들보다 훨씬 더 뛰어난 인물로, 자신의 윤리적 가르침의 고상함과 독특성과 창조성에 감사하는 위대한 갈릴리 출신 하시드(신앙 부흥 운동가)로 인식한(Joseph Klausner)[4] 것이다. 이와 같은 인식에 긍정적, 부정적 영향을 막대하게 끼친 인물은 예수를 현인(賢人), 그리고 놀라운 이적을 행하는 자로 묘사한 1세기 유대인 역사가 플라비우스 요세푸스인데, 그의 묘사는 아주 긍정적인 복음서의 묘사와 예수를 "사기꾼 혹은 마술사"로 본 후기 탈무드의 묘사[5] 사이에서 중립적인 입장

---

4) 정확하게 70년 전에 예수에 관한 책을 썼던 최초의 현대 유대인 학자인 요셉 클라우스너(Joseph Klausner)는 예수의 도덕적 가르침을 크게 칭찬하면서 끝을 맺었다. "그의 윤리적 교훈은 히브리의 다른 어떤 윤리적 교훈과도 비교할 수 없는 독특성과 창조성, 그리고 숭고함이 있다. 그의 비유와 비교할 만한 훌륭한 것 또한 찾아볼 수가 없다. 그의 잠언의 날카로움과 예리함, 그리고 힘있는 풍자들은 윤리적인 사상을 대중적인 소유물로 만드는 데 탁월한 이바지를 했다. 만일 이적과 신비주의로부터 윤리적인 사상을 온전히 걸러내는 그 날이 온다면 예수의 윤리서는 이스라엘 문학 역사상 가장 소중한 보물이 될 것이다"(*Jesus of Nazareth: His Life, Times and Teaching* [1925], 414).

5) *Testimonium*에 관한 참고문헌 목록을 위해서는 펠드만(L.H.Feldman)의 *Josephus and Modern Scholarship* 1937-1980 (1984), 673-99와 나의 논문 'The Jesus Notice of Josephus Re-examined', *JJS* 38(1987) 1-10을 보라. *Testimonium*에 대한 나의 가상적인 재구성은 다음과 같다. "이맘때쯤에 현인 예수가 살고 있었다. … 그는 엄청난(문자적으로

을 보였다고 볼 수 있다.

그 사이에 출판된 학문적인 서적들은 다른 각도에서 여러 가지 모양으로 나의 기본적인 이론을 확인시켜 주었다. 세갈(J. B. Segal)은 대중적 유대교와 성경적 그리고 성경 이후 시대에 이미 잘 알려진 칭호인 "하나님의 아들"이 열정적인 하시드에 대한 또 다른 표현이라는 폭넓은 역사적 배경을 제시했고[6], 호니와 하나나 벤 도사에 대한 치밀한 연구를 통하여 그리인(W. S. Green)과 고(故) 복서(B. M. Bokser)는 랍비들의 증거에 대한 나의 입장을 뒷받침해주었다.[7] 또한 세안 프레인(Sean Freyne)과 마틴 굳맨은 고대 갈릴리에 관한 우리의 지식을 더해줌으로 예수와 복음서를 역사적으로 이해하는 데 더욱 정교한 윤곽을

는 역설적인) 일들을 행했다. … 그는 많은 유대인을 설득했고…그리스도라고 불렸다. 우리 중에 지도자들의 소송에 의해 빌라도가 그에게 십자가 처형의 언도를 내렸을 때 처음부터 그를 사랑하던 자들은 그에게서 떨어지려 하지 않았다. … 그의 뒤를 이어서 그리스도인이라 불린 이 족속은 오늘날까지 사라지지 않았다"(*Ant.* xviii, 63f.).

6) "Popular Religion in Ancient Israel", *JJS* 27 (1976), 1-22.

7) Green, 'Palestinian Holy Men: Charismatic Leadership and Rabbinic Tradition', *ANRW* ii.19.2(1979), 619-37; Bokser, 'Wonder-working and Rabbinic Tradition. The Case of Hanina ben Dosa', *JSJ* 16(1985), 42-92.

제공했다.[8] 여러 면에서 유익하고 도움이 많이 되기는 했지만 크로산(J. D. Crossan)이 그의 최근 책에서 예수를 "마술사요 선지자"로 표현한 것은 역사적 자료에 민감하지 못한 표현이라고 생각한다. 왜냐하면 그 책의 부제에서 예수를 "시골 사람"이라고 칭한 것과 마찬가지로 예수를 마술사라고 부르는 것은 적합하지 않기 때문이다(몰톤 스미스[Morton Smith]에게는 실례이지만).[9]

그러나 무엇보다 중요한 것은 역사적 예수의 특징을 정의할 때 열정적 치료자, 선생, 선지자라고 한 나의 입장이 오늘날 최고의 신약 신학자라 할 수 있는 마틴 헹엘(Martin Hengel)과 샌더스의 저서에 똑같이 정의됨으로 지지를 받고 있다는 것이다.[10] 두말할 나위 없이 예수의 종교에 관해 본서도 이와 같은 이해를 시발점으로 할 것이다.

예수의 가르침의 정통성에 대한 추구는 어느 면에서는 그의 역사적 윤곽을 찾으려는 시도보다 더욱 위험하다. 사실 대부분 학자가 동의하는 유일한 점은 복음서에 예수에게서 비롯되지 않은 많은 요소가

---

8) Freyne, *Galilee from Alexander the Great to Hadrian*(1980); *Galilee, Jesus and the Gospels*(1988); Goodman, *State and Society in Roman Galilee, AD 132-212* (1983).

9) *The Historical Jesus: The Life of a Mediterranean Jewish Peasant* (1991), 137-67. Cf. Smith, *Jesus the Magician*(1978).

10) Hengel, *The Charismatic Leader and His Followers*(1981); Sanders, *Jewish Law from Jesus to the Mishnah*(1990), 3.

포함되어 있다는 것이다. 진실을 찾아내려는 나의 첫 번째 작업의 기초는 1981년 타인의 뉴캐슬 대학에서 강의하고 같은 해에 같은 제목으로 출판했던 세 번의 리델 기념강의(Riddell Memorial Lectures)로 된 『유대인 예수의 복음』에 나타나 있는데, 그 내용이 약간 수정되어 『예수와 유대교의 세계』 제2~4과(1983)에 포함되었다. 예수의 참 메시지를 찾는 매우 힘들고 어려운 길을 가는 데 도움을 주려는 지침을 제시했는데, 필요하다고 생각되는 곳에서 보강되고 변형된 양식비평에서 도입한 원칙들도 포함했다(JWJ 21-25). 하지만 이 지침들을 요즘 유행하는 것처럼 "방법론"이라고까지 칭하는 것은 매우 적합하지 않다. 내 생각에 혁신적이기를 기대하는 연구들은 이미 결정된 원칙이나 엄격한 지침에 매여서는 안 된다. 헝가리에서 태어나 벨기에와 프랑스에서 교육을 받고 영국의 시민이 된 한 사람에게서 나온 주장이 별로 흥미 없어 보일지라도 나는 내가 영국의 참 실용주의자가 된 것을 자랑스럽게 생각한다.[11]

합리적인 방법론은 나를 주저하게 한다. 아마도 그 이유는 대서양 건너에서 나를 비판하는 교의론자들이 그들의 원칙과 지침을 따르지

---

11) 나의 대학의 전(前) 학장이었던 이사야 베를린 경이 몇 년 전에 나에 관해 "흐리멍텅하다"고 하면서 그런 용어로 나를 묘사하는 것을 들었을 때 나와 같은 방향으로 대답했다고 한다. "접목이 이루어졌소. 그렇지 않소. 때로는 그런 일이 가능하오."

않고 비합법적인 방법으로 바른 결론에 도달했다고 여러 번 나를 비판한 적이 있기 때문인지도 모른다. 앞으로 이 책에서 내가 따르게 될 방식은 많은 시도와 실수를 통해 빈 곳을 하나씩 하나씩 채우기 전에 외각의 경계를 먼저 정하는 것이다. 과거에 내가 방법론적으로 경계를 정하려고 했던 유일한 때는 보편적인 규범들을 제시하고자 할 때가 아니라 내 생각을 분명히 밝히고자 할 때뿐이었다.[12]

공정하고 민감하게 다룬다면 랍비 문학이 복음서를 연구하는 데 매우 유익한 혹은 아주 독특한 이바지를 할 수 있음을 개인적인 경험을 통해 알고 있다. 사실 랍비 문학을 그와 같은 목적으로 이용하는 것은 17세기 존 라이트풋(John Lightfoot)의 *Horae Hebraicae et Talmudica*(1658-78)가 빛을 보고, 특히 1922년과 1928년 사이에 헤르만 스트라크(Hermann Strack)와 폴 빌러백(Paul Billerbeck)에 의한 그 악명 높은 네 권짜리 『탈무드와 미드라시로부터의 신약성경에 대한 주석』*(Kommentar zum Neuen Testament aus Talmud und Midrash)*이 출판된 이래 관례적인 것이 되었다. 위의 책은 일부 신약학자들에게는 복음서보다 더 큰 권위를 가지고 있는 듯했고, 그들은 복음서를 가차 없이 비판하면서도 그 주석에는 비판을 가하지 않았다. 하지만 이제 그 책도 최근에는 명성을 많이 잃었다(*JWJ* 62-64). 1세기 말엽으로 보이는

---

12) 'Jewish Studies and New Testament Interpretation', *JWJ* 74-88, 173-5. 원래는 *JJS* 33(1982), 361-76에 출판됨.

신약을 2백 년에서 5백 년 사이에 수집된 랍비 문학과 비교하는 것은 아주 심각한 시간적 문제를 안고 있는 것으로 오랫동안 간주하여 왔다. 더 오래된 신약을 해석하기 위해서 시대적으로 그 이후의 미드라시나 탈무드 혹은 미쉬나를 사용하는 것이 합당한가 하는 질문을 해야 한다. 최근에는 사해문서로 인하여 이 딜레마가 더 심각해졌다. 최근의 학계는 1947년 전까지는 존재하지 않던 초기 기독교와 동시대의 문서, 혹은 그보다 약간 이전의 문서를 많이 소유하고 있다.

이와 같은 새로운 상황에서 복음서의 의미를 찾기 위해 미쉬나, 토세프타(Tosefta), 미드라시, 탈무드를 연구하는 것이 아직도 가치가 있는가? 쿰란파 학자들은 그렇지 않다고 이구동성으로 대답한다. 사해문서만이 그 시대의 것이요 랍비들은 무시되어야 한다고 한다. 이와 같은 학파의 대부분은 탈무드 원문에 익숙지 않기 때문에 그와 같은 어려운 원문들과 익숙해져야 할 필요로부터 멀어지려고만 하는 것은 아닌가!

이 문제를 명쾌하게 하기 위해서는 한 걸음씩 진행해야 한다. 앞선 시대의 복음서를 설명하기 위해서 후대의 랍비 문학을 사용할 수 있는가? 만일 랍비 문학에 있는 내용이 편집과 양식에 있어서 뿐만 아니라 내용에 있어서 1세기 이상 뒤떨어져 있다면, 혹은 이 두 장르의 유사성이 랍비들이 복음서 기록자들을 의존함에서 비롯되었다면 대답은 분명히 부정적이다.

그러나 유대 현인들이 복음서에서 그들의 사상을 빌려왔을 가능성은 상상조차 하기 어렵다. 실제로 산발적이고 의심이 가는 몇 군데를 제외하고는 랍비들이 복음서를 알고 있었다는 사실조차도 증명할 수 없다. 신약에 대한 부정적인 반응조차도 거의 찾아볼 수가 없고 설령 있다 해도 그것들은 비교적 후기, 즉 기독교가 유대교를 위협하기 시작한 3세기나 4세기경의 문서들에서나 찾아볼 수 있다. 동시에 랍비 문학에 기록된 모든 내용이 탈무드 시대에 만들어졌다는 이론도 그 가능성이 희박하다. 문서 자체에 내포된 증거나 철저한 연구의 결과는 모두 이 문서들이 대부분 초기의 교훈들이며, 그것들이 전승되는 도중에 탈무드 편집자들에 의해 재편집되거나 재구성되었다는 쪽으로 기울고 있다.

더욱이 랍비의 탈굼이나 미드라시의 내용이나 양식과 같거나 비슷한 유대문서들이 1세기 또는 그 이전에 존재했다고 보는 것이 불가능한 것처럼, 복음서 기록자들이 그와 같은 순전히 추리적인 문학작품을 사용했다고 가정하는 것이나 당시 그들이 가지고 있던 것이 최근에 우리에게 알진 것과 거의 같은 것이었다고 가정하는 것도 이치에 맞지 않는다.

내가 선호하는 가설은 문서였든 구전이었든—유대(교리적, 법적, 해석학적으로)전통이라 불릴 수 있는—내용에서는 확실했지만 여러 다른 형태를 가지고 있어서 복음서 기록자들과 후기에 랍비들이 의존했던 공통된 자료가 있었다는 것이다.

더 나아가서, 만일 신약 특히 공관복음과 랍비 문학을 독자적이고 자존하는 실체로 보지 않고 끊임없이 발전하는 유대의 종교적 문학적 산물의 일부로 본다면, 예수의 메시지와 팔레스타인 지방에서의 그 메시지의 효과는 성경, 외경, 가경, 사해문서, 필로(Philo), 신약, 요세 푸스, 미쉬나, 토세프타, 탈굼, 미드라시, 탈무드, 초기 유대 신비주의 의 예식서 등이 상호 보완하고, 설명하고 보충하는 오랜 발달 과정의 1세기 단계로 볼 수 있다.

간단히 말해, 신학자들이 종종 하는 대로 신약은 독립적이고 핵심 과 완성과 절대성 등을 볼 때 교리상으로 우월한 문서로 보고 랍비 문 학은 부수적인 역할을 하는 것으로 보는 대신에, 우리는 예수에 의해 전파되고 실천된 종교를 유대인의 문화적 역사라는 지도에 나타난 한 특별한 부분으로 간주하고 탐구해야 한다. 그래서 그 탐구가 제대로 되면, 어쩌면 거기에서 다음 연구를 위한 일반적인 방법론적 원칙들 을 끌어내고 싶어 하는 사람이 생길지도 모른다.

이제 우리가 직면하고 있는 과제는 적어도 상대적으로 볼 때 새로 운 것이다. 왜냐하면 불트만의 혁명 이후에 예수의 사상은 그의 생애 만큼이나 접근할 수 없는 것으로 여겨져 왔기 때문이다. 학자들은 주 님의 가르침을 재구성하는 것으로부터 멀어졌고 대신에 신약의 신학 을 연구하는 데 주력해왔다. 불트만의 『신약신학』(*Theologie des Neuen Testaments*, 1965)에서도 예수님의 설교에 관한 부분은 620쪽 중 34쪽 밖에 차지하지 않는다. 최근에는 모험적인 경향이 더욱 줄어서 이제 는 신약 전체의 가르침에 대한 탐구보다는 전도자 한 개인이나 바울 에게로 관심을 좁혀가고 있다.

우리의 연구는 세 단계로 나누어진다. 첫째로 당시 현존하던 유대 교와 예수의 관계, 그리고 예수의 설교 본질, 내용, 스타일 등이 세밀한 역사적 분석의 조명 아래 소개될 것이다(2, 3, 4장). 그다음에는 예수의 종말론적 열정이라는 분위기에서 왕과 아버지로서의 하나님에 대한 생각을 다루게 될 것이고(5-6장), 이 내용은 자연스럽게 "종교적 인물, 예수"라는 제목의 단원으로 이어지게 된다. 끝으로 간단한 후문은 그 종교와 역사적, 교회적 기독교와의 차이를 선명하게 대조시키게 된다.

제2장

예수와 율법: 예수의 유대교

전통적인 신약학이라는 구조 안에서 예수에 관해 연구하려면 율법에 대한 예수의 태도를 다루지 않을 수 없다. 그는 모세의 토라를 지켰는가, 아니면 지키지 않았는가? 더 중요하게는 그가 토라를 아직도 지켜야 할 것으로 강조했는가, 아니면 폐하려 했는가, 아니면 다른 것으로 대치시키거나 개혁시키려 했는가? 이 질문은 간단하게 취급되어 대답이 결정되어 있기 때문에 이 질문의 중요성에 대해 연구하는 사람들이 많지 않았고, 결과적으로 율법에 대한 예수의 태도를 제대로 이해하지 못하거나 잘못 이해해서 많은 혼동을 가져왔다.

1. 율법의 의미[1]

몇 가지 분명한 사실을 짚고 넘어가자. 모세의 율법은 예식적인 세

---

[1] 일반적인 문제에 관해서는 J. D. M. Derrett, 'Law and Society in Jesus' World', *ANRW* 25.1(1982), 477-564를 보고 특히 E. P. Sanders, *Jewish Law from Jesus to the Mishnah: Five Studies*(1990)를 보라.

항들에만 국한되어 있지 않고 농업, 상업, 심지어는 동산과 부동산의 소유권에 대한 규범까지 포괄적으로 다루고 있다. 또한 결혼과 경제 원칙까지 다루어 물질적인 손해배상, 사람이나 짐승에 의한 육체적 피해보상에 관해서도 언급한다. 토라는 재판관이나 사법부가 자신 있게 판결할 수 있도록 도둑질, 강간, 살인, 그 외에도 많은 국가문제와 범죄문제에 대한 법을 규정한다. 간단히 말해 문화적 삶을 위한 대헌장은 모세의 율법이 그 대부분을 차지한다. 예수가 이것들을 다 부인했는가? 우리의 원 증인들인 복음서의 저자들은 그러한 이론을 지지할 만한 증거를 제시하지 않는다. 더욱이 예수가 빚을 갚지 않았다든지, 그의 대적을 구타했다든지, 혹은 간음을 했다는 기록이 어디에도 없고 암시조차 없기 때문에 그와 동시대 동포들의 공적, 사적 생활을 제약하던 율법과 관습을 존중하고, 인정하고, 준수했다고 보는 것이 바람직하다.[2]

유대인들과 고대 사람들은 율법을 신령한 법으로 제정된 것으로 보았지만 요즘에는 세속적이라고 보는 사회 생활의 부분들뿐만 아니라 종교적인 문제들에 대해서도 토라는 많은 것을 언급하고 있다. 그것

---

[2] 바리새인이나 다른 단체들과 복음서와의 논쟁에 대한 역사적 신빙성에는 의심의 여지가 높지만, 그런데도 유대인들이 로마에 세금을 내는 것이 가한가 하는 질문에 로마제국에 대해 동조자로 예수를 묘사한 것은 대단히 중요하다(막 12:17; 마 22:21; 눅 20:25).

은 우선 성전과 성전에서의 희생제물에서 시작하여 짐작하는 대로 십일조, 예식상의 세금, 제사장과 레위인들에게 내야 하는 헌금에 관한 부분도 있다. 성경 시대에는 그들이 유대 사회를 구성하는 주요 인물들이었기 때문에 그들의 직위, 권리, 특권들이 성경에서도 많은 관심을 끌었고 결과적으로 모세 오경을 편집한 성직자들이나 후기 레위인 혹은 제사장 출신 해석가들의 눈에는 그 중요성이 더욱 두드러져 보였다. 정결하게 하는 규례나 음식에 관한 규례도 예식과 긴밀한 관계를 가지고 있다. 니다(Niddah: 월경 중인 여자)나 사체와 접촉이 있었던 사람, 혹은 합법적으로라도 성관계를 했던 사람은 율법의 뜰에 나타날 수 없었다. 즉 이와 같은 행동과 위반의 결과 그들이 예식을 통해 정결하게 되기까지는 성전 예배로부터 제외되었다. 그러나 금지된 음식을 먹은 경우에 정결하게 되는 예식에 관해서는 성경이 언급하고 있지 않다(cf. Sanders, *Jewish Law*, 24).

예루살렘 성전과는 직접 관련이 없지만, 안식일에 관한 규례도 같은 예식적 영역에 속한다. 그런데도 이 규례는 전혀 다른 부류에 속한다고도 볼 수 있는데, 이는 성경이나 성경 이후의 율법에 의하면 안식일을 어기는 자는 사형에 처했기 때문이다.[3]

---

3) 십계명은 단순히 안식일에 일하는 것을 금한다(출 20:8-11; 신 5:12-15). 성경에 언급된 금지된 행동들은 다음과 같다. 여행(출 16:29), 밭 가는 것(출 34:21), 불을 지피는 것(출 35:3), 나무를 모으는 것(민

예수가 안식일에 금지된 것과 허락된 것을 어떻게 구분했는가에 대해서는 후에 다루겠지만, 예수가 이 문제에 대한 위법 사항 때문에 유대인들의 형사법에 연루되었다는 기록이 전혀 없음은 주목할 만한 사실이다. 그는 안식일에 병을 고쳤다고 공공연히 비난을 받은 적도 없다. 이 문제에 가장 근접한 기록은 회당장이 다른 엿새 동안에 신유를 청하지 않고 안식일에 신유를 청했다고 그의 회중을 책망한 사건에 관한 기록이다(눅 13: 14). 여러 사람이 주장한 대로 만일 전도자들이 이방인 교회 교인들에게 안식일 규례의 폐지와 같은 기독교 교리를 가르치려는 목적으로 예수의 생애에 관해 가상의 이야기를 꾸민 것이라면, 복음서 저자들은 그들의 주장을 관철하기에는 너무 미숙하고 형편없이 이야기를 꾸몄다고 볼 수밖에 없다.

15:32-36), 무역하는 것(느 10:31). 또한 안식일을 지키지 않은 자에 대한 형벌은 사막에서 땔감을 모았던 남자에게 행해졌던 단 한 가지 경우가 성경에 언급되어 있다(민 15:35-36). 체계화시킨 첫 경우를 접하기 위해서는 주전 2세기 중반의 희년에 관한 책(*The Book of Jubilees* [50.6-9] 다마스커스 문서까지 기다려야 하고 구체적인 행동에 대한 39가지의 율법을 보기 위해서는 그에 관한 미쉬나의 부분이 완성될 때까지 기다려야 한다(*Shab*.7.2). 희년에 관한 책(50.8)이나 미쉬나(*Sanh*.7.4) 모두 안식일을 범한 자는 사형에 처하도록 했는데 미쉬나에 의하면 재판 끝에 돌로 쳐서 죽이게 되어 있다. E. P. Sanders, *Jewish Law*, 16-19를 보라.

2. 율법을 준수하는 유대인으로서 복음서에 나타난 예수의 모습

좀 더 긍정적으로 공관복음에서 살펴볼 수 있는 예수의 일반적인 모습은 그의 나라의 중요한 종교적 행위들을 본받으려 하는 한 유대인의 모습이다. 현시점에서는 의문이 제기될 수 있는 구절들의 정통성을 살펴보는 것이 중요한 일이 아니다. 가장 중요한 것은 복음서 저자들에 의해 주어진 전체적인 인상이다. 왜냐하면 그 인상은 모든 형태의 유대화에 혐오감을 가지고 있던 바울을 따르는 교회의 모습과 상충하기 때문이다.

첫째로 예수는 예배와 가르침의 중심지라고 할 수 있는 회당과 정기적으로 관계를 가졌는데, 갈릴리에서 특히 안식일에 회당에 갔다는 증거들이 많이 있다. 이중에서도 두 군데의 회당이 있는 장소가 언급되었는데 그중의 하나는 가버나움에 있고(막 1:21; 눅 4:31), 다른 하나는 나사렛에 있다(눅 4: 15). 그는 그 회당에 속한 사람들에게는 상당히 잘 알려진 위대한 선생이요 창조적인 설교가요, 많은 존경을 받던 카리스마적 신유자이며, 귀신을 쫓아내는 자였던 것으로 보인다(막 1:39; 마 4:23; 눅 4:44 등).[4]

만일 누가복음의 비역사적인 출생에 관한 이야기를 제쳐놓고 공관

---

4) Cf. *JJ* 22-31.

복음을 신뢰한다면 예수와 예루살렘의 관계가 매우 빈약하게 취급되었음을 알 수 있다. 왜냐하면 그 수도에의 방문은 단 한 번 언급되었기 때문이다. 그런데도 그는 세 공관복음서에서 모두 성경적인 율법을 준행하기 위해 유월절 절기 순례에 참여했던 사람으로 묘사되었다. 그는 상점들이 점유하고 있던 지역의 거룩하지 못한 분위기가 결국 그의 운명을 좌우하게 된 난폭한 행동을 유발했던 성전을 방문했다. 그런데도 일단 진정이 되자 당시 권력에 의해 감시를 받기는 했겠지만 겉으로는 아무런 방해도 받지 않고 성전 뜰에서 매일 가르쳤다고 했다(막 11:15; 14:49; 마 21:12, 26:55; 눅 19:45; 22:53 등).

그가 예배에 참석했다는 기록이 어디에도 없음은 주목해볼 만하다. 이는 또한 단 한 경우를 제외하고는 회당 참석의 경우에도 적용된다. 누가복음 4장 16-21절은 예수가 나사렛에 있는 회당에서 예배의 한 순서를 맡은 사건을 소개하는데, 그는 성경의 예언서(사 61장)를 읽고 그 구절을 해석한 적이 있다. 이는 사해문서 중에 잘 알려진 성경 해석 방법을 상기시켜 준다(제3장의 "선생 예수"를 참고하라). 성전과 회당에서 예수는 선생의 역할을 했다. 세 공관복음서 모두 성전을 기도하는 집으로 본 예언적 교리를 다루기는 했지만(막 11:17; 마 21:13; 눅 19:46), 예수가 성전에서 예배를 위한 시편을 읽거나 축복했다는 구절은 어디에서도 찾아볼 수 없다.

예수의 종교적 행동에 있어서 그의 기도 장소를 연구해보면 복음서 기자들이 예수를 개인적인 기도에 가장 관심이 많았던 분으로 묘사했음을 발견하게 된다. 우리는 예수가 한적한 곳에서, 아니면 적어도 사람들에게서 떨어진 장소—광야에서(막 1:35; 눅 5:16), 산에서(막 6:46; 마 14:23; 눅 6:12), 제자들과 떨어져 겟세마네 동산에서(막 14:32-41; 마 26:36-44; 눅 22:41-45)—에서 주로 기도했음을 알 수 있다. 예배가 아닌 공식석상에서 기도한 것은 어린아이들에게 손을 얹고 한 기도밖에는 없는데 그 기도조차도 마태복음 19장 13절에만 기록되어 있고 마가복음과 누가복음에는 기도했다는 말이 없다. 예배를 계속해서 생략한 것은 예수가 기도의 개인적이고 가식 없는 은밀한 특징을 강조한 데서 기인한다(마 6:5-6; 막 12:40; 마 23:14[KJV, 역자 주]; 눅 20:47). 이와 대조적으로 승천 후에 사도들은 계속해서 성전에서 하나님께 찬양했고(눅 24:53), 매일 성전에 모였고(행 2:46), 베드로와 요한은 기도의 시간에 성전에 올라갔다(행 3:1). 하지만 그들 중 가장 보수적인 유대인이 있다면 역시 바울이었다. 그는 성전에서 기도했을 뿐만 아니라(행 22:17), 정결케 하는 결례를 지키고 성전에서 예물을 드린 유일한 기독교인이다(행 21:26).

회당에 가고 성전을 향해 순례했다는 것 외에도 예수는 예식을 위해 주어진 특별한 계명을 지킨 자로 묘사되기도 했는데, 그중에 가장 대표적인 것이 유월절 음식을 먹었다는 것이다(막 14:12-16; 마 26:17-19; 눅 22:7-15). 제2 성전 시기에 성막에서 유월절 양을 잡기는 했지만, 예수는 가정에서 혹은 가족끼리 유월절 음식을 먹었다. 따라서 예수의 십자가 처형 연대에 관한 문제가 남아있기는 하지만, 복음서 저자들은 예수가 이 절기에 관계된 계명을 성실히 지켰음을 독자들에게 주

지시키기를 망설이지 않았다.[5]

 현시점에서 그 해결이 우리가 다루는 내용과는 별로 상관이 없지만, 유월절 식사로서의 최후 만찬의 역사성에 대한 논쟁이 치열하다는 사실은 간과하지 말아야 한다. 예수께서 유월절 예식을 위해 준비하도록 지시하셨음을 세 명의 복음서 저자가 주장하고 있다는 사실은 그들이 예수를 율법 준수자로 여겼음을 증명하기에 충분하다. 요한은 이 사건에 대해 언급하지 않는 것이 사실이지만, 그런데도 그 역시 여러 번에 걸쳐 예수의 유월절 순례에 관해 언급했는데 이는 그(예수)가 그 절기의 중요한 예식을 준수했음을 암시한다.

 첨가해서 한마디 더 하자면, 성찬식을 영구적인 예식으로 세웠다는 주장의 역사적 정통성은 그 식사가 정말로 유월절에 기념된 유월절 만찬이었는가 하는 사실뿐만 아니라 (십자가의 죽음을 절기일로 만드는 문제가 야기되지만), 그가 교회의 형성을 강조했는가 하는 사실에도 의존한다(참고: *JWJ* x, 50-51, pp. 188-94, 214-15). 어쨌든 사람의 살을 먹고 피를 마시는 것은 상징적인 표현으로 본다고 할지라도 당시 팔레스타인 지방의 유대인들의 문화적인 배경에는 전혀 생소한 이야기이며(참고:

---

5) 축제에 관한 자세한 연구를 위해서는 J. B. Segal, *The Hebrew Passover from the Earliest Time to A.D. 70*(1963)을 참고하라. 만일 예수가 정확한 날짜에 유월절 만찬을 가졌다면 유대인 관리들이 보조하고 선동한 그의 재판과 처형은 유월절 때에 일어났다는 말이 되는데 이는 불가능하다.

요 6:52), 피에 대한 그들의 심각한 거부감을 고려해 볼 때 예수의 말을 청취하던 사람들은 그런 말을 들으면서 역겨움을 삼켜야 했을 것이다.

묘사적인 특징을 가진 한 구절과 이야기체로 기록된 다른 한 구절에서 우리는 예수의 일반적인 종교적 성향을 찾아볼 수 있는데, 각각 다른 상황에서 복음서 저자들은 아주 우연히 예수가 모세의 율법대로 (민 15:38-40) 밑단이 술(tassels: kraspeda=tsitsiyot)로 엮어진 옷을 입고 있었음을 증언했다. 이 두 경우 모두 신유에 관한 내용이었다(마 9:20; 눅 8:44과 막 6:56; 마 14:36). 카리스마적인 지도자의 옷의 낮은 부분을 만지는 것이 초자연적인 치유를 갈망하며 만지는 사람의 겸손과 두려움을 나타내는지, 아니면 옷가에 마술적인 능력이 있다고 본 것이 대중들의 상상이었는지는 여기서 결정할 문제가 아니다.[6]

예수께서 율법을 준수했음을 보여주는 또 다른 한 사건, 즉 반 세겔을 성전 세금으로 내야 하는 의무에 관한 사건이 마태복음 17장

---

[6] 카리스마적인 기적을 행하던 자, 호니의 손자 하난에게 가뭄이 그치게 해 달라고 요청했던 아이들은 그의 옷자락을 붙잡고는 "아바, 아바, 우리에게 비를 주소서!"라고 울었다(bTaan.23b). 민수기에 관한 타나이틱 미드라시 시프레(Sifre) (ed. S. H. Horovitz, 128-9), 115와 탈무드(bMen. 44a)에 보존된 랍비 일화에 보면 아름다운 귀족층의 창녀와 침실로 가려는 젊은 유대인이 그의 옷술의 기적적인 방해 때문에 죄를 짓지 않게 된다는 이야기가 있다.

24-27절에 나타나 있다. 이 사건은 그다지 중요하지 않은 사건으로 소개되었는데, 이는 오직 한 복음서만 이 이야기를 기록했다는 것과 내가 잘못 이해하지 않았다면 이 이야기가 밋밋한 농담에 지나지 않는다는 것을 보아 알 수 있다. 베드로가 잡은 첫 번째 고기에서 베드로와 예수께서 내야 할 세금의 액수인 한 세겔이 나와서 세리와의 마찰을 피할 수 있었다. 이 사건이 역사적인 사실이건 아니건 이 이야기는 예수께서 팔레스타인과 근동 지방에 흩어져 있던 모든 장년 남자들과 마찬가지로 예루살렘 성전에 정해진 세금을 기꺼이 내려 했음을 보여 준다는 점에서 중요하다.[7]

3. 율법에 관한 예수의 정통적이고 확신 있는 가르침

어떻게 하면 예수께서 직접 하신 말씀을 초기 교회에 의해서 만들어진 후 주님이 한 것처럼 전승된 말씀과 분리하여 참 예수의 가르침을 구분할 수 있을까 하는 문제에 관해서는 상당히 많은 책이 나와 있다. 지난 50-60년 동안에 신약학계는 일반적으로 이 둘을 구분할 수

---

7) 반 세겔의 세금에 관해서는 *HJP* II, 271-2를 보라. 이 이상의 쿰란 증거를 위해서는 *DJD* VII(4Q 513)과 *DSSE*(3), 297-8을 보라. 또한 Sanders, *Jewish Law*, 49-51을 참고하라.

있는 기준 설정에 상당히 부정적인 시각을 가지고 오히려 신약신학이나 아니면 예수 자신의 가르침보다 한 복음서 저자의 가르침에 더 많은 관심을 보여 오기는 했지만, 이 둘을 구분할 수 있는 기준을 제공한 학자도 있다.[8]

대부분의 경우에 확실하게 입증하기는 불가능하며 할 수 있는 최선은 사실에 가장 근접했음을 보일 수 있는 정도에 불과함을 인정하면서 나는 다음의 두 가정을 가지고 나의 견해를 밝히려 하는데, 두 가정 모두 긍정적으로 그리고 부정적으로 쿠이보노(*cui bono*: 누가 덕을 보는가?) 원칙으로부터 유래한다. 문제가 되는 교훈을 만들어 냄으로 인해 이득을 보는 사람이 있는가? 초기, 특히 이방인의 기독교가 관심이 있던 부분에는 유리하면서도 예수에 대한 전반적인 모습과 조화를 이루지 못하는 것들은 초대교회의 산물일 가능성이 높다. 반대로 교회의 필요성과 조화될 수 없거나 상충하는 교리는 예수께서 친히 하신 말씀이라는 역사적 신빙성을 가지고 있다고 보는 것이 옳다.

율법에 관한 예수의 많은 언급은 그것들의 정통성에 제기된 의문들을 무시할 수 있는 후자에 속한다. 율법과 관련된 예수의 교리들은 상당 부분이 마태복음에만 보존되어 있는데, 유대파 기독교인인 이 복음서의 저자가 원래 보편적으로 하신 말씀을 유대 색채를 띠게 의도

---

[8] Cf. *JWJ* 18-25. 아주 성공적인 시도는 아니었지만 흥미를 위해서 N. Perrin, *Rediscovering the Teaching of Jesus*(1967)을 참고하라.

적으로 변질시켰다는 주장도 있기는 하지만 개인적으로는 팔레스타인 기독교를 볼 때 교리가 그렇게 발전했다고 보기 어렵다. 하지만 그 문제를 가지고 논쟁을 하고 싶지는 않고 마태복음에만 의존하기보다는 그 외의 다른 자료의 도움으로 우선 예수의 입장을 분명히 하고, 그 다음에 마태에 의해 전승된 특별한 자료가 어떻게 다른 복음서에 의해 보존된 자료와 연관되어 있는가를 살펴보고자 한다.

1) 예수의 의식법 준수

"옷술이 있는 의복"을 입는다든지 성전 세금을 낸다든지 하는 윤리적이 아닌 세부사항까지 포함해서 예수를 토라를 준수하신 분으로 묘사했는데, 공관복음서는 더 나아가서 문둥병자를 고치신 후에 예수께서 제사장에게 가서 자신을 보이라고 명하셨고 정결하다 함을 받은 후에 레위기 14장 1-7절에 기록된 대로 정결하게 하는 예식을 가지라고 명하셨다고 증언했다.

> "이르시되 삼가 아무에게 아무 말도 하지 말고 가서 네 몸을 제사장에게 보이고 네가 깨끗하게 되었으니 모세가 명한 것을 드려 그들에게 입증하라 하셨더라"(막 1:44).

이 사건은 문둥병자를 치료하는 데 있어서 제사장의 독보적인 역할을 특별히 강조한 사해문서 중 하나에 나타나는 상황을 잘 반영하고 있다(CD 13:3-7). 예수께서는 제사장을 단순히 대중 건강의 책임자로 보고 그에게 보이라고 말씀하신 것이 아니라 모세의 율법을 합당하게 준수하도록 하기 위해 그렇게 명하신 것이다. 마태는 "많은 군중 앞에서"라는 편집 후문을 붙였지만(8:1), 이 사건은 외부 사람 중에는 아무도 지켜본 사람이 없는 가운데 행해진 듯하다. 그렇지 않다면 아무에게도 이르지 말라는 말씀은 무의미한 말씀이었으리라. 따라서 유일한 논리적 추론은 예수께서 지극히 의식적(儀式的)인 상황에서도 토라를 충실히 준수하셨다는 것이다.[9]

2) 토라 전반에 걸친 법적 효력

누가복음과 마태복음에서 공통으로 찾아볼 수 있지만(종종 엉뚱한 문맥에서 찾게 되기는 하지만), 마가복음에는 없는 주로 교리적인 이야기를 많이 다루며 흔히 Q문서라고 불리는 자료에는 바울이나 기독교의 반율법주의와 절대적으로 상충하는 예수의 말씀이 포함되어 있다. 쉽게 예상할 수 있는 대로 마태와 누가복음의 편집자들은 그 말씀의 영향력을 축소하려고 노력했지만, 그 말씀의 언급 자체가 예수께서는 가까운 미래, 즉 당시 예수님의 시대에는 전체적으로든 부분적으로든 모세의 율법이 없어질 가능성이 없음을 암시한다. 누가의 복음에는

---

9) 이러한 해석이 옳음은 결례를 준수함에 관해 아무런 언급도 없이 열 나병환자를 고친 누가의 기록에서 볼 수 있는 확실한 차이점에 의해 지지를 받는다(눅 17:11-19). 누가의 전형적인 태도는 아홉 명의 유대인이 아닌 한 명의 사마리아인이 예수께 감사하기 위해 돌아왔다는 기록에서도 볼 수 있다.

이렇게 기록되어 있다.

"그러나 율법의 한 획이 떨어짐보다 천지가 없어짐이 쉬우리라"(눅 16:17).

예수의 이 말씀은 토라의 지극히 작은 것이라도 영원히 존속할 것임을 주장하는 것이다.[10] 누가는 훨씬 더 절대적으로 표현을 해서 하나님께서 미리 정하신 세계질서에 의하면 우주의 멸망을 강조하는 것이 율법의 한 획이 없어지는 것을 강조하기보다 쉬우면 쉬웠기 어렵지 않다고 했다. 세 번째 복음서 저자가 대변하고 있다고 볼 수 없는 유대 기독교를 떠나서는 그와 같은 율법의 영속성에 대한 강조를 환영했던 초대교회가 하나도 없다. 따라서 그 말씀이 그토록 간단명료하게 존속되어 왔다는 것이 신기할 뿐이다. 이제 곧 다루겠지만 누가는 그 말씀 자체를 편집상의 이유로 삽입시킨 것이 아니라 오히려 율법의 법적 효력 기간의 한계를 정하기 위한 목적으로 기록하였다. 같

---

10) 헬라어의 사용에 관해서는 필로의 *Flacc.* 131을 보라. 이 용어는 성경 서기관들에 의해 사용된 콧츠(*qots*: 가시, 낚싯바늘) 혹은 케터(*keter*: 왕관)라고 알려진 히브리 문자의 예술적 장식을 암시한다. 바벨론 탈무드(bMen. 29b)에 보존된 한 가지 재미있는 이야기를 보면 하나님이 문자들에 왕관들을 더하는 토라의 서기관으로 묘사되었는데, 그는 그와 같은 장식의 목적이 나중 주후 2세기경에 랍비 아키바가 모든 콧츠에 법적인 정교함을 쌓아 놓기 위함이라고 모세에게 설명한다.

은 말씀이 마태복음에는 이렇게 기록되었다.

"진실로 너희에게 이르노니 천지가 없어지기 전에는 율법의 일점 일획도(not an iota nor a tittle) 결코 없어지지 아니하고 다 이루리라"(마 5:18).

여기에서 복음서 저자는 헬라 양식에도 불구하고(*iota*)[11] 훨씬 더 유대적 숙어에 가까워 보이는 표현을 사용하면서 "모든 것이 다 이루어지기 전에는"이라는 시간적 문구를 소개했다.

분리해서 생각해 본다면 "모든 것이 다 이루기까지는"이라는 말씀

---

11) 히브리어의 이오타(*iota*)와 티틀(*tittle*), 혹은 요드와 콧츠는 복음서의 전통과 별개로 랍비의 이야기에도 나란히 나오는데, 솔로몬 왕이 율법을 바대로 주무르는 것으로 묘사된 적도 있다. 그는 말하기를, "왜 영광을 받으실 거룩하신 이가 왕에 대하여 말하기를, "그에게 아내를 많이(*yrbh*) 두어 그의 마음이 미혹되게 하지 말 것이며"(신 17:17)라고 하셨는가? 단지 그의 마음이 결길로 가지 않도록 하기 위함이었다. 나는 아내를 많이('*rbh*) 둘 것이나 내 마음은 딴 길로 가지 않을 것이다." 우리의 랍비가 말하기를, "바로 그 순간에 요드가 일어나서 거룩하신 이의 앞에 엎드려 말하기를, '우주의 주님이시여, 한 글자도 토라에서 없애서는 안 된다고 주께서 말씀하지 않으셨습니까? 솔로몬이 일어나서 나를 (*yod*를 *aleph*로 대신함, 즉 *yrbh*를 '*rbh*로 바꿈) 없애 버렸습니다. 토라가 다 없어질 때까지 오늘은 한 글자를 그리고 내일은 또 다른 글자를 없애고 있습니다.'" 거룩하신 이가 요드에게 말씀하시기를, "솔로몬과 천 명의 사람이 없앨지라도 나는 한 획도 없어지지 않게 하리라"(Ex. R.6.1)고 하셨다.

은 팔레스타인 교회의 필요성에 잘 부합하는 것으로 토라의 지속적인 구속력을 강조한다. 일반적으로 유대파 기독교인이 만들어 낸 것으로 간주하는 그다음 구절도 같은 맥락에서 이해할 수 있다: "그러므로 누구든지 이 계명 중의 지극히 작은 것 하나라도 버리고 또 그같이 사람을 가르치는 자는 천국에서 지극히 작다 일컬음을 받을 것이요 누구든지 이를 행하며 가르치는 자는 천국에서 크다 일컬음을 받으리라"(마 5:19). 그러나 이 복음서를 정착시킨 것이 이방 기독교였다는 보다 넓은 측면에서 본다면, 이 구절은 새 언약이 세워짐과 함께 구약의 토라의 종말이 임했음을 암시하거나 주후 70년 예루살렘의 멸망으로 율법 일부와 모든 성전 규칙의 사용이 불가능하게 된 유대 기독교의 상황을 암시하고 있다고 보는 것이 더 일리가 있다.[12]

이미 언급한 것처럼 누가는 그의 복음서에서 율법의 영속성에 관한 절대적인 선언을 함으로써 이방인 교회에 심각한 어려움을 조성했다. 그리고 나서는 종말론적인 차원에서 세례 요한과 토라의 위치를 결정하는 데 목적을 둔 다른 말씀으로 화제를 바꾸었다.

"율법과 선지자는 요한의 때까지요 그 후부터는 하나님 나라의 복음이 전파되어 사람마다 그리로 침입하느니라"(눅 16:16).

---

12) Cf. W. D. Davis, *The Sermon on the Mount*(1964), 334; *JWJ* 161, n.16.

이 말은 요한 이후의 시대에 토라는 과거에 속한 것이 된다는 의미로 보이고, 따라서 그다음에 나오는 구절의 충격적인 영향력은 앞뒤 문맥 속으로 슬그머니 흡수되고 말았다. 마태복음 11장 13절도 그와 비슷하지만 조금 더 노련하게 선지적 역할을 가진 율법을 강조하는 쪽으로 구성되었다: "모든 선지자와 율법이 예언한 것은 요한까지니." 이와 비슷한 예언적 완성에 관한 사상을 5장 18절 앞에 마태가 서론적으로 한 말에서도 찾아볼 수 있다. "내가 율법이나 선지자를 폐하러 온 줄로 생각하지 말라 폐하러 온 것이 아니요 완전하게 하려 함이라"(5:17).[13]

요약하면, 누가복음 16장 17절(그리고 마태복음 5:18)에 있는 단어들의 분명한 의미를 염두에 두고, 그 의미의 골자를 빼버리려 했던 누가의 피상적인 의도나 1세기 후반 예루살렘 멸망 후의 유대 기독교인들에게 의미를 부여하려고 했던 마태복음 저자의 차원 높은 의도와 비교해 볼 때, 그 구절을 읽는 역사적인 사고를 가진 독자는 모세 율법의 보편적이고 영속적인 특징에 대한 어떤 제한이 초대교회에는 절대적으로 필요했고, 결과적으로 누가복음이나 심지어 마태복음에도 무조

---

13) *JWJ* 161, n.16를 참고하라. "폐함/이룸"의 반대어는 히브리 아람어의 *lebattel-lebattela / leqayyem-leqayyema*와 일치한다. 그 좋은 대조가 미쉬나에도 있다. "가난한 중에 토라를 완성하는 자는 후에 부로 완성하게 될 것이며 부로 토라를 폐하는 자는(즉 아무것도 아닌 것처럼 무시하는 자) 후에 가난한 중에 폐하게 되리라"(mAb.4.9).

건 삽입될 수밖에 없었음은 그것이 복음서 저자들로서는 도저히 저항할 수 없는 예수의 확고한 선언이었기 때문이라는 결론에 이르지 않을 수 없다. 전승을 시켜야 할 의무가 있었기 때문에 그것은 해석된 형태로 전승되었다.

3) 예수께서 율법을 반대하신 적이 있었는가?

이 질문에 대해 솔직히 말한다면 그것은 확실히 부정적이다. 죄 사함을 훼방죄와 동일시한 것에 관한 문제는 차후에 다루도록 한다. 복음서에는 그 어디에도 예수께서 율법을 의도적으로 부인했다든지, 아니면 토라의 그 어떤 계명이라도 대폭 수정하려 했다는 기록이 없다. 논쟁이 될 만한 말씀은 모두 한 쪽을 택해야 하는 서로 상충하는 율법에 관한 것이거나 아니면 한 율법의 전반적인 영역에 대한 구체적인 이해에 관한 것들인데 이는 예식적인 것뿐만 아니라 윤리적, 종교적인 경우도 마찬가지이다.

좀 더 구체적으로 말해, 특히 치유나 제자들이 이삭을 주운 안식일 문제에 관한 예수의 태도는 이미 언급한 대로 논란이 되고 있고, 마찬가지로 정한 음식과 부정한 음식에 관한 율법 즉 카쉬룻(*kashrut*)에 대한 그의 견해에 대해서도 복음서를 연구하는 현대 신학자들은 전통적이 아니라고 한다. 의식에 관한 것뿐만 아니라 도덕적인 문제에서도 그의 제자가 되기 위해서는 아버지 장사하는 것을 뒤로하고 그를 따르라고 한 말은 유대인들의 견해에서 볼 때 불경한 것이라고 신약학자들은 주장한다.

마지막으로 성경의 계명을 가리키면서 "옛 사람에게 말한 바를 네가 들었거니와" 하는 말과 "내가 이제 말하노니"를 대조한 것은 그가 토라를 포기할 준비가 되어 있었거나 심지어는 옛 율법을 폐하고 새 율법을 주려고 했음을 증명한다는 주장도 있다.

(1) 예수와 의식법

① 안식일

안식일에 예수께서 행하신 신유사역은 몇 번 있었는데 서로 상당한 간격이 있다. 기록된 세 사건 중에 손 마른 자를 고쳐주신 사건은 세 복음서 저자가 모두 기록을 했지만(막 3:1-6; 마 12:9-14; 눅 6:6-11) 꼬부라져 펴지 못하는 여인을 고치신 사건(눅 13:10-17)과 수종병 든 사람을 고치신 사건(눅 14:1-6)은 누가만 기록했다. 보수적이고 쌀쌀했던 사람들은 예수의 행동이 불법적인 것은 아니었지만 못마땅했다. 그래서 문제가 제기되었다. 복음서의 기록을 보면 예수를 비난하는 자들이 "안식일에 병 고치는 것이 옳은가"(마 12:10) 하는 의문을 제기했고 예수 자신도 교육을 목적으로 "안식일에 선을 행하는 것과 악을 행하는 것 생명을 구하는 것과 죽이는 것 어느 것이 옳으냐"는 질문을 했다(막 3:4; 눅 6:9; 참고 14:3).[14]

---

14) 이 질문은 수사학적인 질문이며 대조적인 형식은 거의 설명이 필요 없다. 안식일뿐만 아니라 다른 어느 날도 남을 해치거나 죽이는 것이 허

우리는 여기서 계명에 대한 일상적인 마찰을 대하게 되고, 어느 것이 더 옳은가 하는 문제를 직면하게 된다. 유대교에 있어서 일반적인 원칙이 생명을 구하는 것이 우선이라는 데는 아무런 이의가 없다. 출애굽기 31장 13-16절과 관련해서 타나이틱 미드라시(역자 주: 주후 2세기경 타나라는 랍비를 따른 구약 해석)인 맥힐타 드 랍비 이스마엘(*Mekhilta de Rabbi Ishmael*, ed. Lauterbach III, 197-9)은 다음과 같은 질문을 던졌다: "생명을 구하는 일이 안식일의 율법을 우선하는 때를 어떻게 알 수 있는가?"

2세기경의 랍비 두 사람은 서로를 비교해서 더 강한 쪽을 취하는 논리로 확실하게 대답한다. 몸의 일부분에 영향을 끼치는 할례가 안식일에는 허락되었다(Eleazer ben Azariah). 살인자를 처형하는 것(즉 생명을 취하는 것)은 성전의 예배를 폐지하는 것이다. 그리고 성전 예배가 안식일보다 우선한다(R. Akiba). 그렇다면 몸 전체, 즉 생명을 살리는 일이야 얼마나 더 중요하겠는가! 더 직선적으로는 "생명에 대한 관심이 안식일보다 우선한다"(bYoma 85b)라고까지 했다.

더욱이 병의 심각성에 대한 의심이 생길 때조차도 합법적인 입장은 치료를 권장했고 미쉬나(Yoma 8. 6)에는 다음과 같은 원칙이 있다. "생

락된 적이 없었다. 따라서 긍정적인 행위, 즉 선을 행하고 생명을 건지는 것이 강조되어야 한다. 사실 암시된 바에 의하면 후자를 행치 않는 자는 살인의 죄를 범하는 것이다.

명의 위험에 관한 의심이 생길 때마다(여기서 다룬 것은 목이 아픈 경우였다) 그것이 안식일보다 우선한다." 예수 자신이 자신의 행동을 말로써 변호해야 할 필요를 느끼셨든지 느끼지 않으셨든지(느끼셨다고 보이지만) 후에 그의 동료 유대 기독교인들은 그럴 필요를 느꼈고, 그의 기본 입장이나 제자들의 논리는 랍비들의 논리와 다르지 않았다. 유대인은 안식일에 수렁에 빠진 양을 구할 것이다. 그렇다면 하물며 사람의 생명을 구하지 않았겠는가!(마 12:11-12). 또한 아들이나 소가 우물에 빠졌으면 건져내었을 것이다(눅 14:5).[15]

간단히 말해 안식일에 선을 행하는 것이 옳다(마 12:12). 하지만 이 논쟁 자체가 쓸데없는 공연한 논란에 불과하다. 왜냐하면 예수께서 안식일에 병을 치료하신 것은 그것이 일이었는가가 문제가 아니라 그가 한 말씀, 혹은 손을 얹어 안수한 것, 심지어는 단순한 육체적 접촉이 문제였기 때문이다.[16]

누가의 기록에 의하면(눅 13:10-17), 귀신들려서 그렇게 된 것처럼 마술적인 용어로 소개된, 꼬부라져 펴지 못하는 여인을 고치신 사건이

---

15) 그와 같은 것은 중립적인 의견이었던 것으로 보인다. 엄격하게 안식일을 지켰던 에세네파는 동물이 새끼를 낳을 때도 받지 않고 안식의 거룩한 날에 웅덩이에 빠진 동물을 구하는 것도 금한 철저한 입장을 취했다고 다마스커스 문서는 증언한다(CD 11:13-14). Cf. L. H. Schiffman, *The Halakah at Qumran*(1975), 122-3.

16) *JWJ* 46-7; Sanders, *Jewish Law*, 19-23를 참고하라.

귀신에게서 푸는 것으로 묘사되었다는 것도 주목해 볼 만하다.

> "너희가 각각 안식일에 자기의 소나 나귀를 외양간에서 풀어내어 이끌고 가서 물을 먹이지 아니하느냐? 그러면 열여덟 해 동안 사탄에게 매인 바 된 이 아브라함의 딸을 안식일에 이 매임에서 푸는 것이 합당하지 아니하냐?"(눅 13:15-16).

흥미 있는 것은 여기에 매고 푸는 이라는 은유적인 표현은 안식일에 가축을 매고 푸는 관습적인 행동에 대한 강세적(a fortiori) 논법으로 사용되었다는 것이다(미쉬나에는 원칙적으로 매고 푸는 행동이 모두 노동으로 간주하였지만, *Shab*. 7: 2).

예수께서 안식일의 안식에 관한 일반적인 의견과 상충했다는 두 번째 주장은 세 복음서 모두에 나와 있으며 역사적이라기보다는 교훈적인 이야기와 관련이 있다(막 2:23-28; 마 12:1-8; 눅 6:1-5). 안식일에 들을 지나면서 예수가 아닌 그의 제자들이 밀 이삭을 잘라 손으로 비비기까지 했고,(눅 6:1), 그러고는 그것을 먹었다. 다른 사람의 밭에서 그렇게 하는 것이 성경의 법에 의하면 도둑질이 되지는 않지만(신 23:25), 노동에 관한 서른여섯 가지 다른 조항과 함께 이삭을 따는 것도 추수로 간주하여 안식일 법에 저촉된다(*mShab*. 7:2).

이 세 복음서에 보존된 주요 논증은(막 2:25-26; 마 12:3-4; 눅 6:3-4) 안식일에 배가 고파서(결국은 죽을 수도 있는) 이삭을 따먹은 것이 안식일을 어긴 것이 되지 않는 것은 그 문제가 생명을 위협하는 문제이기 때문이라는 것이다. 그러므로 배고픈 사람에게 먹을 것을 주는 것, 즉 생명을 구하는 것은 안식일에 관한 율법에 우선한다. 그래서 다윗과 그의 굶주린 군사들의 경우도 제사장만이 먹게 되어 있어 일반인들이 먹는 것이 금지되었던 진설병을 먹을 수 있었다(참고: 레 24:5-9과 삼상 21:1-7). [17]

예수께서 마가복음 2장 27절에서 대답하신 "안식일이 사람을 위하여 있는 것이요 사람이 안식일을 위하여 있는 것이 아니다"라는 말씀도 역시 랍비 사상에 그 근거가 있다. 신약의 영향을 받지 않은 멕힐타(Mekhilta) 인용어구에서도 2세기 타나이틱 선생인 시므온 벤 매나시아(R. Simeon ben Menasiah)도 "너희는 안식일을 지킬지니 이는 너희에게 거룩한 날이 됨이니라"는 출애굽기 31장 4절과 관련해서 "안식일이 당신에게 주어진 것이지 당신이 안식일에 주어진 것은 아니다"라고 역설했다. 이스마엘의 제자인 요나단 벤 요셉도 똑같은 해석을 전승받았다(bYoma 85b). 예수의 입에서 나온 말씀이 랍비 문학의 자료가 되는 것은 분명히 아니다. 단지 2세기 타나임이 해석학적으로 합리화시킨 사상은 그 이전에도 존재하고 있었음을 암시한다. 일반적으로 2

---

17) 마태복음 12:5은 또 다른 정당화된 경우를 소개한다. 정당한 목적으로 이삭을 따는 것은 안식일에 성전에서 제사장들이 일하는 것보다 크게 위배되는 행동이 아니다. 위에 인용된 멕힐타 구절에 의하면, 랍비 아키바가 똑같은 논리를 전개하면서 성전봉사가 안식일 규범보다 선행한다고 주장한다. 끝으로 마태복음 12:7에는 도덕적인 요구가 의식적인 규범들을 선행한다는 유명한 원리가 선포되었다. "나는 자비를 원하고 제사를 원하지 아니하노라"(호 6:6).

세기, 그리고 심지어는 1세기에도 안식일을 지키는 것은 좋은 유대인이 되기 위해서 필수적이었다. 나단 랍비는 말하기를 "말씀하셨으되 이스라엘 자손이 대대로 안식일을 지킬 것이라 하셨으니(출 31:16) 많은 안식일을 지킬 수 있기 위해서 한 안식일을 망령되이 할 수 있으리라"(Mekhilta, ed. *Lauterbach* III,198-9)고 했다.

② 음식에 관한 율법

조상들이 세운 관례라기보다는 성경에 대한 차원 높은 이해라고 생각되는 규례인 식사 전에 손을 씻는 전통을 다룬(역시 이 경우도 율례를 어긴 사람은 예수 자신이 아닌 제자들이었다) 마가복음 7장과 마태복음 15장의 논란은 잠시 접어 두더라도 예수께서 모든 음식은 다 깨끗하다고 말씀하셨다는 마가의 중대한 주장(막 7:19)은 많은 관심을 끌고 있는데, 그의 이 주장은 모세의 토라의 아주 중요한 부분을 무효화시키는 것이다(참고: JW, 46과 n. 19).

이 논쟁은 아직도 계속되고 있는데 잘 알려진 논증은 예수의 입장과 당시 유대교 율법 전체의 입장을 비교하는 데 주력하고 있다.[18] 하지만 신약학자들은 핵심에서 빗나간 논쟁들에 관여하고 있는 것 같고 예수가 마치 율법의 엄격함에 관심을 가지는 랍비였던 것처럼 강조하

---

18) Roger P. Booth, *Jesus and the Laws of Purity: Tradition History and Legal History in Mark* 7 (1986), 특히 E. P. Sanders, *Jewish Law*, I, III, IV장.

는데, 공관복음을 주의 깊게 읽어보면 예수가 그와 같은 부류에 속하지 않았음을 알 수 있다. 게다가 "듣고 깨달으라 입에 들어가는 것이 사람을 더럽게 하는 것이 아니라 입에서 나오는 그것이 사람을 더럽게 하는 것이니라"(마 15:11-12; 막 7:14-16)는 말씀에 함축된 의미가 무엇이든 간에 샌더스가 아주 명쾌하게 해석한 바 있는(*Jewish Law*, 28) 이 구절은 분명히 음식에 관한 율법을 폐하기 위한 것이 아니었다.

마가복음 7장 9절에는 나와 있지만, 마태복음 15장 17절에 기록되지 않은 "모든 음식물을 깨끗하게 한다"는 구절을 "이러므로 그가 모든 음식물을 깨끗하다 선언하셨다"는 의미로 의역한다면 원래 이야기와는 상관이 없고 예수 자신과는 더욱 상관이 없는, 마가복음의 편집자에 의해 첨가된 해석으로밖에 볼 수 없다. 특히 1세기 예수의 추종자들이 정한 음식과 부정한 음식 사이의 구별을 폐지하는 것에 대해 아는 바가 없었음을 생각할 때 더욱 마가복음의 편집자에 의해 첨가되었을 가능성이 높다.

광주리에 담긴 모든 종류의 음식을 본 대한 이상에서 "죽이고 먹으라"는 음성을 들었을 때 베드로는 "주여 그럴 수 없나이다 속되고 깨끗하지 아니한 것을 내가 결코 먹지 아니하였나이다"라며 매우 당황하고 놀라는 반응을 보였다(행 10:13-14). 바울과 바나바가 매우 실망한 적이 있었던 것처럼 안디옥교회에 있던 베드로와 그의 동료들은 이방인 그리스도인들과 함께 식사하다가 예루살렘 교회의 유대파 교인들이면서 철저한 율법 준수자들인 야고보의 사람들이 찾아왔을 때 이방인과의 식사 자리를 피했던 적도 있다(갈 2:11-14). 만일 예수께서 "모든

음식은 다 정하다"고 선언하셨다면 이 사건들은 모두 이치에 맞지 않는다.[19]

결론적으로 안식일에 관한 규례든지, 음식에 관한 규례든지 예수께서 그 율법들을 준수하는 것을 반대하셨다는 주장은 합당하지 않다. 토라에 대한 그의 접근이나, 주요 메시지에 대한 그의 이해는 개인적일 수도 있고 아닐 수 있으나 일반적으로든지 혹은 어느 특별한 경우든지 예수를 반율법주의적인 선생이었다고 규정지을 수는 없다.[20]

(2) 예수와 도덕법

① *부모 공경*

윤리적인 문제에 관한 예수의 가르침 대부분은 직접, 간접적으로

---

19) 마가복음 7:14-22에 대한 해석은 *JJ* 28-29, 232를 보라. 또한 코덱스 D에서는 대의어인 *ochetos*로 쓰인 헬라어 *aphedrōn*이 "내장의 통로"라는 의미라고 이해한 쥴리우스 벨하우젠의 해석을 보라. 'Der Darmkanal reinigt die Speisen, indem er das Unreine von ihnen ausscheidet. Naturalia non sunt turpia' (*Das Evangelium Marci* [1903], 58).

20) 이 문제에 있어서 신약학계에서 잘 알려진 학자들에 의해 쓰인 다음과 같은 글들을 읽을 정도로 어리석다. "예수는 그의 모든 행위를 통해서 거듭해서 안식일을 지키라는 구약의 계명을 어겼고 결례와 관계된 구약의 율법에 거의 아무런 관심도 없었다"(Eduard Schweizer, *Jesus*[1971], 32). 예수가 죄 사함으로 참람된 죄를 범했다는 비난에 대해서는 나중에 다루겠다.

십계명과 연관이 있다. 제5 계명에 대한 그의 강력한 입장은 갈릴리를 방문 중인 서기관들과 예루살렘 바리새인 무리의 비종교성을 강하게 비난한 사건에 잘 나타나 있다(막 7:1; 마 15:1). 그들은 전통의 하나인 고르반이라고 하는 성전에 예물 바치는 서약을 지키는 것을 "네 아버지와 어머니를 공경하라"(출 20:12; 신 5:16)는 하나님의 명령에서 비롯된 부모 공경의 계명보다 더 높게 여겼다고 비난을 받았다.[21]

예수께서 십계명의 중요성을 계속 강조했음에도 불구하고 부모 공경과는 상반되는 듯한 세 구절이 예수께서 하신 말씀으로 기록되어 있음은 부인할 수 없다. 예수는 하나님의 말씀을 듣는 것이 혈육 관계보다 우선하며, 천국 복음을 듣는 데는 어머니나 형제자매도 특별하지 않다고 말씀하신다. 그래서 예수께서는 다음과 같이 증언하셨다.

"누구든지 하나님의 뜻대로 행하는 자가 내 형제요 자매요 어머

---

[21] 이 이야기의 전반적인 흐름을 볼 때 별로 소용이 없는 이 율법사가 도시에서 온 방문객이었다는 세항은 이 내용의 역사성에 생동감과 진실성을 부여한다. 1세기에는 바리새인들이 갈릴리에 출현한 기록이 거의 없다. *JJ* 56-7을 참고하라. 또한 동시에 고르반의 문제가 예루살렘에서의 문제였고 갈릴리의 대중적인 선생이 평소에 가지고 있던 자연스러운 사상이라고 보기는 어렵다는 사실도 주목해야 한다. 결과적으로 현재의 논쟁형태는 유대-기독교 교회의 반-바리새인적 논쟁으로부터 비롯된 것일 가능성이 있다(cf. Bultmann, *HST*, 17-8). 고르반에 관한 말씀을 위해서는 *JWJ* 78-9, 174를 참고하라.

니이니라"(막 3:35; 마 12:50).

"예수께서 대답하여 이르시되 내 어머니와 내 동생들은 곧 하나님의 말씀을 듣고 행하는 이 사람들이라 하시니라"(눅 8:21).

같은 맥락에서 선생은 하늘 다음으로 높은 위치에 있다는 랍비의 사상(mAb. 4: 2)과 마찬가지로 예수에 의하면 하나님의 대언자로서 인정된 선생은 가족보다도 우선한다. 또한 "미움"을 "더 사랑"이라는 말로 바꾸어 부드럽게 한 마태복음보다 Q원문에 더 가깝다고 생각되는 누가의 기록에 따르면 다음과 같다.

"무릇 내게 오는 자가 자기 부모와 처자와 형제와 자매와 더욱이 자기 목숨까지 미워하지 아니하면 능히 내 제자가 되지 못하고"(눅 14:26; 참고 마 10:37).

이 두 구절 모두 부모에 대한 공경과 확실하게 상충하는 것으로 볼 수 있지만, 최근 학자들이 예수께서 확실히 토라의 한 계명을 무시했음을 증명하는 데 결정적인 증거로 제시하는 세 번째 구절이 있다(이 구절은 Q문서에 있던 것일 뿐만 아니라 예수께서 분명히 하신 말씀이라고 일반적으로 인정된다). 이 구절은 바로 아버지를 장사지낼 때까지 제자가 되기를 연장해 달라며 제자가 되기를 희망했던 어느 한 사람에게 하신 그 유명한 말씀이다.

"또 다른 사람에게 나를 따르라 하시니 그가 이르되 나로 먼저 가서 내 아버지를 장사하게 허락하옵소서 이르시되 죽은 자들로 자

기의 죽은 자들을 장사하게 하고 너는 가서 하나님의 나라를 전
파하라 하시고"(눅 9:59-60; 참고 마 8:21-22).

예수의 이 말씀은 그의 동시대 사람들에게 충격이었을 뿐만 아니라
실제로 토라를 폐지하는 말씀이었다는 데 신약 주석가들은 의견을 같
이한다. 이 입장은 옛 학파에 속한 사람들뿐만 아니라 유대인의 가르
침과 유대교에 대해서 호전적인 샌더스와 같은 학자도 지지하고 있으
므로 심각하게 살펴보아야 할 필요가 있다.[22]

유대교나 그 주변에서 확실하고 보편적으로 입증된 가장 기본적인
의무라고 할 수 있는 사망한 부모를 경의로 장사지내야 하는 문제를
부인하는 "나를 따르라"는 예수의 말씀에 대해 샌더스는 세밀한 연구
끝에 다음과 같은 신중한 결론을 내렸다.

"적어도 한 번 정도는 예수께서 그를 따르는 것이 율법과 경건
의 요구보다 우선한다고 주장하고 싶으셨다. 이는 만일 필요하
다면 모세의 규례의 적합성에 도전할 용의도 있으셨음을 보여준

---

22) 특히 A. Schlatter, *Der Evangelist Matthäus*(1929/1959), 288; N. Perrin, *Rediscovering the Teaching of Jesus*(1967), 144; M. Hengel, *Nachfolge und Charisma*(1968), 16 [ET *The Charismatic Leader and his Followers* (1981), 15]; A. E. Harvey, *Jesus and the Constraints of History*(1982), 59-61; E. P. Sanders, *Jesus and Judaism*(1985), 252-5을 참고하라. 또한 *JWJ* 51, 167(n.57)도 보라.

다"(*J&J*, 255).

샌더스와 그의 동료들이 상상한 것은 아버지가 막 사망했는데, 사망한 그 날 밤이 되기 전에 장례식을 행하고 준비하는 데 소요되는 몇 시간도 예수께서 허락지 않으시고 자신을 따라오라고 하신 그 명령을 받은 한 사람의 경우와 심지어는 범죄자를 죽인 사람의 경우이다(신 21:23).

샌더스는 이 말씀에서 긍정적인 부분과 부정적인 부분을 구분하는데, 긍정적인 점은 다른 책임보다 우선하는 제자로의 부름(*J&J*, 253)이 복음서의 문맥에서는 상당히 논리적이고 타당하다는 것이다. 부정적인 부분은 종종 무시되지만, 사실은 심오한 의미가 함축되어 있는데, 이는 죽은 부모를 돌보라는 요구에 불순종하는 것은 하나님의 명령에 불순종하는 것이라는 사실이다.

하지만 내가 믿기는 이러한 이분법은 우리를 크게 오도할 수 있다. 이미 살펴본 대로 우리는 지금 부모를 공경해야 하는 (그래서 장사지내야 하는) 요구와 하나님 나라의 실현을 촉진하기 위해 자신을 헌신해야 하는 요구가 서로 충돌하는 상황을 직면하고 있다. 이 문제는 예수의 제자가 되느냐 마느냐 하는 단순한 문제가 아니라 실제적인 문제이다. 이처럼 의무가 상충할 때 그중 하나에 어쩔 수 없이 불순종함은

전적으로 하나님께서 판단하실 일이다.[23]

천국에 관계된 예수의 교훈 전체뿐만 아니라 딜레마의 해결안을 선택해야 하는 문제에 있어서 위에 주어진 예들은 그의 생각에 우선순위가 어디에 있어야 하는가 하는 점이 가장 중요함을 상기시킨다(이하의 제6장을 보라). 만일 그와 같은 문맥에서 샌더스의 부정적인 측면이 느껴진다면 이는 복음서를 기록한 저자가 적대적인 질문 형태로 이 문제를 다루었을 것이다. 하지만 복음서 저자는 그렇게 다루지 않았다.

이를 염두에 두고 볼 때 긍정적인 면이 훨씬 더 일리가 있지만, 그런데도 방금 아버지를 잃은 한 사람을 부르시는 예수님의 이 사건이 문자적으로 그대로 받아들일 만한 것인지 의문스럽다. 누가복음이나 마태복음 모두에 이 사건에 대한 상황 설명이 불충분하지만, 그것이 역사적으로 그리고 심리적으로 신빙성이 있는 것인지 살펴볼 필요가 있다.

이 사람은 갑자기 예수께서 말을 건넨 아주 낯선 사람이 아니었던 것 같다. 사실 마태복음 8장 21절은 그를 제자라고 하지 않았는가! 하지만 아버지가 몇 시간 내에 매장되어야 하는데 장례일로 바빠야 할

---

[23] 마지막이 가까워 오는 격동기에 부모가 아들과 딸과 갈라지게 되리라고 주장한 누가복음 12:51-53과 미가서 7:6, 그리고 그것을 인용한 마태복음 10:34-6을 참고하라.

사람이 지금 예수의 제자들과 함께 무얼 하고 있는가! 이 제자의 말은 정말 절실하게 한 말이 아닐 수 있지 않을까? 만일 약간 혼동이 되고 겁이 나서 예수님을 따르겠다고 선뜻 나서지 못하고 아버지 (노쇠하거나 병이 든)의 장례를 부모 공양으로 이용하려고 했던 나태함의 소치였다면, 예수님의 날카로운 답변은 그리 충격적인 것이 아니었을 것이다. 죽은 자(즉 하나님 나라의 생활에 아무런 관심도 없는 다른 가족 일원들)로 하여금 죽은 자를 돌보게 하라는 뜻이었을 것이다.[24]

이와 같은 해석이 절대적이지는 않지만, 일반적으로 받아들여지는 해석보다 못하다고 할 수 없고 오히려 더 일리가 있다고 생각한다. 두말할 나위 없이 이 해석은 모세의 규례의 유효성에 대한 예수의 도전, 좀 더 정확히 말하면 십계명의 유효성에 대한 예수의 도전에 관한 문제로 비약되는 것을 모면하게 해준다.

② *소위 대조라는 것*

산상수훈은 "옛사람에게 말한 바를 너희가 들었으나" 혹은 간단히 "너희가 들었으나"라는 표현으로 소개된 성경의 율법과 "그러나 나는 네게 말하노니"라는 예수의 주장이 대조된 여섯 개의 (만일 이혼과 간음에 관한 교훈을 하나로 본다면 다섯 개의) 단락을 포함하고 있다. 의문이 제기되고 있는 이 말씀은 마태에 의해서만 이런 양식으로 보존되어 있

---

24) "불경건한" 대신에 "죽은"을 은유적으로 사용한 것에 관해서는 yBer.2,4c, 딤전 5:6 등을 참고하라.

다. 이에 대한 학문적인 견해는 다양한데, 어떤 학자들은 부분적으로 혹은 전반적으로 이 말씀의 정통성을 인정하는 반면 다른 학자들은 인정하지 않는다.

흥미로운 것은 비평과 판단이 종종 전혀 예기치 않았던 이유에 근거한다는 것이다. 이 대조들의 반유대적 표현에서 공격수단을 발견한 학자들은 정통성을 주장한다. 다시 말해, 예수께서 토라를 부인하셨다는 것이다. 반면에 유대인적인 요소를 강조하는 학자들은 이 대조들이 정통성이 없다고 주장하는데, 그 이유는 이 대조들이 당시 바리새인의 모습과 확연하게 구별되지 않는 예수의 모습을 반영하고 있기 때문이라고 한다.[25]

우리의 입장에서 볼 때 그 교훈의 본질을 예수의 것으로 볼 수 있다면 그것의 정통성은 그리 문제가 되지 않는다. 다시 말해 우리는 사용된 어구 자체보다는 예수의 메시지 의미에 더 큰 관심이 있다. 더욱이 우리의 주요 과제는 토라에 대한 예수의 견해를 밝히는 것이므로 이 구절들에 나타난 교리적 변질은 예수의 종교적 특성을 설명할 때 다시 다루게 될 것이다(참고: 제7장).

---

25) 극단적인 반대 의견으로는 E. Käsemann, *Essays on New Testament Themes*(1964), 37-8과 E. P. Sanders, *Jesus and Judaism*(1985), 260-4를 보라. 살인, 간음, 맹세에 관한 세 대조는 예수에게서 비롯된 것이라고 이해되는 경우가 더 많다. Bultmann, *HST*, 147을 보라.

살인에 관하여(마 5: 21-26). 이 말씀이나 그 뒤에 나오는 말씀의 양식은 신약의 다른 곳이나 고대 유대 문학에서 그 유사성을 찾아볼 수 없는 아주 독특한 양식이다. "너희가 들었으나"라고 하신 후 하신 말씀인 "살인하지 말라"(출 20:13; 신 5:17)는 모세 오경에서 인용한 말씀인데, 여기에다가(마 5:43 참조) 탈굼 형식인 "누구든지 살인하면 심판을 면하지 못하리라"는 것이 의역되어 첨가된 것이다.

소위 대조라고 불리는 것은 참된 의미에서 볼 때 상충한다고 보기 어렵다. 예수는 "그러나 내가 네게 말하노니"라고 말씀하신 후에, 그러니 살인이 의무가 아닌 것은 두말할 나위 없고 살인이 허용되었다고 말씀하셨다는 기록도 없다. 오히려 "형제에게 노하는 자마다 심판을 받게 되리라"고만 기록되었을 뿐이다.

다시 말해 예수는 처음에는 말로 상처를 주다가 나중에는 육체적인 폭력을 행사하게 만드는 노여움을 살인의 근본 원인과 동일시하실 뿐이다. 이와 같은 이해는 랍비에 의해서도 지지를 받는다. 같은 맥락의 논리를 성경 인용을 통하여 구체적으로 제시한 신명기 19장 10-11절에 대한 타나이틱 해설(Tannaitic Midrash, Sifre,186-187)에서도 찾아볼 수 있다.

"무죄한 피를 흘리지 않도록 해서 죗값이 너에게 임하지 않도록 하라. …그러나 누가 이웃을 미워하여 그를 기다리고 있다가 공격한다면…. 이 문제에 관해서는 말하기를 가벼운 계명을 어기는 자는 결국 무거운 계명을 어기는 것으로 끝마치게 되리라고 했다. 만일 그가 '네 이웃 사랑하기를 네 자신과 같이 사랑하라'(레 19:18)는 계명을 어긴다면 그는 '원수를 갚지 말라'(ibid)는 계명을 어기게 될 것이고 '네 형제를 마음으로 미워하지 말라'(레 19:17)는 계명을 어기게 될 것이고 '네 형제로 너와 함께 생활하게 하라'(레 25:36)는 계명을 어기게 될 것이고 결국은 피를 보게 될 것이다."[26]

적대감을 중화시키고 예측할 수 없는 결과를 방지하기 위해 처방해 준 예수의 만병통치약은 빨리 화해하는 것이다.

"그러므로 예물을 제단에 드리려다가 거기서 네 형제에게 원망들을 만한 일이 있는 것이 생각나거든 예물을 제단 앞에 두고 먼저 가서 형제와 화목하고 그 후에 와서 예물을 드리라 너를 고발하는 자와 함께 길에 있을 때에 급히 사화하라…"(마 5:23-25).

예수의 이 말씀이 에른스트 캐제만(Ernst Käsemann)이 사용한 어구대로 어떻게 "율법을 파괴하는 것"으로 받아들여질 수 있었는가 하는 것은 단순히 학문적인 차원 안에서만 생각할 수 있다.[27]

---

26) 암시된 순서는 사랑의 결핍은 복수심을 낳게 되고, 미움 그리고 살인에서 절정을 이룬다는 것이다.

27) op. cit in n. 25을 참고하라. "대조"에 관한 유대인들의 해석학적 이해는 D. Daube, *The New Testament and Rabbinic Judaism*[1956], 55-62에 소개되어 있다. 이 말씀에 대한 일반적인 중요성에 관해서는 *JWJ*, 47을 참고하라.

덧붙여 말하자면, 마가복음 7장 10-13절(마 15:4-6)에 의하면 고르반에 관한 바리새인들의 제안에 대해 언급하면서 "모세는 말했으나…그러나 너희는 말하기를"(마가), 아니면 좀 더 강하게 "하나님께서는 명하셨으나…말하기를"(마태)이라고 한 것과 예수의 대조는 구조적으로 다를 바가 없다. 물론 대조의 본질을 문제 삼아 논쟁을 벌일 수도 있으나, 강조하고 싶은 말은 만일 예수의 교훈이 율법의 문자들을 파괴하는 것이었다면 바리새인들의 가르침도 마찬가지 역할을 하는 것이어야 했는데 그렇게 보는 것은 모순이 아닌가! [28]

간음에 관하여(마 5:27-30). 살인으로 연결되기 전에 분노를 피하고 극복해야 하는 것과 마찬가지로 음란한 눈으로 여자를 보는 것도 또한 멀리해야 하는데, 이는 단지 음란한 눈이 간음하게 만들기 때문일 뿐만 아니라 이미 생각으로 간음을 하도록 만들기 때문이기도 하다. 여기서도 역시 율법(출 20:14; 신 5:18)이 폐지되었다고 선언된 것이 아니라 더욱 강조되었다.

상상을 통해 갖게 되는 죄책을 행위 자체와 동일시하면서 예수는

---

28) 잘 알려진 신약 학자의 말을 빌리면, 예수의 경우에는 "참된 의미를 설명하는 아들"의 문제였다면 서기관들과 바리새인들은 "하나님의 율법을 조율하고 조절"하고 있었다(C. E. B. Cranfield, *The Gospel according to Saint Mark*[1959], 237).

당시의 그리고 후세 유대교의 기본적인 종교적 양상(법적 양상과는 구분된)을 반영시킨다. "음란한 눈으로 보는 것, 죄악된 마음과 음란한 눈으로 행하는 것, 죄악된 성향과 음란한 눈을 따르는 것" 등과 같은 죄악된 행동의 극단적인 원인을 규명하는 이 숙어들은 사해문서의 독자들에게는 그리 생소한 표현이 아니다(I QpHab 5:7; I QS 1:6; CD 2:16; II QTS 59:14).

좀 더 일반적인 용어로 묘사되기는 했지만 같은 견해를 플라비우스 요세푸스에게서도 찾아볼 수 있는데, 그는 콘트라 아피오넴(*Contra Apionem*: ii: 183)에서 모세의 율법을 요약하면서 이렇게 기록했다.

"우리에게…유일한 지혜, 유일한 덕은 원래 주어진 율법에 어긋나는 모든 행동과 모든 생각으로부터 자신을 절제하는 것이다."

또한(ibid. 217), "부모에게 잘못하는 것과 하나님께 불경한 것의 단순한 의도에는 즉각적인 죽음이 뒤따른다"[29]고 기록하기도 했다.

마음의 상태에 관한 이야기는 후기 랍비의 글들에서도 찾아볼 수 있다. 민수기 15장 39절에 대한 시프레(Sifre)에서 익명의 해석가는 "너의 눈을 따라"를 호색과 동일시하기도 했다. 좀 더 비약해서 바벨로니아 탈무드(Yoma 29a)는 음란한 생각은 그것이 구체화하는 것보

---

[29] G. Vermes, 'A Summary of the Law by Flavius Josephus', *NT* 24(1982), 303을 참고하라.

다 더 죄악 되다고까지 했고 탈무드 후기의 소논문인 칼라(Kallah I)는 완전한 공식을 만들어 냈는데, "음란하게 여자를 보는 자는 그 여자와 불법적으로 관계를 맺은 자와 같다"고 했다.[30]

이혼에 관하여(마 5:31-32). 이혼에 있어 문제가 되었던 이혼 증서에 관한 모세의 명령의 의역에 앞서 언급된 "또 일렀으되"라는 서문은 앞의 두 경우보다 짧은데 이와 유사한 문구, 즉 쿰란 페셔(Pesher) 주석에 나와 있는 "그가 말하기를"과 마찬가지로 이 인용은 앞의 성경 구절과 관련이 있음을 암시할 수도 있다. 만일 그렇다면 마태복음 5장 31-32절은 27-30절과 연관지어 읽어야 하며, 이혼은 간음의 부분으로 이해되어야 한다. 이 구절을 제대로 이해하기 위해서는 마태복음 19장 3-12절과 마가복음 10장 2-12절(눅 16:18)에 나타나 있는 이혼에 관한 다른 복음서의 내용을 함께 다루어야 하는데, 그 구절들은 신, 구약 중간 시대에 이혼에 관한 유대인들의 사상이라는 문맥에서 철저히 연구되어 왔다.[31]

---

30) S-B I, 298-301; I. Abrahams, *Studies in Pharisaism and the Gospels* II (1924), 205-6를 참고하라.

31) 좀 더 최근의 신약연구 자료를 위해서는 E. P. Sanders, *J&J*, 256-60을 보라. 또한 *JWJ* 70-71, 87; J. Fitzmyer, 'The Matthean Divorce Texts and Some New Palestinian Evidence', *Theological Studies* 37(1976), 197-226을 참고하라. 이혼 전반에 관해서는 D. Dunbe,

이 논쟁의 모든 세부적인 것들을 일일이 열거하지 않더라도 다마스커스 문서(Damascus Document[CD 4:21])에 따른 에세네파들과 마찬가지로 예수도 창세기 1장 27절(하나님이 남자와 여자를 만드셨다)과 2장 24절(그들이 한 몸이 되었다)에서 하나님께서 세우신 결혼의 정수를 보았다(마 19:4-5; 막 10:6-8). 이혼 후의 재혼은 근본적으로 결혼의 준-형이상학적 일체성과 상충하며 이상적인 세계에서는 원래의 연합을 파괴하는 간음에 버금가는 것이다. 결혼했다가 다른 남자에 의해 이혼을 당했거나 사별하여 과부가 된 첫 번째 부인과 재혼할 의사를 가지고 있는 한 남자의 특별한 경우를 다루고 있는 신명기 24장 1-4절에 나타난 이혼의 규례에도 같은 사상이 내포된 듯하다. 두 번째 배우자와의 성적 결합이 이미 첫 번째 배우자와의 관계를 더럽혔으므로 그와 같은 재결합이 불가하며, 따라서 부부의 연분 회복은 적절치 않다.[32]

NTRJ (1956), 362-72; Z.W. Falk, *Introduction to Jewish Law in the Second Commonwealth* II(1978), 307-16; J. D. M. Derrett, *The Law in the NT*(1979), 363-88을 참고하라.

32) 쿰란 창세기 아포크리폰(Qumran Genesis Apocryphon)에 있는 아브라함과 사라의 이야기에서도 똑같은 상황이 입증되었다. 믿음의 조상은 부정하게 되는 것이 사라를 자신으로부터 분리시키는 것이므로 바로가 사라와 그의 결혼을 끝내도록 하지 못하게 할 것을 하나님께 기도한다(*1QApGen* 20:15). 저자는 원래의 부부가 다시 합치는 것을 불법화시키는 이혼 후의 사라의 재혼을 말없이 전제한다.

마가복음에 보면(10:11-12) 자신의 명령이 주님에게서 온 것임을 강조하는 바울과 함께(고전 7:10-11) 새로운 배우자와의 두 번째 결혼은 간음으로 간주하였다. 반면에 마태복음 5장과 19장 9절에는 예외 조항이 언급되었는데 아내가 간음함으로써 두 사람의 관계가 이미 깨어졌을 경우이다. 이 경우 예수는 실제로 어떤 이유에서건 이혼을 허락했던 힐렐(Hillel)파의 지나치게 관용적인 입장에 반대해서 성적 불륜의 경우에만 이혼을 허용한 샴마이(Shammai) 학파의 완고한 입장을 지지하는 쪽으로 묘사되었다(마 19:3). 33)

그러나 예수님이 결혼을 어떻게 여기셨든지, 그것을 절대적인 것으로 여기셨든지, 아니면 조건에 따라 이혼할 수 있다고 여기셨든지, 주님의 메시지를 인간의 본성의 약함 때문에 하나님께서 모세를 통해 이혼을 인정하신 것을 정죄한 것으로 여길 수 없다.34)

맹세에 관하여(마 5:33-37). 위증과 관련된 계명은 살인에 관한 율법

---

33) mGit.9.10; 요세푸스, *Ant*. iv. 253; *Life*. 426; *JWJ*, 70를 참고하라.

34) 이혼에 대한 예수의 반대를 절대적으로 받아들이지 않은 것은 기독교인과 비기독교인의 결혼의 경우에는 이혼을 허락하려 했던 바울의 바람에서 비롯되었을 수도 있다. 만일 남자든 여자이든 비신자가 새로 거듭난 사람과 화목하게 함께 살기를 원치 않으면 이혼이 가능하다고 했다. 또한 바울이 그 후에 그가 독신으로 지내야 한다고 공공연하게 명령을 한 적이 없기 때문에(고전 7:11에서처럼) 재혼을 허락하거나 아니면 적어도 묵인할 준비가 되어 있었던 것으로 보인다.

에 비하면 그렇게 직접 인용하지 않았다. "헛 맹세를 하지 말고 네 맹세한 것을 주께 지키라"는 말씀도 역시 레위기 19장 12절의 "너희는 내 이름으로 거짓 맹세하지 말라"와 신명기 23장 23절의 "네 입으로 말한 것은 그대로 실행하도록 유의하라 무릇 자원한 예물은 네 하나님 여호와께 네가 서원하여 입으로 언약한 대로 행할지니라"를 섞어서 의역한 탈굼식의 형태이다.

따라서 엄밀히 말하면 예수의 대조는 모세 율법과의 대조가 아니다. 마지막 시대에 예수는 맹세와 관계된 모든 조항을 다 불필요한 것으로 여기려고 시도한다. 그래서 예수는 하나님 대신에 일반적으로 사용되던 많은 대용물을 모두 쓸데없는 것이라고 선언한다.

랍비들이 부르는 대로 이 키누임(Kinnuyim)은 다마스커스 규칙에도 암시되어 있고, 마태복음 23장 16-22절에 의하면 바리새인들도 채택한 바 있고, 맹세가 불가피할 경우 필로에 의해서도 권장된 적이 있다 (*Spec*. Leg. ii:2-5).

이와 같은 특별한 보호조치는 하나님의 이름이 망령되이 일컬어지거나, 심지어는 부주의나 실수에 의해 하나님의 이름이 헛되이 사용되는 것을 막기 위해 소개되었다. 하지만 예수의 교리의 핵심은 진실한 사람들은 그처럼 특별히 진지한 척할 필요가 없다는 것이다. "예"와 "아니오"라면 충분하다(약 5:12).

맹세에 대한 예민한 자제는 예수의 배경과 입장을 볼 때 그리 이상할 것은 없다. 필로와 요세푸스에 의하면 에세네파도 같은 태도를 보였다.

"그들은 진실함과 맹세로부터의 자제를 통해 하나님 사랑함을 보였다…"(*Omnis Probus* 84).

"그들이 말하는 모든 것은 맹세보다 더 분명했다. 맹세하는 것을 위증보다 더 악한 것으로 그들은 간주하고 거부했으며 하나님을 부르지 않으면 신용을 얻지 못하는 사람은 이미 정죄된 것으로 보았다"(*War* ii.135).

더욱이 필로는 맹세의 불필요함이 고결한 삶의 부분이며 도덕성의 자연적인 결과라고 보았다.

"선한 사람의 말은 진리에 뿌리를 내린, 거짓과 무관한, 요동치 않고 견고한 맹세가 되어야 한다"(*Spec. Leg.* ii:2; cf. *Decal.* 84).

랍비들의 금언에 의하면 십계명에 대한 이스라엘의 인정과 승복은 진실한 "예"나 "예 예", "아니오"나 "아니 아니오"로 표시되었고 이 말들은 맹세와 같은 결속의 힘이 있다고 믿었다.[35]

다시 강조하거니와 예수의 특징은 이미 존재하고 있었지만 고대 유대인의 경건 생활 속에서는 절대적인 위치를 차지하지 않고 있던 사상들을 강력하게 강조하는 것이다.

원수 갚는 일에 대하여(마 5:38-42). 복수에 대한 과장된 부인(否認)으

---

35) Mekh. on *Ex*.20:1-2(II, 229-30); bShebu. 36a; S-B I, 336-7을 보라.

로서, 오랫동안 실행되었던 동태복수법(同態復讐法: *lex talionis*)—"옛사람에게 말한 바를 들었거니와 눈에는 눈, 이에는 이로 하라"(출 21:24)—은 소극적인 저항—"그러나 나는 네게 말하노니 악한 자를 대적하지 말라"—뿐만 아니라 오른편 뺨을 때리는 자에게 왼뺨도 내밀라는 조언(눅 6:29)을 통해 표현된 충격적인 순종과 대조되었다. 마태복음에 계속해서 언급된 두 가지 예 중의 하나는 누가복음 6장 29절에서도 볼 수 있는 것으로 속옷을 달라는 사람에게 겉옷까지 주는 것이고, 또 다른 하나는 요구된 거리의 두 배를 동행하는 것인데 이 두 예의 주제는 결국 의무 이상의 일을 하라는 것이다.

성경 이후의 유대인의 가르침을 보면 놀랍게도 출애굽기 21장 24절은 상해를 입힌 사람에게 똑같은 상해를 입히라는 문자적인 의미로 이해되지 않았음을 알 수 있다. 피를 보는 복수는 법적으로 세워진 금전적인 보상으로 대치되었다. 요세푸스도 이를 알고 있었고(*Ant.* iv.280) 미쉬나에도 이 원칙이 전제되어 있다(참고: *mBQ* 8:1), 출애굽기 21장 24절에 대한 멕힐타(*Mekhilta*: III, 67)도 "눈은 눈으로"를 맘몬(mamōn), 즉 돈과 동일시하였다. 팔레스타인 탈굼은 아주 명확하게 의역했는데, "눈은 눈의 값으로, 이는 이의 값으로, 손은 손의 값으로, 발은 발의 값으로…" 갚으라고 했다.[36]

---

36) 요세푸스는 배상을 하나의 선택으로 언급했다. "불구된 사람이 돈을 받기 원하지 않는다면." 그의 이와 같은 언급은 로마법의 영향을 받은

제4 복음서의 저자가 기록한 신약성경조차도 예수님이 이 말씀을 문자적으로 하신 것이 아님을, 성전 하속 하나가 예수를 때렸을 때 예수께서 다른 뺨을 내밀지 않으시고 인격적으로 항변하신 사건을 통해 보여주었다. 이 비현실적인 명령을 좀 더 잘 이해하기 위해서는 마지막 대조인 다음 번 대조와의 관계를 잘 살펴보아야 한다. 사실 누가복음 6장 27-36절에서는 "왼뺨을 내밀라"는 말씀과 "원수를 사랑하라"는 두 말씀을 합쳐서 한 관점에서 볼 수 있는 하나의 교리를 형성했다.

원수를 사랑함에 대하여. "또 네 이웃을 사랑하고 네 원수를 미워하라 하였다는 것을 너희가 들었으나 나는 너희에게 이르노니 너희 원수를 사랑하며 너희를 박해하는 자를 위하여 기도하라…"(마 5:43-48). 여기서 인용된 구절은 "네 이웃을 사랑하라"[37]는 레위기 19장 18절의 말씀이다. 여기에는 "네 자신과 같이" 혹은 "그도 너와 같으므로"라는 끝부분이 빠져 있고 대신에 성경에는 없는 다른 부분, 즉 "네 원수를 미워하라"는 말씀이 뒤따라 나온다.

것일 수 있다. Cf. D. Daube, *NTRJ*, 256.

37) 성경 이후 유대교의 이 계명에 대한 이해를 위해서 Paola Pallais's Oxford MPhil. Thesis, *Exegesis of Lev. 19:18 and the Love Commandment in Judaism: Variations on a Theme* (1988)을 보라. 또한 그 논문에는 다음에 다루게 될 황금률에 관한 가치있는 자료들도 있다.

누가복음 6장 32-36절과 병행하는 마태복음 5장 45-8절에 나타나 있는 율법에서 비롯된 교훈은 Q문서에서 나온 것이라고 주로 생각한다. 기본적인 의미는 인간의 사랑은 인간을 위한 하나님의 사랑을 본받아야 하며, 따라서 보상을 추구하거나 관심을 가져서는 안 되고 하나님의 자비와 긍휼, 온전함을 반영하는 것이어야 한다.

이와 같은 희생적인 선(인간의 한계를 뛰어넘는)을 나타낼 수 있는 극단적인 최상의 기회는 아무것도 꾸인 것이 없고 친절을 베풀어야 할 아무런 이유도 없는 사람을 통해서이다. 원수를 향한 자비의 행위는 하늘에 계신 아버지가 거룩하심같이 거룩해지려는 사람의 비결이다.

"원수를 미워하라"는 것이 "이웃을 사랑하라"의 부정적인 반대개념이 될 수는 있지만—빛의 자녀들의 사랑과 어둠의 자녀들의 미움이 쿰란 공동체의 규칙에는 긴밀하게 연결되어 있다(*I QS* 1:9-10)—그와 같은 대칭은 성경적인 근거가 없고 예수님이 하신 말씀이라기보다는 마태의 말일 가능성이 높다. 이것이 분실된 탈굼으로부터 빌려온 것일지도 모른다는 견해는 막연한 추측에 불과하다.[38] 논란의 대상이 되는 예수의 이 교훈과 가장 근접한 내용은 모세가 원수에게도

---

[38] Cf. M. Smith, 'Matt 5:43: "Hate Thien Enemy"', *HTR* 45(1952), 71-3. 좀 더 자연스러운 논리적 단계는 "사랑하라–미워하지 말라"이다. T. Gad 6:1에서도 뒷받침해 주는 좋은 증거가 있다. "나의 자녀들아 너희는 각각 너희 형제를 사랑하라. 너희 마음에서 미움을 쫓아내라."

epieikeia(자비, 우려, 온유)를 가르쳤다는 요세푸스의 그렇게 복잡지 않은 문장에서도 찾아볼 수 있다(C.*Ap*. ii.211).

요약하자면, 마태가 편집과정에서 변질시켰을 가능성이 있음에도 불구하고 여섯 개의 "대조"는 어휘나 단어는 아니더라도 예수의 가르침의 일반적인 입장을 함축하고 있으며, 이것들은 모세의 율법이나 전통적인 유대교를 정면으로 공격하기 위한 것이 결코 아니었다고 결론지을 수 있다.

4) 율법에 대한 예수의 요약

신, 구약 중간 시대와 미쉬나-탈무드 시대의 유대 종교지도자들 간에는 랍비의 계산에 의하면 613개나 되는 적극적, 소극적 계명을 감당할 수 있을 만큼 줄이고 통일시키기 위해 율법의 정수와 핵심을 찾아보려는 경향이 있었다.[39]

(1) 십계명

예수의 이름으로 공관복음에 기록된, 토라의 핵심을 찾기 위한 세 가지 시도 중에 첫 번째는 청년이라고 묘사되기도 하고(마 19:22), 관리

---

[39] *JWJ*, 45, 160를 참고하라. 인용된 주된 자료는 필로의 Spec. *Leg*. 1. 1; bShab. 31a; Philo, *Hypoth*.7:6; bMak.24a 등이다. 이것들과 다른 구절들에 관해서는 다음에 다루게 될 것이다.

라고 묘사되기도 한(눅 18:18) 어떤 사람(막 10:17)이 어떻게 영생을 얻느냐고 한 질문에 대한 대답에 나타나 있다.

예수의 간단한 대답은 "십계명의 사회적 윤리적 계명을 지키라"는 것이었다. 복음서 저자 세 사람 모두 금지로부터 시작하여 "네 부모를 공경하라"는 적극적인 계명으로 끝나는 살인, 간음, 도둑질, 거짓 증언, 부모 공경과 관계된 계명들을 열거했다.

마가는 "탐심을 갖지 말라"는 구절 대신에 마지막에 소극적인 계명으로 "속여 빼앗지 말라"는 명령을 삽입했지만, 마태는 "이웃을 사랑하라"(레 19:18)는 계명으로 열거를 마쳤다. 자연스럽게 그런 대답을 할 수 있었던 것은 십계명 암송이 제2 성전 기간 동안에는 매일 기도의 일부였기 때문인지도 모른다(*mTam*.5.1; *yBer*.3c).

십계명이 최고의 위치를 차지하는 것은 하나님에 의해서 선포된 유일한 계명이기 때문일 뿐만 아니라(필로, *Decal*. 175; 요세푸스, *Ant*. iii.89), 십계명은 성경에 기록된 특별한 율법들의 요약이기 때문이기도 하다(Philo, *Decal*. 154; *Spec. Leg*. I. I). 서론의 변형들과 함께 이야기 전체 구성이 의심의 여지도 없이 복음서 저자의 작품이었다고 해도 그 본질을 분명한 예수의 가르침이었다고 인정하지 말아야 할 아무런 이유가 없다.[40]

---

40) 그의 일반적인 회의에도 불구하고 불트만은 여기에 영향을 끼친 것이 있음을 인정한 듯하다. "예수가 생명으로의 길, 혹은 가장 큰 계명에 관

(2) 황금률(마 7:12; 눅 6:31)

Q문서에서 빌려온 것으로 생각되는 두 병행 구절에서 마태와 누가는 16세기 이후부터 "황금률"이라고 자연스럽게 불리게 된 예수의 한 윤리적 규범을 전승시켰다. 원수 사랑에 관한 말씀 바로 전에 언급한 누가의 기록이 원래의 순서라고 생각된다.

"남에게 대접을 받고자 하는 대로 너희도 남을 대접하라"(눅 6:31).

마태는 이것을 산상수훈에 넣어서 주해를 달아 설명했다.

"그러므로 무엇이든지 남에게 대접을 받고자 하는 대로 너희도 남을 대접하라 이것이 율법이요 선지자니라"(마 7:12).

기본적인 메시지는 동료를 향한 보편적인 선한 의지를 전달하고 있는데, 실제 적용 과정에서는 자기가 좋아하는 것과 좋아하지 않기가 쉽고 본능적인 기준으로 사용되어야 한다. 이는 물론 불트만이 말한 것과 같은 "단순한 이기주의를 도덕적으로 표현한"(*HST*, 103) 규범으

해 질문을 받았던 적은 있었던 것 같다. 하지만 이러한 질문을 우리와 연관시키는 장면이 역사적인 기록인가 아닌가 하는 것은 별개의 문제이다. 교회가 예수의 정신으로 그와 같은 장면을 철저하게 연출했다고 (나의 강조) 보아야 한다." *HST*, 54.

로 볼 수도 없고, 기독교 변증학자들이 즐기는 대로 적극적인 황금률이 소극적인 (유대인의) 규범보다 영적으로 더 차원 높은 것이라고 규정지을 수도 없다.[41] 그 둘다 보편적 도덕성에 관한 간단하고 실제적인 최고의 규범이며 모든 "하라", "하지 말라"의 동기가 된다.

반면에 십계명에서와 마찬가지로 예수께서 토라에 나타난 세세한 윤리규범들을 간소화하는 방법을 알고 있었고 적용했음을 의심해야 할 아무런 이유가 없다. 예수께서 하신 말씀과 비슷한 말씀을 포로 이후의 신, 구약 중간 시대의 랍비 유대교와 다른 지중해 문화권에서도 쉽게 찾아볼 수 있음은 언급할 필요도 없다.

이 문제에 관해 필요한 자료는 알브레흐트 딜레(Albrecht Dihle)의 선구적인 소논문, Die Goldene Regel. *Eine Einführing in die Geschichte der antiken und frühchristlichen Vulgärethik*(1962)에 잘 나타나 있다. 몇 개의 유대적인 예만으로도 충분하리라고 생각되

---

41) 황금률에 관한 불트만의 묘사나…사랑이 "창조적인 정의"로 변화되어 진실로 의로워지는 계산적인 정의로 황금률을 본 폴 틸리히의 묘사에는 진실이 있다. 복음서에서는 이와 같은 종류의 황금률의 변화가 실제로 나타난다(V. P. Furnish, *The Love Command in the New Testament* (1973), 63-64). 그래서 "하지 말라는 것으로 일관된 윤리적인 프로그램은 적극적이고 무제한적인 자비를 요구하는 그것과는 비교될 수가 없다"고 G. B. Caird는 그의 누가복음(*Saint Luke* [1963], 104)에서 기록했다. 오늘날 대부분의 학자들은 이것이 신학적 근거에 의한 것임을 인정한다.

는데 그것들은 모두 소극적인 규범이다. 가장 오래된 것은 외경에 속하는 토빗(Tobit) 4:15에서 찾아볼 수 있다. "네 자신이 싫어하는 것은 다른 사람에게도 하지 말라." 사실 토빗의 저자는 이것을 아히칼(Ahiqar)의 규범들에서 빌어왔을 가능성이 높다. "아들들아, 네게 악하게 보이는 것을 동료에게 행하지 말라"(8.88 in Armenian).[42]

예수와 거의 같은 시기의 것으로는 필로의 히포테티카(*Hypothetica*, 7.6) ― "그가 겪기 싫어하는 것은 다른 사람에게 하지 말아야 한다" ― 와 랍비 문학에서 같은 유형을 찾아볼 수 있다.

탈무드에서 힐렐의 교훈이라고 한 유명한 격언이 황금률을 연구할 때마다 언급되는데, 이 구절은 그의 이방인 대답자의 심각성 결여와 샴마이의 화를 잘 내는 성격을 드러내는 약간은 풍자적인 상황에서 한 말이다.

> "내가 한 발로 서 있는 동안에 토라 전체를 다 내게 가르친다는 조건으로 나를 개종시켜 보라(그는 요구했다)."

성격이 급한 샴마이는 그를 던져 버렸다. 그러자 그는 화를 잘 참고 친절한 힐렐에게로 갔는데, 힐렐은 한 문장으로 그를 받아들여 유대인으로 개종시켰다.

---

[42] J. M. Lindenberger in *OPT* II, 490. On Tobit and Ahiqar, *HJP* III.1, 222-39를 참고하라.

"네가 싫은 것은 네 이웃에게도 하지 말라."

그리고 힐렐은 말했다.

"이것이 율법의 전부이며 나머지는 이에 대한 해석이다. 가서 연구하라!"

일화적인 배경을 떠나서 힐렐의 조언은 이웃에 대한 바른 행동에 관한 모세의 교리를 가장 간결하게 요약함으로 황금률의 소극적인 면을 반영한다. 이러한 면에서 볼 때 그의 이 조언은 "이것이 율법이요 선지자니라"는 마태의 기록(7:12)과 매우 흡사한데 이때 "선지자"는 준(準)-자동적인 기독교의 확대된 개념이거나, 선지자들은 율법을 전달하고 해석한 자라는 고대 유대인의 생각을 반영한 것이다(mAb.I.I).

같은 교리가 *Aboth de-R. Nathan*(Recension B, ch. 26)에서 이번에는 비풍자적으로 반복되었다. 힐렐은 아키바(Akiba)에 의해 대치되었고 뻔뻔스러운 이방인은 "어떤 사람"에 의해서 대치되었는데, 그는 아주 공손하게 물었다.

"랍비여, 토라 전체를 한 문장으로 내게 가르쳐 주소서."

그가 나에게 말했다.

"나의 아들아, 우리의 선생 모세는—그에게 평안이 있을지어다—그것을 배우기 전에 40주 40야를 산에서 지냈다. 그런데 너는 말하기를 토라 전체를 한 문장으로 말하라고 하는구나. 그러나 나

의 아들아, 이것이 토라의 원리니라. 네 스스로 싫어하는 것은 이
웃에게 행하지 말라."[43]

1세기 전후에 유대교는 율법을 요약하면서 율법에서 도덕적 교훈의 적극적이고 소극적인 면들을 잘 알고 있었음을 간과해서는 안 된다. 주전 2세기 초반에 예수 벤 시라(Jesus ben Sira)는 그의 독자들에게 이렇게 조언했다(31[34]:15).

"네 자신에게처럼 이웃에게 친절하라. 그리고 그를 대할 때 네가 싫어하는 모든 것에 유념하라."

랍비의 글들에서도 황금률의 부정적인 면이 이웃을 사랑하라는 계명의 또 다른 한쪽으로 이해되었다. 그래서 Aboth de-R. Nathan B 26장(황금률의 소극적인 면에 대한 아키바의 교훈이 실려있는 장)을 소개하면서 mAb.I.12에 있는 힐렐의 교훈 중에서 *lemma*(인간 사랑)를 인용하기도 했다.

"아론의 제자들이 되어 평화를 사랑하고 평화를 추구하며 모든 인간들을 사랑하라."

---

43) S. Schechter가 편집한 *Aboth de Rabbi Nathan*(1887, repr. 1967), 53을 보라. A. J. Saldarini, The *Fathers according to Rabbi Nathan*(1975), 155를 참고하라.

하지만 이 두 개념의 결합을 가장 충격적으로 표현한 것은 레위기 19장 18절에 대한 Targum Pseudo-Jonathan에 나타나 있다.

"너의 이웃을 사랑하라. 네 자신이 싫어하는 것은 이웃에게 하지 말라."

요약하면, 신, 구약 중간 시기와 랍비 유대인의 시기에 황금률이 이렇게 폭넓게 잘 알려져 있었다는 사실은 복음서의 금언의 정통성에 긍정적으로 작용할 수도 있고 부정적으로 작용할 수도 있다. 하지만 독특하게 적극적인 문구를 사용했다는 사실은 인간관계의 모든 영역을 다스리는 토라의 계명을 예수께서 요약하셨다는 쪽을 선호하게 만드는 논증이다.

(3) 가장 큰 혹은 제일 되는 계명(막 12:29; 마 22, 37-40; 눅 10:26-28).

토라를 요약하는 문제에 있어 예수께서 하신 교리적 언급 중 세 번째가 가장 포괄적이다. 모든 공관복음서의 기록에 의하면 이것은 질문에 대한 답변이었다. 하지만 마태와 누가복음에 의하면 그 접근이 예수를 시험하기 위한 비뚤어진 의도였던 반면, 마가에 의하면 질문자는 매우 신실한 사람이었고 끝에는 예수에 의해서 "하나님의 나라에서 멀지 않았다"는 확신을 받아 돌아갔다(12:34). 마가복음이 배경적

정황으로 보아 가장 오래된 초기의 것으로 보인다.[44]

예수의 대답은 두 개의 주요 형태를 취하는데 가장 큰 계명이 첫 번째와 두 번째로 다시 나뉘었든지(마가와 마태), 아니면 혼합되기는 했지만 한 개의 율법으로 주어졌든지(누가) 둘 중의 하나일 것이다. 쉐마(Shema), "이스라엘아 들으라…"(신 6:4)로 시작해서 "네 하나님 여호와를 사랑하라"(신 6:5)로 계속되었던 당시 사용되던 주된 유대인들의 매일 기도와 유사한 마가의 어휘가 가장 자연스러운 인용이라고 생각되지만, 모든 것을 포함하는 핵심적인 계명을 제공하기 위한 목적이었음을 염두에 두고 볼 때 누가의 구조를 더 선호하게 된다.[45]

하나님을 사랑하라는 계명 뒤에는 이미 "대조"(앞의 내용을 보라)와 관련해서 다룬 바 있는 "네 이웃을 사랑하라"(레 19:18)는 계명이 따라

---

44) 마태와 누가복음의 조롱적인 색깔은 다음에 나오는 복음서의 부분들에서 볼 수 있는 바리새인들과 사두개인, 헤롯당원들의 일반적인 "함정-질문"의 경향을 대변한다. 막 12:13-17, 마 22:15-22, 눅 20:20-26(제국에 바치는 세금), 막 12:18-27, 마 22:23-33, 눅 20:27-40(부활 후의 결혼의 관계), 막 12:35-37, 마 22:41-46, 눅 20:41-44(다윗의 아들, 혹은 주님으로서의 메시야)를 참고하라. 마가복음 12:28-34의 다른 소개를 보완 수정 과정의 결과라고 보는 것은 가능성이 희박하다.

45) 쉐마에 관해서는 *HJP* II, 454-5를 보라. Nash Papyrus에 보면 쉐마가 십계명 뒤에 나온다. E. W Wüthwein, *The Text of the Old Testament*(1980), 33 and plate 6를 참고하라.

온다. 랍비 아키바에 의하면 이것이 "토라의 가장 큰 원칙이다"(Sifra on 레 19:18; GR 24.7).[46]

하나님에 대한 기본적인 의무와 인간에 대한 기본적인 의무를 연결해야 할 필요성은 거의 자동으로 신명기 6장 4-9절의 예식적인 암송 앞에 나오는 율법, 곧 십계명의 요약에서 비롯됨을 알 수 있다(cf. mTam.5.1).

하나님 사랑과 인간 사랑의 근본적인 연관은 여러 신, 구약 중간시기 문서들, 특히 12선조(Twelve Patriarchs)들의 언약서에 분명하게 나타나 있다. 예를 들면 잇사갈은 주님과 이웃을 사랑하라고 그의 자녀들을 권하면서 자기 자신을 본으로 소개한다.

"나는 내 평생에 진리와 경건으로 행했고,
나는 나의 힘을 다해 주님을 사랑했다;
이처럼 나는 또한 모든 사람을 나의 자녀처럼 사랑했다.
자녀들아 너희도 이처럼 하라…"(T.Iss.7.6).

필로는 좀 더 심오한 문제로 같은 메시지를 전달하는데, 십계명에서 하나님 사랑으로부터 인간 사랑으로 전환하는 것을 다루면서 그는

---

[46] 마태가 7:12에서와 마찬가지로 bShab.3b에 있는 탈무드에 의하면 힐렐이 했다는 말과 부분적으로 일치하는 "이 두 계명이 온 율법과 선지자의 강령이니라"라는 말로 결론을 내리는 것도 주목해 볼 만하다.

이렇게 언급했다.

"이제 우리는 자신을 두 면 중의 하나와 연관지어 다른 면은 등한시하는 것으로 보이는 사람들을 알고 있다. 그들은 경건한 열망의 혼합되지 않은 포도주를 마시며 다른 모든 문제에는 등을 돌린 채 그들의 개인적인 삶을 온전히 하나님을 섬기는 데 바쳤다. 반면에 다른 사람들은 인간에게 공의를 행하는 것 말고는 선이 없다는 생각을 가지고 인간관계 외에 다른 것에는 아무런 관심도 보이지 않았다. …이들은 인간을 사랑하는 자라고 불릴 수 있겠고, 전자는 하나님을 사랑하는 자라고 불릴 수 있을 것이다. 하지만 이 둘 다 완전한 덕을 세우기에는 불충분하다. 이 두 부분 모두를 존중할 때 비로소 온전해지는 것이다"(*Decal*, 108-10).

이 두 사랑 사이의 결속이 중간 시대나 랍비 사상에 이미 현존하고 있기는 했지만, 신명기 6장 5절과 레위기 19장 18절을 한데 묶어서 간단하게 표현한 것은 신약의 특징이고, 아마도 예수 자신의 특징일 것이다. 그렇게 함으로써 그는 토라의 모든 신학적이고 윤리적인 내용을 묶어서 하나의 간단한 원리를 만들어 내는 데 성공했다.[47]

---

47) 고차원적인 의무와 저차원적인 의무의 열거는 하나님-부모-친구를 공경하는 것과 관련된 주전 2세기의 Letter of Aristeas(228)와 요세푸스의 *Contra Apionem* II. 206에 나타난다. "부모를 공경하는 것을 율법은 하나님을 공경하는 것 다음으로 놓는다. … 하나님은 모든 것 중에 가장 오래되신 분이므로 젊은이들은 그들의 모든 어른들을 존경해

4. 율법을 윤리화함

일반적으로 미쉬나와 탈무드는 율법에 대한 법적 접근을 나타낸다고 가르쳐 왔는데 세부적인 항목의 경우는 대체로 맞는 이야기이지만 극단적인 이해가 문제가 된 경우에는 항상 적용되는 것이 아니다. 아마도 가장 좋은 예는 3세기의 랍비인 심라이(Simlai: bMak.24a)가 연속적인 단계를 통해 그리고 철저하게 비-할라킥(non-halakhic: 율법의 총칭) 용어로 모세의 많은 계명을 한 개의 계명으로 축소하려 했던 시도일 것이다.

613개의 계명이 모세에게 주어졌다. … 다윗은 그것들을 11개로 줄였고 이렇게 기록하였다. 다윗의 시편이라. '여호와여 주의 장막에 머무를 자 누구오며 주의 성산에 사는 자 누구오니이까? (1) 정직하게 행하며, (2) 공의를 실천하며, (3) 그의 마음에 진실을 말하며, (4) 그의 혀로 남을 허물하지 아니하고, (5) 그의 이웃에게 악을 행하지 아니하며, (6) 그의 이웃을 비방하지 아니하며, (7) 그의 눈은 망령된 자를 멸시하며, (8) 여호와를 두려워하는 자들을 존대하며, (9) 그의 마음에 서원한 것은 해로울지라도 변하지 아니하며, (10) 이자를 받으려고 돈을 꾸어 주지 아니하며, (11) 뇌물을 받고 무죄한 자를 해하지 아니하는 자니이다'(시 15:1-5). …이사야는 여섯으로 줄여 이렇게 기록했다. '(1) 오직

야 한다."

공의롭게 행하는 자, (2) 정직히 말하는 자, (3) 토색한 재물을 가증히 여기는 자, (4) 손을 흔들어 뇌물을 받지 아니하는 자, (5) 귀를 막아 피 흘리려는 꾀를 듣지 아니하는 자, (6) 눈을 감아 악을 보지 아니하는 자'(사 33:15). … 미가는 셋으로 줄여 이렇게 기록했다. '사람아 주께서 선한 것이 무엇임을 네게 보이셨나니 여호와께서 네게 구하시는 것은 (1) 오직 정의를 행하며, (2) 인자를 사랑하며, (3) 겸손하게 네 하나님과 함께 행하는 것이 아니냐'(미 6:8). …이사야는 다시 둘로 줄여 '여호와께서 이와 같이 말씀하시기를 너희는 (1) 정의를 지키며, (2) 의를 행하라'(사 56:1). 아모스는 하나로 줄여 '여호와께서 이스라엘 족속에게 이와 같이 말씀하시기를 (1) 너희는 나를 찾으라 그리하면 살리라'고 기록했다 (암 5:4).

랍비 현인들은 대체로 무엇이 금지되고 무엇이 허용되었는가 하는 세밀한 문제, 즉 율법을 수행하는 바른길에 대한 실제적인 전문가로는 잘 알려져 있었지만, 윤리학자, 신학자로는 알려지지 않았던 반면에 예수의 입장에 있어서 가장 탁월한 특징은 하나님과 인간을 향한, 하나님께서 정하신 합당한 행동을 나타내면서 그가 가장 중요하고 본질적이고 긍정적인 것으로 이해한 율법의 궁극적인 목적을 법적인 것이 아닌 종교-윤리적 실체로 보았던 그의 전반적인 관심이다.[48]

---

48) 여기서도 역시 하나님께 드리는 공경은 선물과 제물에 의해서가 아니라 순수한 마음과 헌신적인 희생에 의해 드리는 것이라고 선언한

제3장

선생이신 예수:
성경적, 카리스마적 권위

1. 선생으로서의 예수

예수가 다른 무엇이 될 수 있었건 간에 영향력 있는 선생이었다는 데는 이의가 없다. 그는 전문적인 인물이라기보다는 대중적인 인물이었고, 학교(*bet midrash*)나 특정한 회당과 같은 일정한 장소에서 메시지를 전하지 않고 순회하는 선생이었다. 그의 핵심 세력으로 형성된 제자들에게 둘러싸여 그는 갈릴리 남단을 오르내리며 복음을 전하고 신유의 기적을 베풀었다. 후기 랍비 문학에 보면 "순회하는 갈릴리 출신" 성경 해석가들에 대해 언급했지만(b Sanh. 70a; b. Hul.27b), 그와 같은 무리의 대표자들에 대해서 말하거나 예수를 그들 중의 하나로 보기에는 증거가 너무 미흡하다.

그는 또한 네 번째 복음서 저자에 의하면 2, 3년 동안에 적어도 유월

Letter of Aristeas(234)에서 그 선례를 찾아볼 수 있다.

절에 한 번, 그리고 다른 여러 유대 명절 때 예루살렘과 성전에서 가르치셨다. 그는 서기관과 같은 인정된 교수 모임의 회원도 아니었고, 성전에서 성경을 읽고 설교를 했던 분명하게 정의하기 어려운 "설교가" 중 하나도 아니었기 때문에 그의 선교의 본질은 예수 당시와 그 이후 시대에 끊임없이 문제가 되어왔다. 대제사장과 서기관 그리고 장로들이 예수의 가르치는 권위에 대해 질문을 했다는 공관복음서의 일화는 가상적일 수 있지만, 적어도 그런 문제가 있었다는 것을 암시해준다.[1]

복음서 이야기에 보면 예수는 그의 질문자들이 세례 요한의 사역이 하나님에게서 온 것인지 사람에게서 온 것인지 그들의 견해를 밝히기 전에는 대답하기를 거부했다. 그들이 편리한 대로 "모른다"고 대답함으로 예수는 논쟁의 승리자가 되었고 그들의 질문을 회피할 수 있었다. 그런데도 그의 가르침의 특징에 비판적인 학자들을 포함해 모든 사람이 의문을 제기할 필요가 있다.

종교라는 영역에서 일반적으로 규범이나 교리라고 규정된 것들은 증명이 필요 없는 절대 원리로 간주한다. 그리고 교훈의 정당성에 관한 문제는 선생의 주장이나 가르침의 목적이 일반적으로 인정된 법이나 신앙과 상충하거나 특이한 것일 때에만 발생한다. 살인이 잘못된

---

1) 누가복음 20:1, 마가복음 11:27, 마태복음 21:23. 서기관들, 랍비와 성현의 선구자들, 그리고 설교가들에 관해서는 *HJP* II, 322-36, 453을 참고하라.

것임을 주장하기 위해서는 그 입장을 정당화시키기 위한 논증이 필요 없다. 하지만 자기 집에서 재산을 지키려다가 도둑을 살인하고 붙잡힌 사람을 살인범으로 취급할 수 있는가?

육체의 부활에 관한 교리도 그것이 새롭게 취급될 때, 그리고 사회의 대부분 사람이 신봉하고 있지만 그런데도 중요한 미님(*minim*, 이단들)과 에피큐리안(회의론자)들에 의해서 부인될 때에야 비로소 문제가 된다. 이미 전 장에서 언급한 대로, 안식일의 안식에 관한 엄격한 해석에 있어서 예수의 유연성은 그들 사이에서 얼마나 합법적이었는지 간에 병자를 고치는 것이 다른 모든 것보다 우선한다는 카리스마적인 입장에서 강조되어야 한다.

유대교에 있어서 교리적 권위의 문제는 그것을 강조한 시기가 성경 당시 시대인가, 성경 이후 시대인가에 달려있다. 일반적으로 성경적인 교훈들은 두 주요 범주에 속한다. 하나님으로부터 비롯된 것이라고 강조된 것들은 십계명처럼 하나님이 직접적, 공적으로 선언하셨거나, 위로부터 음성이 들리고 손가락으로 돌판 위에 새겼거나, 천상의 영원한 율법들에 대한 지상의 서기관으로서 시내산의 모세에게와 같이 개인에게 율법과 계명이 주어지고, 제사장들이 그들을 위해 지정된 천사의 도움으로 설명하고 적용하는 것으로 묘사되었다.

마찬가지로 "주께서 말씀하시기를", "이는 주님의 말씀이라" 등으로 시작해, "주님의 말씀"으로 그들의 메시지를 종결하는 선지자들도 전능자의 입술로 친히 말씀하셨거나 초자연적인 이상을 통하여 직접적인 계시를 받은 자들이라고 주장한다.

반면에 성경에 있는 지혜서는 가장 유명한 솔로몬과 같은 현인들의 분별력(그 자체가 하나님의 선물인)의 열매로, 그리고 그의 영원한 호크마(*Hokhmah*) 혹은 지혜(잠언 8장)의 반영으로 소개되었다. 경외성서(Ecclesiasticus)의 저자인 예수 벤 시라 시대, 즉 주전 2세기 초반만 해도 그 저자는 호크마와 모세의 토라를 하나의 개념적 실체로 통합시켰다(Ecclus. 24).

성경 이후 시대에는 성경이 만들어질 당시에 성경을 만들던 사람들을 다른 사람들로 대치시키게 하는 정당성과 권위의 새로운 기준들이 나타나기 시작한다. 최초의 작품은 성경에서 볼 수 있으며, 새로운 교훈들을 위서에서도 에녹 혹은 모세(희년서, 모세의 승천), 에스라, 바룩, 솔로몬의 것으로 주장했다.[2]

이러한 거짓 저자들도 성경의 저자들과 마찬가지로 계시와 환상, 지혜의 은사를 통하여 메시지를 받는다. 에녹은 환상을 보았고, 모세와 에스라는 음성을 듣고 때로는 천사가 말을 전해주기도 한다. 성경 이후 시대의 시편도 성경의 시편과 마찬가지로 다윗, 솔로몬(익명인 것도 외경에서는 솔로몬을 저자라고 보았다. Wisd. 9:7)을 저자라고 주장한다.

---

2) 위서들은 성경 이후 시대의 산물이 아니다. 오늘날 신중한 학자 중에 다니엘, 이사야, 솔로몬, 모세가 썼다고 성경에 기록된 것들을 신빙성 있게 받아들이는 학자는 없다. 많은 경우에 저자를 대체로 혹은 완전한 가공의 인물로 본다. *HJP* III, 241과 n.1를 참고하라.

히브리 성경을 구성하는 이미 잘 알려진 정경들이 주전 2세기 초반에 완성된 후에 모든 종교적인 문제의 궁극적인 권위는 기록된 하나님의 말씀에 근거한다는 개념이 부각되기 시작했다. 쿰란의 에세네파들은 해석을 예언적 지식과 한데 묶으려고 했고, 율법과 선지자의 숨겨진 참 의미에 대한 해석이 하나님에 의해서 의의 선생에게 계시되었는데 이것이 공동체 안의 지도자들에게 전승되었다는 사상을 소개했다.

  일반 규례가 그전과 마찬가지로 계속 발전되고 있었고 최초의 편집된 양식인 미쉬나의 대부분이 성경적인 배경 없이 구성된 규례들인 것은 사실이지만 법적이든, 윤리적이든, 혹은 신학적이든 비성경적인 교훈들이 점점 더 성경의 연장이고 성경에 대한 주해라고 볼 수 있는 미드라시의 형태를 취하게 되었다. 종교적 진리의 최종 조건은 성경과의 유사성이었고, 성경에서 뒷받침해 주는 구절을 찾지 않고는 어느 교리도 형성할 수 없었다.[3] 미쉬나 형태와 미드라시 형태를 병합하는 과정은 할라킥 미드라쉼(Halakhic Midrashim)에서 살펴볼 수 있다. 또한 성경에 덧붙여 미쉬나와 탈무드의 율법적인 내용에 대한 다른 형태의 인가(認可)가 하나님께서 시내산에서 모세에게 보충하는 계시를 또 주셨다는 사상에서도 나타난다. 여호수아, 사사들, 선지자들, 현

---

[3] 사해문서에 관해서는 나의 *Biblical Proof-Texts in Qumran Literature*, JSS 34(1989), 493-508을 보라.

인들과 랍비들과 같은 증인들에 의해 구전되었던 소위 "구전 토라"라고 불리는 것이 현시대의 초반기까지 기록되지 않은 채 남아 있었다.[4]

신, 구약 중간 시대와 랍비 시대에 유대인들의 전통적인 교훈에 있어 성경을 사용한 것은 여러 가지 양식과 모양으로 입증된다. 요세푸스의 『고전서』(Antiquities), 위(僞)-필로(Pseudo-Philo)의 『성경 고전서』(The Book of Biblical Antiquities), 팔레스타인 탈굼 등을 대표작으로 하는 재기록된 성경이라고 묘사된 범주를 보면, 정경 구절(canonical text)이 하나의 포괄되고 확대된 이야기를 만들기 위해서 주석상의 각주나 보충 설명과 섞여 있는 것을 볼 수 있다. 또 다른 곳에서는 성경 원문에서 빌려온 단어나 문구들이 재배열되어 새로운 의미가 부여되기도 했고, 새로운 교리의 정당성을 위해 성경 이야기가 인용된 곳도 있다. 성경 구절이 매우 창조적으로 강조되거나 다른 구절들과 대조를 이루기도 한다. 랍비 문학에는 그리 흔하지 않지만 쿰란 문서 중에는 선지자적 예언의 중요성을 "그 완성"에 역점을 둠으로 부각한 경우도 많다. 끝으로 각각 다른 문맥에서 취한 성경 구절을 연결하거나 신학적,

---

4) G. Vermes, 'Bible and Midrash', *CHB* I (1970), 199-231 [=*PBJS*, 59-91]), 'Scripture and Tradition in Judaism: Written and Oral Torah', in G. Baumann (ed.), *The Written Word; Literacy in Transition*(1986), 79-95를 참고하라. 또한 David Weiss Halivni, *Midrash, Mishnah and Gemara* (1986)과 Sanders의 *Jewish Law*, 97-130에 소개된 통찰력 있는 분석을 보라.

율법적 원리를 가진 구절을 모아서 이론을 체계화시킨 순(純) 미드라시도 있다.[5]

원래의 질문으로 되돌아가서, 예수의 교수 방법은 이러한 종류 중에 어느 부류에 속하며, 고대 성경에 대해 그는 어떤 태도를 유지하고 있었는가 하는 질문이 있어야 한다. 성경 인용을 포함해서 복음서 내용에 대한 문학적 분석은 갈릴리 선생의 참 메시지를 분별해 내는 데 도움을 줄 것이고, 또한 그렇게 되기를 희망한다.

2. 예수의 가르침에 있어서 성경의 사용

예수는 교리적 권위의 근원 문제에 있어서 그 어느 성경적 틀에도 맞지 않고, 선생이나 학생에 의해 전수된 어느 학파의 계승자라고 볼 수도 없는 특이함을 가지고 있다.

복음서나 다른 신약 성경이 계시나 이상에 생소했던 것은 아니지만 —사가랴와 마리아는 천사를 보았고(눅 1:8-23; 1:26-38), 요셉은 꿈에 하늘나라 천사의 지시를 받았으며(마 1:20; 2:13; 2:19), 베드로는 기독교 공동체로의 이방인 수용을 예비하는 이상을 증언했고(행 10:9-16), 바울은

---

[5] 쿰란 증거들의 열거를 위해서는 G.Vermes, 'Bible Interpretation at Qumran' in *Yigael Yadin Memorial Volume*, Eretz-Israel XX(1989), 184-191을 보라.

다메섹으로 가는 길에 하나님의 영광에 소경이 되는 체험을 했고(행 9:3-9), 다른 곳에서도 삼층천으로 올라갔던 것이나 말할 수 없는 일들에 관해 들었던 것과 관련해 그가 받은 이상과 계시를 자랑하기도 했으며(고후 12:2-4), 계시록의 저자는 계속해서 이상과 음성을 통해 하늘의 비밀을 보고 들었다— 놀랍게도 예수는 그와 같은 신령한 선물을 받았다는 기록이 하나도 없다. 그의 가르침의 권위는 그와 같은 신비함에 근거한 것이 아니었다.

율법과 윤리에 관한 그의 메시지가 초자연적인 계명을 받은 것이라고 기록된 곳이 하나도 없고, 그의 준(準) 선지자적 선포도 하나님의 명령을 받았다든지 하나님에게서 온 것이라고 언급된 적이 없다. 아마 이와 관련된 가장 근접한 구절이 하나님의 메시지와 계획을 예수께서 온전히 다 계시받았음을 암시하는 마태복음 11장 27절, 누가복음 10장 22절의 "내 아버지께서 모든 것을 내게 주셨으니…"일 것이다. 하지만 현재 우리가 가지고 있는 양식을 볼 때 이 구절이 정말로 예수께서 하신 말씀이라고 보는 비평가들은 그리 많지 않을 것이다.[6]

만일 예수께서 하나님을 그의 가르침의 보증인으로 부르지 않았다면 그는 이미 기록된 하나님의 말씀에 근거를 둔 성경 해석가나 설교가였는가? 공관복음서들은 그렇다는 인상을 강하게 남겨 주는데, 이

---

[6] *JJ* 201; *HST* 159(헬라주의적 계시의 말씀); C. K. Barrett, *Jesus and the Gospel Tradition*(1967), 27를 참고하라.

와 관계된 논문들을 살펴보고 분석하는 것이 복음서 저자들의 목적을 이해하고 신빙성을 결정하는 데 크게 유익할 것이다.

이미 열거한 성경과 관련된 형태 중에서 예수의 가르침의 형태에 관한 복음서의 기록을 보면 다음 다섯 가지 형태를 찾아볼 수 있다. (1) 성경의 단어나 구절의 재사용, (2) 성경적 선례의 인용, (3) 강조나 대조를 통한 새로운 의미 유출, (4) 예언 성취로서의 해석, (5) 새로운 교리를 지지하기 위하여 여러 성경 구절을 모아 연결시키는 미드라시적인 양식.

1) 성경 구절의 재사용

복음서에서는 성경 구절을 은연중에 인용하는 경우가 종종 있는데, 그 구절은 분명한 근거 없이 복음서 저자가 기록하고 있는 그 사건이 이미 예언된 것이며 결과적으로 하나님의 섭리 가운데 예정된 사건이었음을 주장한다. 가장 좋은 예가 시편 22편과 69편에서 인용된 것으로 보이는 공관복음에 나타난 고난에 관한 이야기인데, 마가복음 15장 24절(마 27:35)의 "십자가에 못 박고 그 옷을 나눌새 누가 어느 것을 가질까 하여 제비를 뽑더라"는 시편 22편 18절의 "내 겉옷을 나누며 속옷을 제비 뽑나이다"를 반영하고, 마가복음 15장 29절(마 27:39)의 십자가에 달린 예수를 조롱하는 구경꾼들이 머리를 흔들었다는 구절은 시편 22장 7절의 "나를 보는 자는 다 나를 비웃으며…머리를 흔들며"를 인용하고 있다. 십자가 상에서의 마지막 말씀 "엘리 엘리 라마 사박다니 하시니 이를 번역하면 나의 하나님, 나의 하나님 어찌하여 나

를 버리셨나이까"(막 15:34;마 27:46)는 시편 22편 1절의 아람어 표현과 일치한다.[7)]

마지막으로 옆에 섰던 사람 중의 하나가 예수의 갈증을 해소하려고 "달려가서 해면에 신 포도주를 적시어 갈대에 꿰어 마시게 하고"(막 15:36; 마 27:48)라는 이야기는 "목마를 때에는 초를 마시게 하였사오니"(시 69:21)에 따라 구성되었다.[8)]

성경에서 인용되었다는 암시 없이 인용했거나 단어를 재사용한 경

---

7) 왜 이 부분이 히브리어가 아닌 아람어로 인용되었는지는 설명이 없다. 어쩌면 절망에 빠진 사람이 사용하던 잠언 형식의 부르짖음이 아니었을까? 누가복음 23:46에 의하면 예수는 시편 31:5의 "내가 나의 영을 주의 손에 부탁하나이다. 진리의 하나님 여호와여 나를 속량하셨나이다"를 약간 의역해서 "아버지 내 영혼을 아버지 손에 부탁하나이다"라는 말을 하고 죽는다.

8) 제4 복음서의 저자에게는 더 암시적인 용어가 필요없다. 그는 정식으로 예언의 실현이라고 언급된 세항들을 소개한다. 요한복음 19장 23-24절의 "이 속옷은 호지 아니하고…군인들이 서로 말하되 이것을 찢지 말고 누가 얻나 제비 뽑자 하니 이는 성경에 그들이 '내 옷을 나누고 내 옷을 제비 뽑나이다'(시 22:18) 한 것을 응하게 하려 함이러라." 요한복음 19:28의 "그 후에 예수께서 …모든 일이 이미 이루어진 줄 아시고 성경을 응하게 하려 하사 이르시되 내가 목마르다 하시니 거기 신 포도주가 가득히 담긴 그릇이 있는지라 사람들이 신 포도주를 적신 해면을 우슬초에 매어 예수의 입에 대니"는 시편의 "목마를 때에는 초를 마시게 하였사오니"(시 69:21)와 상응하는 것이다.

우는 예수께서 말씀하신 것처럼 기록된 기도나 교리적인 구절에서도 찾아볼 수 있는데 그것이 의도적으로 인용된 건지, 무의식중에 언급이 된 건지, 아니면 특정한 교훈들을 성스럽게 만들려는 의도였는지, 단순한 문학적 문체인지는 알 길이 없다. 이 예들은 크게 다음과 같이 세 부류, 즉 비유, 묵시적 교훈, 기도로 구분해 볼 수 있다.

세 개의 비유는 분명히 성경적 색채를 띠게 되었는데 악한 종에게 맡긴 포도원 비유는 이사야 5장 1-2절을 연상시키고(막 12:1; 마 21:33; 그러나 눅 20:9은 다르다), 겨자씨 비유(막 4:30-32; 마 13:31; 눅 13:18)는 "그 잎사귀는 아름답고 그 열매는 많아서 만민의 먹을 것이 될 만하고 들짐승은 그 아래에 살며 공중에 나는 새는 그 가지에 깃들었나이다"(단 4:21)라고 한 나무에 관한 형상에서 영감을 받았을 가능성이 있다. 끝으로 하나님의 나라를 상징하는 몰래 자라는 씨의 비유(막 4:26-29)는 요엘 3장 13절의 구절로 끝을 맺는다.[9]

묵시적 교훈의 경우에서는 복음서 저자들에 의해 예수의 말씀으로 기록된 것이 대체로 선지자들의 종말론적 직유들과 얽혀있는 것을 볼 수 있는데, 그 현상이 특히 종말론에 관한 설교(막 13장; 마 24장; 눅 21장)에

---

[9] 하지만 예언적인 문맥이 다르고 헬라어의 어휘가 70인 역과 다른 것을 주목하라. 가라지의 비유를 해석하는 마태복음 13장 41절은 스바냐 1장 3절을 암시하는지도 모르지만 이 문제는 너무 복잡해서 여기에서 원하는 바를 얻는 데는 별로 도움이 되지 못한다.

는 너무 확실하게 나타나기 때문에 한 가지 예만 들어도 충분하리라고 본다.

심판날은 하늘의 표적과 "인자"의 출현으로 막을 올리리라고 했다.

"그 때에 그 환난 후 해가 어두워지며 달이 빛을 내지 아니하며 별들이 하늘에서 떨어지며 하늘에 있는 권능들이 흔들리리라 그 때에 인자가 구름을 타고 큰 권능과 영광으로 오는 것을 사람들이 보리라"(막 13:24-26; 마 24:29).

이 모습은 이사야 13장 10절의 "하늘의 별들과 별 무리가 그 빛을 내지 아니하며 해가 돋아도 어두우며 달이 그 빛을 비추지 아니할 것이로다."의 모습과 "하늘의 만상이…잎이 마름 같으리라"고 한 이사야 34장 4절과 합한 후에 다니엘 7장 13절 "인자 같은 이가 하늘 구름을 타고 와서…"를 자유롭게 변형시켜 덧붙인 것이다.[10]

---

10) 이와 비슷한 예를 미가서 7:6을 암시하는 마태복음 10:4-36과 누가복음 12:51-53이나 이사야 66:24을 약간 수정한 주석에 의해 생생하게 나타난 게헨나(Gehenna)의 개념이 담겨있는 마가복음 9:47에서 찾아볼 수 있다. 또한 하늘에 들려 올라갔다가 지옥으로 떨어질 가버나움의 미래(종말론적) 운명(마11:23; 눅 10:15)은 원래는 바벨론을 의미했던 이사야 14:13, 15의 도움으로 묘사되었다. 시편 110:1과 섞인 다니엘 7:13은 마가복음 14:62, 마태복음 26:64, 누가복음 20:42에서 예수가 대제사장에게 한 것으로 되어있는 대답에 격식 없이 인용되었다. 시편 110편이 마가복음 12:36, 마태복음 22:44, 누가복음 20:42

세 번째 부류는 기도와 관계된 것이다. 겟세마네 동산에서의 예수의 기도 "내 마음이 심히 고민하여 죽게 되었으니"(막 14:34; 마 26:38)는 시편 42편 5절을 어렴풋이 반영하고 있고, 산상수훈에서 "너는 기도할 때에 네 골방에 들어가 문을 닫고 은밀한 중에 계신 네 아버지께 기도하라"고 하신 교훈은 이사야 26장 20절의 "내 백성아 갈지어다 네 밀실에 들어가서 네 문을 닫고 분노가 지나기까지 잠깐 숨을지어다"라는 말씀을 전혀 다른 상황과 문맥에서 인용한 것이다.

실제 교훈 중에 비공식적으로 성경을 적용한 경우는 거의 없지만, 다음 사항(마 18:15)은 성경 구절이 어떻게 교회 정치에 반영이 되었는지를 보여준다. 교회에서 두 교인이 서로 싸웠을 경우 제안된 해결 방안은 우선 잘못한 두 사람이 개인적으로 화해하도록 한다. 화해하는 데 동의를 하면 더 취해야 할 일이 없고, 만일 화해하지 않으면 두 번째 권고하기 전에 "두 증인의 입으로나 또는 세 증인의 입으로 그 사건을 확정할 것이며…"(신 19:15)라는 말씀대로 두세 사람의 형제를 동반한다. 그래도 회개하지 않으면 그 죄인을 교회에 보고한다.

신명기를 인용해 소개한 것은 사실 참관한 증인의 숫자에 관계된 것 말고는 아무 상관이 없는 것이다. 소송에서 증인이 한 명이면 유효하지 않다는 성경법의 목적은 출교까지 유도할 가능성이 있는 공동체

에서는 공공연하게 소개된 반면, 다니엘 7:13은 복음서에 간접적으로만 암시되었다.

안에서의 이와 같은 권징 조례와는 무관하다. 인용과 교리의 관계가 거의 없으므로 이 예를 통해서는 어떤 중요한 결론을 끌어 낼 수도 없을뿐더러 이 부분이 정말로 예수의 가르침이었는지를—대부분 학자는 이를 부인한다—조사해 보아야 할 필요도 없다.[11]

돌이켜 보건대, 세 주요 부분—비유, 묵시적 교훈, 기도—은 문학적 혹은 문체적 목적이나 메시지에 적합한 분위기를 조성하기 위한 목적으로 성경 본문을 인용한 듯하다. 이와 같은 인용이 예수에 의한 것이었다고 보는 것이 합당한가? 원칙적으로 신, 구약 중간 시대의 선생이 성경적 문체를 차용하는 것은 충분히 가능한 일이지만 전반적으로 볼 때 가능성이 희박하다.

이미 살펴본 성경 발췌는 교육을 받지 않은 갈릴리 사람들뿐만 아니라 1세기 팔레스타인 유대인 사이에서도 그리 문제가 되지 않았는데, 이는 결과적으로 예수를 따르던 군중들 대부분이 느끼지 못한 채 그냥 지나쳐 버렸음을 의미한다. 따라서 예수가 요엘이나 스가랴와

---

[11] *HST*, 146(교회에 의해서 독립적으로 만들어진 이야기)를 참고하라. 이 구절에 관해서는 K. Stendahl, *The School of St Matthew* (1954), 138을 보라. 쿰란파에서의 책망, 증인, 출교에 관해서는 *QIP*, 92f., 100f., 113f.; G. Forkman, *The Limits of the Religious Community: Expulsion from the Religious Community within Qumran Sect, within Rabbinic Judaism and within Primitive Christianity*(1972); Lawrence H. Schiffman, *Sectarian Law in the Dead Sea Scrolls: Courts, Testimony and the Penal Code* (1983)을 참고하라.

같이 잘 알려지지 않던 선지자들이 한 말조차 잘 알고 있을 정도로 성경에 능통했다 할지라도—사실 그와 같은 가정은 신약성경에서 나온 것이 아니지만—그러한 성경 인용이 교육적으로 효과적인 역할을 했다거나 그의 교훈에 권위를 부여했다고는 볼 수 없다. 결국 그 발췌들은 복음서 저자들에 의해 문학적 혹은 편집상의 목적으로 생겨난 것들임을 의심할 여지가 거의 없다.

2) 성경적 선례들

예수의 것으로 묘사된 교리적 언급 중에 몇 개는 그 증명으로 단순히 성경적 역사에서 볼 수 있는 예를 제시하는 논증형식을 취한다. 물론 그와 같은 해석 절차는 예수가 고안한 것이 아니라 신, 구약 중간시대와 랍비 유대교의 문학적 전통에 속하는 것이다.

여기에 출애굽기 14장에 근거한 매우 정교하지만, 대표적이라 할 수 있는 예가 있다. 바로의 마차와 병거에 맹렬한 추격을 받던 이스라엘은 바다에 도착한다. 그와 같은 절박한 상황에서 하나님은 모세에게 왜 그렇게 부르짖느냐고 책망을 하시면서 그의 지팡이를 들라고 명하신다(출 14:15). 1세기 후반, 2세기 초의 랍비였던 갈릴리인 요세는 출애굽 당시 유대인들의 운명을 제단에 묶여 아버지에 의해 죽임을 당하기 직전 이삭의 운명과 비교함으로써 극적인 장면을 연출하려고 한 적이 있다.

"이스라엘이 막 바다로 들어가려는 시점에 놓였을 때, 모리아 산은 이미 이삭이 놓여 제물이 되도록 했던 제단과 묶인 채로 제단 위에 있던 이삭과 아들을 죽이기 위해 칼을 들고 손을 하늘로 향한 아브라함과 함께 이미 그 자리에서 옮겨져 있었다."

구속하시는 하나님의 간섭의 임박성, 위험, 내재성이 창세기 22장 이야기에 그대로 암시되어 있다. 그 긴장감이 너무 커서 긴장감을 완화하기 위해 설교가는 그의 이야기에 약간은 모순된 부분을 삽입한다.

"하나님께서는 모세에게 말씀하셨다. '모세야, 나의 백성들이 고통중에 있구나. 바다가 그들의 길을 막고 있고 원수들이 그들을 추격하니 너는 거기에 서서 계속 기도하라!' 모세가 하나님께 말했다. '무엇을 하고 있을까요?' 그는 (히브리 재담을 사용하며) 말씀하셨다. '너의 지팡이를 들라(HaReM, etc. 출 14:16). 너는 찬양하며 (MeRoMeM), 경배와 영광을 돌리고, 노래와 영광과 찬송과 감사와 존귀를 전쟁을 주관하시는 이에게 돌리라'"(Mekh.II, 222f.).

랍비 요세의 설교를 보면 이삭을 묶는 것에 관한 이야기는 단순히 출애굽 사건의 의미를 온전히 전달하기 위해서 사용한 설교학적 기교이다. 함축된 신학적 교리, 즉 바다에서의 구원이 아케다(*Akedah*)의 결과라는 것은 가정해 볼 수 있지만 그렇게 기록되지는 않았다.[12]

---

12) *S&T*, 206-8를 참고하라.

성경의 사례나 인물을 통하여 교훈에 정통성을 부여하는 방법은 이론과 실제 모두의 경우에 있어서 공관복음의 특징이다.

실제의 경우는 이미 전 장에서 다룬 바 있는 안식일에 이삭을 자르는 것을 허용하신 사건에서 볼 수 있다. 마가복음 2장 23-26절을 보면 (마 12:1-7; 눅 6:1-4) 기근의 첫 단계라고 할 수 있는 배고픔도 제자들이 증오에 찬 유대인들에 의해 비난을 받았던 안식일의 안식을 파기할 수 있다고 주장한다. 예수는 그들의 행동을 사무엘상 21장 1-7절에 나타나 있는 선조의 예를 들어 변호한다.

> "예수께서 이르시되 다윗이 자기와 및 함께 한 자들이 먹을 것이 없어 시장할 때에 한 일을 읽지 못하였느냐 그가 아비아달 대제사장 때에 하나님의 전에 들어가서 제사장 외에는 먹어서는 안 되는 진설병을 먹고 함께 한 자들에게도 주지 아니하였느냐"(막 2:25-26).

이 대답에 담긴 무언의 이유를 다음과 같이 표명할 수 있을 것이다. 만일 배고픔이 하나님의 택함 받은 다윗이 너무 거룩해서 성전의 제사장들만이 먹게 되어 있었고 그 음식을 평신도들에게는 금했던 법을 무시할 수 있도록 했다면, 안식일의 안식을 약간 범한 것이 크게 문제 될 것이 없지 않은가. 성전 규례가 안식일 법보다 우선한다는 같은 원리가 마가복음의 이야기에 덧붙인 마태복음의 기록에 더 잘 나타나 있다.

"또 안식일에 제사장들이 성전 안에서 안식을 범하여도 죄가 없음을 너희가 율법에서 읽지 못하였느냐"(마 12:5).

이러한 가르침과 병행하는 좋은 예가 복음서에서와 마찬가지로 다윗의 경우를 최종적이고 결정적인 답으로 제시하는 중간 시대나 랍비 시대에도 있다. "아내를 많이 두어 그의 마음이 미혹하게 하지 말 것이며"라는 신명기 17장 17절의 중요성을 분명히 하고자 할 때, 많이 두지 말라는 말씀을 지도자는 첩 말고도 7백 명의 부인을 두었던 솔로몬과 같이 지나치지 말고 적당한 숫자, 즉 최고로 18명으로 만족하라는 의미로 이해한 미쉬나(Sanh 2:4)는 사무엘하에 있는 다윗의 이야기에 대한 해석으로부터 매우 불성실한 결론을 내렸다.[13]

반면에 쿰란의 한 저자는 한 명 이상이 곧 많은 것이고 따라서 왕은 일부일처주의자이어야 한다고 주장하면서 다윗의 다처 관습을 어떻게든지 변명하려고 했는데, 그는 말하기를 그 당시에는 토라가 인봉되어 있어서 메시지가 감추어져 있었기 때문에 다윗이 그 내용을 전

---

13) 사무엘하 3:2-5에 의하면 다윗은 여섯 명의 부인이 있었다. 12:8에서 밧세바 사건과 그녀의 남편 우리아를 살해한 사건 이후에 다윗을 책망하는 나단은 만일 다윗이 아내가 너무 적다고 생각했다면 하나님께서 "원하는 만큼", 문자적으로는 "6+6+6"만큼 많게 해주실 수도 있었다고 했다.

혀 모르고 있었다고 했다(*CD* 5:2-5).[14]

이제 실행에 관해서는 이쯤 하고 종교적인 사상을 한 번 살펴보면, 우리는 카리스마적인 선생이 의심스러운 청중들이 표적을 찾는 문제를 직면하게 되는데, 표적을 찾는 유대인과 지혜를 구하는 헬라인을 대조한 바울이 옳다면(고전 1:22) 그 당시에는 이상할 것이 없는 유대 관습이라고 볼 수 있다.

세 공관복음서 모두 이 문제를 다루고 있다. 마가는 아주 부정적인 대답을 소개한다. "이 세대에 표적을 주지 아니하리라"(막 8:12). 복음서 문맥에서 볼 때 표적들은 요구하는 대로 주어지는 것이 아니라는 기적 행하는 자의 즉흥적인 대답은 역사적, 심리적 관점에서 볼 때 신빙성이 있다. 대조적으로 누가와 마태(혹은 Q)는 이 말씀을 성경의 예를 보조로 재구성해서 소개한다(누가복음이 좀 더 직설적이고 원형에 가깝다고 생각되지만).

"이 세대는 악한 세대라 표적을 구하되 요나의 표적 밖에는 보일 표적이 없나니 요나가 니느웨 사람들에게 표적이 됨과 같이 인자도 이 세대에 그러하리라"(눅 11:29-30).[15]

이 직유의 의미는 해상모험으로 잘 알려진, 또한 나중에 마태가 더

---

14) *PJBS*, 41, 54를 참고하라.

15) 다른 설명 없이 요나의 표적을 언급한 마태복음 16:4를 참고하라.

언급하게 될(다시 다루겠지만) 그 선지자의 경험과는 아무런 상관이 없다. 오히려 요나서 3장에 기록된 이야기는 니느웨 주민들에게 외친 회개로의 촉구가 초자연적인 힘을 발휘해서 그것이 하나님에게서 온 표적으로 받아들여지고, 결과적으로 그들이 모두 악행에서 돌이켰다는 것이다. 당시 설교자에게는 일반적이었던 인자라고 불린 예수는 요나의 사명을 그의 사명의 종말론적 모형으로 묘사하고, 누가복음 11장 31절, 마태복음 12장 41절에서는 같은 주제를 좀 더 발전시키는데, 이는 예수의 우월성을 강조하기 위한 편집자의 의도로 보인다. 요나보다 더 큰 이가 여기 있느니라.

마태는 전혀 다르게 교리상으로 변형을 시켜서 소개하는데, 요나서에서 니느웨의 회개에 나타난 표적으로 보는 것으로 만족하지 않고 그는 예수가 히브리 성경을 그대로 인용하여(욘 1:17) 선지자가 사흘 밤 사흘 낮을 고기 배 속에 있었던 것을 예수가 무덤에서 보내야 할 시간과 동일시하려고 한 것으로 묘사한다.

"요나가 밤낮 사흘 동안 큰 물고기 뱃속(*kētos*)에 있었던 것같이 인자도 밤낮 사흘 동안 땅 속에 있으리라"(마 12:40).

요나 이야기에 대한 이 해석은 복음서의 날짜대로 하면 예수가 사흘 동안을 무덤에 있지 않았으므로 설명이 필요하다. 확실한 양식이 이후 세대에야 입증된 것이기는 하지만(주후 4-5세기) 기술적인 미드라시 주해법(Midrashic exegesis)이 마태복음의 연장된 날짜를 이해하는 데 도움이 될 수도 있다. 이에 따르면 할라카 규칙에서는 낮이나 밤의 일부분도 온전한 하루로 계산될 수 있고(yShab 12a; bPes 4a), 아니면 세 번째 날은 부활 및 구원과 상관이 있을 수도 있다.

관계된 성경 구절들을 종합해서 후자의 경우를 랍비 방식으로 가장 잘 요약한 것을 미드라시 주석인 창세기 22장 4절에 대한 Genesis Rabbah 56:1에서 찾아볼 수 있다. "제 삼일에 아브라함이 눈을 들어 그곳(이삭을 바칠 곳)을 멀리 바라본지라."

> 제 삼일에(창 22:4), 기록되기를: "여호와께서 이틀 후에 우리를 살리시며 셋째 날에 우리를 일으키시리니 우리가 그의 앞에서 살리라"(호 6:2).
>
> 지파들에게 제 삼일에: "사흘 만에 요셉이 그들에게 이르되…너희는 이같이 하여 생명을 보전하라"(창 42:18).
>
> 율법이 주어진 삼일 아침에: "셋째 날 아침에"(출 19:16, 율법이 생명의 근원이라는 교훈을 전제하면서).
>
> 정탐꾼들의 제 삼일: "거기서 사흘 동안 숨어 있다가 뒤쫓는 자들이 돌아간 후에"(수 2:16).
>
> 요나의 삼일: "요나가 밤낮 삼 일을 물고기 뱃속에 있으니라"(욘 1:17).
>
> 포로에서 돌아온 자들의 제 삼일: "이에 예루살렘에 이르러 거기서 삼일 간 머물고"(스 8:32).
>
> 죽었다가 부활한 자의 제 삼일: "여호와께서 이틀 후에 우리를 살

리시며 셋째 날에 우리를 일으키시리니 우리가 그의 앞에서 살리라"(호 6:2).

물론 이처럼 복잡하고 잘 연구된 신학적 사고가 마태복음의 그 구절의 역사적 출처라고 보기는 매우 어렵지만, 마태복음이 위의 랍비 신학적 사고의 출처라고 보기는 더욱 어렵다. 하지만 이것이 마태가 영감을 받은 선재하던 교육적 모델이었을 가능성은 있다.

새로운 정보를 제공하는 것은 아니지만 이와 관련된 몇 가지 예를 더 들어보는 것도 괜찮을 것 같다. 누가복음 17장 26절, 마태복음 24장 38절에 보면 인자의 날의 "예기치 못함"이 홍수 직전의 상황과 비교가 되었다. 노아의 시대는 아주 조용하고 안일한 상태로 묘사되었다.

"노아가 방주에 들어가던 날까지 사람들이 먹고 마시고 장가 들고 시집 가더니 홍수가 나서 그들을 다 멸망시켰으며"(눅 17:27).

노아 당시의 사람들이 유난히 악했고 노아가 그들에게 회개를 촉구하는 설교가로 소명을 받았다는(참고 벧후 2:5) 식의, 유대인 문서조차 비슷한 묘사를 찾아볼 수 없는 이 말은 일반적으로 예수의 말이라기보다는 초대교회의 입장을 나타내는 종말론적 교훈의 일부분인 것으로 보인다. 롯의 날 소돔의 멸망에 관한 이야기(창 19장)를 통해 같은 교리를 다루고 있는 누가복음 17장 28-30절에도 비슷한 논리가 적용된

다.16)

또 다른 한 예를 마태복음 23장 34절, 누가복음 11장 49절의 바리새인에 대한 교훈에서도 찾아볼 수 있는데, 여기에서는 기독교 선지자들과 사도들(누가) 혹은 "선지자들과 지혜 있는 자들과 서기관"(마태)들의 죽음이 아벨에서 시작하여 성전에서 죽임을 당한 바라갸의 아들 스가랴(마태)에 이르기까지 의인들의 죽음의 절정인 것으로 묘사되었다. 스가랴가 누구를 가리키는지는 명확하지 않으나 이 말의 본질을 살펴볼 때 그 정통성을 믿기가 어렵기 때문에—구체적인 반-바리새적 논쟁은 주후 70년 이후 팔레스타인 교회에 편재했던 상황을 반영하는 듯하다—이 문제를 철저하게 다루어야 할 필요성을 느끼지 않는다.17)

그렇다면 예수께서 그의 가르침을 뒷받침하기 위해 성경의 선례나 선조들을 의존했다는 말인가? 가능성을 부인할 만한 논리적인 이유는 없다. 하지만 정통성의 가능성에 관한 문제를 다룸에 있어 —공관복음에 기록된 이야기에 덧붙여서—논쟁과 그 논쟁이 제시된 독자들

---

16) 유대인의 전통에 의하면 홍수의 세대나 소돔 사람들은 가장 큰 죄인들이었다. CD 2.19f.; mSanh 10.3를 참고하라.

17) T. W. Manson, *The Sayings of Jesus* [1937](1979), 103-5; K. Stendahl, *The School of St.Matthew* (1954), 92f.; S. H. Blank, 'The Death of Zechariah In Rabbinic Literature', *HUCA* 12-13(1937-8), 327-46를 참고하라.

의 관계라는 근본적인 문제를 먼저 다루어야 한다.

우선 랍비들의 율법에 대한 총체적인 토론에서는 소위 미돗(Middot: 유추론적 논법)이라는 주해 법칙이 적용되었음을 명심해야 한다.[18]

한 예는 실제적인 증거의 가치가 없이 단순한 보기 정도로 사용될 수 있었다. 하지만 그 이야기가 모든 사람에게 잘 알려진 이야기라면 대중적인 교훈과 설교에서는 매우 효과적이고 설득력이 있었다. 따라서 다윗의 예가 안식일에 이삭을 자르는 것이 문제가 되지 않는 일이라고 유식한 바리새인들을 설득시키기는 어려웠겠지만 단순한 갈릴리인들을 설득시키기에는 충분했다. 마찬가지로 니느웨의 설교가인 요나도—즉 요나의 표적에 대한 말씀을 누가가 정리한 것—아주 쉽게 하나님의 나라를 준비하며 회개할 것을 촉구하는 예수의 기능을 상징할 수 있었다. 하지만 요나의 사건을 예수의 부활과 연관시킨 마태의 논리는 좀 더 깊은 연구 없이는 이해하기 어려운 학문적 전제들을 너무 많이 가지고 있다.

간단히 말해, 공관복음을 살펴볼 때 예수께서는 성경의 선례를 설교의 도구로 사용했는데, 만일 우리가 가지고 있는 자료들이 신빙성이 있다면 예수께서는 그의 교훈에 성경적인 권위를 부여하기 위해서 주기적은 아니지만, 가끔 단순한 방법을 사용했다고 볼 수 있다.

---

18) 미돗(Middot)에 관해서는 *HJP* II, 344를 참고하라.

3) 강조나 대조를 통한 해석

이미 전 장의 "소위 대조라고 불리는 것"과 "십계명"의 단원에서 살펴본 대로 예수께서는 특정한 성경의 계명이나 금지사항에 내포된 의미를 강조하거나 근본적인 도덕성에 대한 자신의 시도를 부각하기 위해서 대조법을 사용함으로 살인, 간음, 이혼, 맹세, 원수 갚는 일과 원수 사랑 등과 같은 주제의 윤리적 교훈들을 발전시켰다. 이와 관계된 모든 구절은 그 단원에서 이미 다루었기 때문에 더 언급하는 것이 무의미할 것이다.[19]

4) 페셔 형식의 주해 혹은 예언의 성취로서의 해석

공관복음에서 성경을 사용한 가장 일반적인 형태의 하나가 이전에는 소위 예언적 논쟁이라고 불리던 형태이다. 이 형태는 예수의 생애와 관련된 사건이 이미 예언되었고 그의 생애는 이사야, 다니엘, 다윗, 시편 기자들의 말에 대한 실현, 즉 메시야적 예언의 성취였음을 보이기 위해 구약의 구절을 인용하는 형태이다.

고등비평 시대에는 이 예언들이 사건 이후의 예언들(prophetiae ex

---

[19] 예수가 "여호와께서 내 주에게 말씀하시기를…너는 내 오른쪽에 앉아 있으라"는 시편 110:1을 "내 주"라는 구절에 특별한 중요성을 부여함으로 논쟁을 위한 도구로 사용한 것도 같은 범주에 속한다. 마가복음 12:35-37, 마태복음 22:41-45, 누가복음 20:41-44를 참고하라.

eventu)로 간주하였는데, 그와 같은 이해도 역시 중요한 문화적 현상을 단순하게 다루는 또 다른 한 방법이라고 생각된다. 하지만 요즘에는 신, 구약 중간 시대의 유대교를 새롭게 조명해 주는 사해문서들 덕분에 이와 같은 성경해석의 범주를 신약의 패셔(*pesher*)라는 부류로 쉽게 정의할 수 있게 되었다.

물론 이것도 역시 또 하나의 요약된 부류이기는 하다. 쿰란 페셔는 예언적인 혹은 예언적이라 생각되는 성경의 책을 에세네파의 역사에 나타난 사건들과 관련지어 체계적으로 해석한 일종의 문학 장르이다. 성경 구절 1에 대한 설명이 사건 A이고, 성경 구절 2에 대한 설명이 사건 B이고…이렇게 해서 책 끝까지 계속된다.

두말할 나위 없이 복음서는 이러한 종류의 주해 문학과는 일치하지 않는다. 하지만 쿰란과 랍비 문학 모두에서 우리는 현존하는 페셔로부터의 발췌문을 수용하거나 그와 관련된 특수한 보기를 제공하는 신학적 논리 전개를 볼 수 있는데, 그와 같은 원문들은 신약의 유사한 부분을 바로 이해하는 데 도움을 주는 자료들을 제공한다.[20]

예수께서 하신 말이라고 복음서 저자들이 주장한 교리적인 구절들은 사건의 예정이나 중요성을 예언적 구절들의 인용을 통해 설명하고 증언하려고 했던 열 가지 정도의 사건을 포함하고 있다. 이 사건들은 마가복음, Q문서, 마태나 누가가 독단적으로 한 말 등 모든 종류의 복

---

20) 쿰란 증거를 위해서는 앞의 주 3과 5에 인용된 나의 연구들을 보라.

음서 전통에서 찾아볼 수 있는데, 크게 세 부류로 나눌 수 있다.

(1) 첫 번째 부류

이것은 논쟁 이야기에서의 성취 해석을 다룬 것으로 마가복음 7장 1-8절과 마태복음 15장 1-9절에서 찾아볼 수 있다. 예수께서는 손을 씻지 않고 식사하는 제자들의 습관을 나무라는 예루살렘 바리새인들을 외식적이라고 규명한다. 예수님을 비난한 자들은 전통을 율법의 계명보다 더 높거나 그만큼 높게 여김으로 이사야의 말을 성취했다.

> "이 백성이 입으로는 나를 가까이 하며 입술로는 나를 공경하나
> 그들의 마음은 내게서 멀리 떠났나니 그들이 나를 경외함은 사람
> 의 계명으로 가르침을 받았을 뿐이라"(사 29:13).

성경 본문은 참된 종교가 마음에서 비롯되는 것이고 너무 많은 외적 전통들은 오히려 방해된다는 것을 강조하기 위한 목적으로 인용되었으며, 카리스마적 영성과 일치하는 태도이다.

(2) 페셔 형태 인용의 두 번째 부류

이것은 예언적 예상의 가상된 성취로부터 실제적 혹은 교리적 결론을 유출해 내도록 하는 것이다. 마가복음 13장 14절과 좀 더 구체적으로는 마태복음 24장 15절이 이 경우의 좋은 예를 제시한다. 성전에 멸망의 가증한 것이 서는 것(단 9:27)은 마지막 재앙의 도래와 신실한 제자들이 도망을 가야 할 순간의 표적임을 나타낸다.

"그러므로 너희가 선지자 다니엘이 말한 바 멸망의 가증한 것이 거룩한 곳에 선 것을 보거든 (읽는 자는 깨달을진저) 그 때에 유대에 있는 자들은 산으로 도망할지어다"(마 24:15-16).

또한 겟세마네 동산에서 예수는 그의 사도들이 스가랴의 예언대로 (슥 13:7) 그를 배반할 것이라고 했다.

"예수께서 제자들에게 이르시되 너희가 다 나를 버리리라 이는 기록된 바 내가 목자를 치니 양들이 흩어지리라 하였음이니라"(막 14:27, 마 26:31).[21]

또 다른 곳을 보면 두 공관복음서와는 달리 마태(9:12-13)는 예수가 세리들과 죄인들에 대한 자신의 특이한 접근이 호세야의 예언(호 6:6)의 실현임을 제안했다고 한다.

"예수께서 예수께서 들으시고 이르시되 건강한 자에게는 의사가 쓸 데 없고 병든 자에게라야 쓸 데 있느니라 너희는 가서 내가 긍휼을 원하고 제사를 원하지 아니하노라 하신 뜻이 무엇인지 배우라 나는 의인을 부르러 온 것이 아니요 죄인을 부르러 왔노라 하

---

21) 똑같은 구절이 복음서에서처럼 "목자의 손실"보다는 악한 자에게 임할 형벌과 겸손한 자에게 임할 구원(내가 나의 손을 작은 자들에게 벌리리니)을 예언한 다마스커스 문서(Damascus Document 19:5-9)에서 온전하게 인용되었다.

시니라"(마 9:12-13).[22]

끝으로 특이하고 우스운 방법으로 오직 한 경우에 비유의 중점이 시편의 성취라고 주장된 적이 있었다. 마가복음 12장 10절, 마태복음 21장 42절, 누가복음 20장 17절에 보면 포도원의 살인적인 농부들 이야기 다음에 예수께서 언급한 말이 기록되어 있다.

"건축자가 버린 돌이 집 모퉁이의 머릿돌이 되었나니"(시 118:22).

이 인용의 비유는 이야기 자체와는 아무런 상관이 없고 이 둘을 서로 연결한 것은 순전히 인위적인 것처럼 보인다. 이 구절은 초대 기독교의 변증학적 도구에 속한다(행 4:11; 벧전 2:6). 따라서 이 구절을 비유에 덧붙인 것은(비유 자체가 아니라면) 교회에 그 기원이 있다고 보인다.

---

[22] 호세아 구절의 처음 부분인 자비에 관한 언급만이 관련이 있으므로 이 인용이 적절한가는 문제가 된다. 같은 내용이 안식일에 이삭을 따는 것과 관련된 다른 마태복음 부분에 더 잘 맞는 것 같은데(12:5-7, 막 2:23-26, 눅 6:1-4) 거기에서의 논리는 이렇게 전개된다: "성전 예배가 안식일보다 선행하지만 자비의 행위는 제사보다 하나님이 기뻐하신다." "가라, 오라, 배우라, 들으라, 보라"는 문구는 유대인의 주해상의 용어에서 종종 볼 수 있음을 주목하라.

(3) 세 번째 순(純) 페셔 해석

이것은 즉 사건을 예언의 완성으로 보는 방법으로 예수께서 자기 자신이 아닌 다른 개인이나 환경에 적용된 인용과 예수께서 자기 자신이 성취하셨다고 주장한 인용으로 나누어진다. 마가복음, Q문서, 마태복음이 확증한 첫 번째 경우는 이사야 56장 7절과 예레미야 7장 11절을 성취한 성전에 있던 장사꾼들과 상인들이다.

"이에 가르쳐 이르시되 기록된 바 내 집은 만민이 기도하는 집이라 칭함을 받으리라고 하지 아니하였느냐 너희는 강도의 소굴을 만들었도다 하시매"(막 11:17; 마 21:13; 눅 19:46).

다음으로 마태복음에서(21:15) 예수께서는 "호산나 다윗의 자손이여!"라면서 예수를 환영했던 어린이들의 행동을—마치 성전 지도자들의 불평에도 불구하고 어린아이들의 행동은 정당성을 인정받아야 하는 것처럼—시편 8편 2절의 말씀을 대제사장들과 서기관들에게 인용함으로 정당화시키는 것을 볼 수 있다.

"어린 아기와 젖먹이들의 입에서 나오는 찬미를 온전하게 하셨나이다 함을 너희가 읽어 본 일이 없느냐?"(마 21:16)

가장 좋은 복음서의 페셔는 예수께서 세례 요한을 말라기 선지자가 예언한 인물과 동일시하는 Q문서 구절에 보존되어 있는데 말라기 선지자의 말이 출애굽기 23장 20절의 도움으로 알맞게 수정되었다.

"너희가 무엇을 보려고 광야에 나갔더냐? …선지자를 보기 위함이었더냐? 옳다 내가 너희에게 이르노니 선지자보다 더 나은 자니라. 기록된 바 보라 내가 내 사자를 네 앞에 보내노니 그가 네 길을 네 앞에 준비하리라 하신 것이 이 사람에 대한 말씀이니라"(마 11:7-10).[23]

두 번째 종류의 성취에 관한 해석은 누가복음의 특징이라고 볼 수 있다. 다른 공관복음에서는 찾아볼 수 없는 내용을 이방인 복음서 저자인 누가는 두 번에 걸쳐 예수께서 스스로 자신에 관한 예언을 성취한 것으로 소개했다.

첫 번째 경우는 예수께서 이사야 61장을 회중 앞에서 읽은 사건이다.

"주의 성령이 내게 임하셨으니 이는 가난한 자에게 복음을 전하게 하시려고 내게 기름을 부으시고…이 글이 오늘 너희 귀에 응하였느니라"(눅 4:16-21).

또한 두 검에 관한 누가의 구절에서도 예수는 자신을 고난의 종에 관한 예언의 성취자로 증언했다.

"내가 너희에게 말하노니 기록된 바 그는 불법자의 동류로 여김

---

[23] 예수가 하신 말씀은 아니지만 같은 논리가 말라기와 출애굽기를 덧붙여서 이사야 40:3의 서문으로 만든 마가복음 1:2에도 나타난다.

을 받았다 한 말이 내게 이루어져야 하리니 내게 관한 일이 이루어져 감이니라"(눅 22:37).

이와 같은 자료들을 살펴볼 때 복음서를 만드는 데 주역을 담당했던 사람들이 페셔 형태의 해석에 익숙해 있었음을 의심할 여지가 없다. 하지만 이것을 예수 자신과 연관시켜야 할 정당한 이유가 있는가? 구태여 그럴 필요가 없다는 사실과 이와 같은 형태가 절대적으로 예수와 관련이 있다는 증명이 없음은 선재했던 쿰란을 보아도 확실할 뿐만 아니라—대부분 사해문서는 주후 1세기경의 것으로 추정된다—선지자들이 특히 마태의 경우 예수께서 하신 말이라고 하지 않고 그와 같은 페셔를 자주 사용하는 것을 보아도 알 수 있다.

유대 광야에서의 세례 요한의 설교는 "외치는 자의 소리여 이르되 너희는 광야에서 여호와의 길을 예비하라"(사 40:3)라고 기록되는 대신에 세 복음서 저자들이 "광야에 외치는 자의 소리가 있어 이르되 너희는 주의 길을 준비하라"(막 1:2-4; 마 3:1-3; 눅 3:2-6)를 그것의 실현으로 묘사하였다.[24]

나머지 증거는 마태복음에서 볼 수 있는데 동정녀 탄생(마 1:22; 사 7:14), 베들레헴을 메시야의 출생지로 본 것(마 2:3-5; 미 5:2), 그 지역에서 두 살 이하 어린 아기들의 학살(마 2:16-18; 렘 31:15; 창 35:19), 예수의 신

---

[24] 히브리어 본문의 의미와 일치하는 후자는 왜 쿰란파가 광야에 세워졌는가에 대한 증명을 제시하고 있다(*1 QS* 8:12-14).

유 사역을 이사야서의 종의 사역에 대한 영적이 아닌 문자적인 성취로 본 것(마 8:17; 사 53:4; 마 12:18; 사 42:1-4), 비유에서의 가르침(마 13:35, 시 78:2), 나귀새끼를 타고 예루살렘에 입성한 일(마 21:5, 슥 9:9, 편집되어 사 62:11과 병합됨)[25], 그리고 마지막으로 유다의 은 삼십 세겔로 피밭을 산 것(마 27:7-10, 그 기록을 찾아볼 수 없으나 예레미야서에 예언되었다고 주장했다. 아마도 마태는 예레미야 32장과 스가랴 11:12을 병합시킨 것 같다) 등이다.

더욱이 랍비 문서에서 볼 수 있는 비슷한 형태와 마찬가지로—예를 들면 베스파시안이 사 10장 34절에 기록된 대로 황제가 될 것이라는 요아난 벤 작카이(Yohanan ben Zakkai)의 예언이나, 민수기 24장 17절에 근거해서 시므온 바 코흐바(Semeon bar Kokhba)를 왕 대신 메시야와 동일시한 것(*S&T*, 34f.; 165f.) 등—마태복음과 쿰란의 페셔 해석은 이와 같은 논법의 근본 원인이 교훈이나 설교 혹은 주해가 아닌 변증이었음을 보여준다.

그러므로 예수께서 때때로 성취에 대한 해석을 언급했을 가능성을 아주 배제할 수는 없지만 포괄적으로 그런 방식을 사용했을 가능성은 매우 희박하다. 게다가 그것들이 예수께서 직접 하신 말씀이라고 보

---

25) 좀 더 설득력 있게 보이도록 하기 위해 복음서 저자는 그의 낮아진 상태 "나귀를 탄 겸손한 모습"을 묘사하기 전에 "의롭고 영광스러운" 메시야의 승리의 능력을 암시하는 히브리 원문의 단어들을 삭제했다.

아야 할 설득력 있는 이유가 전혀 없다. 특히 자신이 예정된 하나님의 사역을 이룬다는 페셔는 누가복음에서만 찾아볼 수 있는데, 누가복음은 유대인의 문제에 대한 민감성이 결여된 복음서이다. 알렉산더 대왕 자신의 중요성을 강조하는 것이 한 유대인(요세푸스)의 눈에는 자신이 고대 예언의 성취자라고 믿고 자신을 과시하는 것 정도로밖에는 보이지 않을 것이다.

> "헬라인 중 한 사람이 페르시아 제국을 멸망시킬 것이라는 다니엘서를 알렉산더 대왕에게 보여주었을 때, 알렉산더는 자신이 바로 예언된 사람이라고 믿었다"(*Ant*. xi.337).

5) 복음서의 미드라시

공관복음 저자들은 미드라시라고 부르는 것이 가장 적합한 법적, 교리적 언급을 뒷받침하기 위한 증명으로 성경 구절들의 예를 몇 개 제시한다. 즉 미드라시는 다른 성경 구절을 통해 성경 본문을 해석하거나 아니면 일반적인 원칙을 가지고 한 구절을 주해하는 것인데, 이 두 과정 모두 랍비 문학에서는 상당히 일반적인 방법들이다.

전자의 대표적인 예는 고르반 전통과 결혼에 대한 하나님의 모델과 상충하는 부모 공경과 이혼에 관한 계명들에서 찾아볼 수 있고, 후자는 모세오경의 용어로부터 부활의 교리를 유출해 내는 것이다.

첫 번째 경우는 하나님의 율법과 조상의 전통이 서로 상충할 가능성을 염두에 두고 있다. 어느 한 논쟁의 여지가 있는 상황에서 예수는 성전에 헌금을 작정하는 것과 관련된 고르반(헌금)이라고 불린 성경적 규례에 대한 당시의 해석을 반대하면서 "네 아버지와 어머니를 공경하라"는 십계명 중의 하나를 언급했다.

마가의 기록에 의하면 예수의 논리는 다음과 같다.

> "너희가 너희 전통을 지키려고 하나님의 계명은 잘 저버리는도다. 모세는 네 부모를 공경하라 하고(출 20:12; 신 5:16) 또 아버지나 어머니를 모욕하는 자는 죽임을 당하리라 하였거늘(출 21:17; 레 20:9) 너희는 이르되 사람이 아버지에게나 어머니에게 말하기를 내가 드려 유익하게 할 것이 고르반 곧 하나님께 드림이 되었다고 하기만 하면 그만이라 하고 자기 아버지나 어머니에게 다시 아무것도 하여 드리기를 허락하지 아니하여 너희가 전한 전통으로 하나님의 말씀을 폐하며…."

마태복음에 있는 병행구절(마 15:3-6)에는 흥미롭게도 히브리, 아람어의 용어들이 생략되어 있다.

> "너희는 이르되 누구든지 아버지에게나 어머니에게 말하기를 내가 드려 유익하게 할 것이 하나님께 드림이 되었다고 하기만 하면 그 부모를 공경할 것이 없다 하여 너희의 전통으로 하나님의 말씀을 폐하는도다"(마 15:5-6).

이와 같은 상충한 입장에 내포된 진리는 예수께서는 도움이 필요한 부모를 돌보도록 한 율법이 극단적으로 엄격한 성전 규례를 지키는 것보다 우선한다는 것이다. 랍비 유대교나 쿰란 에세네주의의 보수파

조차도 복음서 저자들이 묘사하고 있는 바리새인들처럼 그렇게 극단적이지는 않았던 듯 보인다.[26] 십계명에서 인용한 성경 본문은 모든 사람에게 잘 알려진 것이었던 반면에, 고르반에 관한 모든 규례는 전혀 다른 범주에 속한 것들이었음을 주시할 필요가 있다. 그런데도 이처럼 상당히 진보적인 해석 논리가 제시하는 요점은 예수의 기본적인 종교적 입장과 전적으로 일치한다.

마가복음 10장 2-9절에 의해 예수가 한 말로 증언된 두 번째 신약 미드라시는 신명기 24장의 이혼에 관한 규례를 창세기 1장 27절; 2장 24절에 근거해서 재해석한 부분에서 볼 수 있다.

"바리새인들이 예수께 나아와 그를 시험하여 묻되 사람이 아내를 버리는 것이 옳으니이까 대답하여 이르시되 모세가 어떻게 너희에게 명하였느냐 이르되 모세는 이혼 증서를 써주어 버리기를 허락하였나이다 예수께서 그들에게 이르시되 너희 마음이 완악함

---

26) 고르반(qorban)에 관해서는 *JWJ* 78f를 보라. 가장 관련 있는 미쉬나 구절은 Ned.3:2이다. "만일 어떤 사람이 멀리서 무화과를 먹는 것을 보고 '이것은 너희를 위한 고르반이라' 했는데 그들이 그의 아버지와 형제였다면 그리고 그들이 아무 상관이 없는 다른 사람들과 함께 있었다면 샴마이학파에 의해 그들은 맹세를 지켜야 하지만 가족들은 면제될 수 있었다. 하지만 힐렐 학파에 의하면 모두 다 면제되었다." 쿰란에 보면 가족을 부양하기 위해서 필요한 음식을 성전에 드리는 것이 무조건 금지되었다(CD 16.14f).

으로 말미암아 이 명령을 기록하였거니와 창조 때로부터 사람을 남자와 여자로 지으셨으니(창 1:27) 이러므로 사람이 그 부모를 떠나서 그 둘이 한 몸이 될지니라 이러한즉 이제 둘이 아니요 한 몸이니(창 2:24) 그러므로 하나님이 짝지어 주신 것을 사람이 나누지 못할지니라 하시더라"(막 10:2-9).

결혼을 종식하는 이혼증서를 써 줄 것을 허락한 것은 유대인들이 헤어짐을 전혀 염두에 두지 않고 한 남자와 한 여자를 만드신 하나님의 결혼 청사진에 주의했다면 전혀 불필요했을 하나님의(혹은 모세의) 관대함에서 비롯된 것이다. 이 주제와 다메섹 문서와의 관계에 대해서는 이미 전 장에서 살펴보았다. 두말할 나위 없이 이는 아주 민감한 주해상의 논쟁이 된다.

이 부류에 속하는 마지막 예는 죽은 자의 부활의 교리를 하나님은 산 자의 하나님이요, 죽은 자의 하나님이 아니라는 신학적 원리를 이용하여 해석한 토라의 인용을 통해 입증하려고 한 것이다. 사후의 생을 믿지 않았던 사두개인들과의 논쟁에서 예수는 다음과 같이 선언한 것으로 알려져 있다.

"죽은 자가 살아난다는 것을 말할진대 너희가 모세의 책 중 가시나무 떨기에 관한 글에 하나님께서 모세에게 이르시되 나는 아브라함의 하나님이요 이삭의 하나님이요 야곱의 하나님이로라 하신 말씀을 읽어보지 못하였느냐 하나님은 죽은 자의 하나님이 아니요 산 자의 하나님이시라(출 3:6 참조) 너희가 크게 오해하였도다 하시니라"(막 12:26; 마 22:31: 눅 20:37).

이 구절의 논리를 명백히 하기 위해 의역을 하면 다음과 같다. 하나님이 죽은 자의 하나님이 아니요 산 자의 하나님이심은 절대 원리이다. 그러나 아브라함, 이삭, 야곱은 모두 헤브론에 있는 동굴에 묻혀 더 생존하지 않는다. 그러나 그런데도 하나님이 자신을 아브라함과 이삭과 야곱의 하나님이라고 불렀다면 이는 마지막 날에 그들이 모두 다시 살아날 것이기 때문이다. 그러므로 모세의 책인 토라는 부활의 교리를 인정한다. 물론 우리가 알기로는 이 구절이 그 끝부분과 함께 탈무드나 미드라시에 적용되거나 인용된 적은 없었지만 논리 전개 스타일이 전형적인 랍비 스타일이다. 하지만 산헤드린 소논문의(90b) 바벨론 탈무드는 성경 특히 모세오경으로부터 부활 교리를 증명하려 했던 시도들을 모두 수집했는데, 거기에 암시된 것들이 복음서에 암시된 것들과 아주 다르지 않음을 잊지 말아야 한다. 또한 이후 세대에도 비슷한 예들을 찾아볼 수 있는데 이것들은 모두 신약과 무관한 것들이다.

그 첫 번째 예는 민수기 18장 28절(bSahn 90b)에서 부활 교리를 유출하려고 했던 3세기경의 팔레스타인의 설교가 랍비 요하난이다.

"기록되기를 '거기에서(십일조) 주의 헌금을 제사장인 아론에게 줄지니라'고 했는데 그들이 아론에게 헌물을 드려야 할 만큼 아론이 영원히 사는가(사실 그는 이스라엘의 땅에도 들어가지 못하지 않았는가), 하지만 이는 그가 다시 살 것과 이스라엘이 그에게 헌물을 드려야 할 것임을 가르친다. 따라서 부활은 토라에 암시되어 있다."

복음서에서와 마찬가지로 본문의 내적 논리 전개는 민수기의 문자적인 의미와는 전혀 상관없는 해석을 요구한다.

또 다른 예를 주후 200년경에 왕성하게 활동했던 랍비 시마이에게서 찾아볼 수 있는데, 그는 모세오경이 부활을 가르치고 있다는 결론에 도달하기 위해 아브라함과 이삭과 야곱을 언급하기 때문에 더 적합한 예가 될 것이다.

> "'내가 그들에게(선조들) 가나안 땅을 주겠다고 그들과 언약을 세웠다'(출 6:4)고 기록되었는데 '너희와' 라고 하지 않고 '그들과' 라고 했다. 그러므로 죽은 자의 부활은 토라에 암시되어 있다"(bSanh 90b).

여기에도 역시 내포된 것은 땅의 소유에 관해 아브라함과 이삭과 야곱에게 하신 약속이 부활의 신앙을 요구한다는 것이다. 왜냐하면 팔레스타인의 정복은 그들의 생전에 일어난 일이 아니기 때문이다. 이 기교는 토라에서 생소한 사상을 발견하려는 열정에서 비롯된 랍비식 주해의 특징인데 학식이 없는 사람들을 가르치는 데는 적합하지 않은 기법이다.[27]

---

27) 이번에는 문법적인데, 랍비들은 부활의 교리를 가리키는 것으로 보았던 또 다른 특이함이 과거시제가 아닌 미완료시제(혹은 미래)의 사용을 통해 이루어졌다. 랍비 마이어는 말하기를, 죽은 자의 부활에 관해 언제 우리는 토라를 통해 하는가? 그때는 모세와 이스라엘 백성들이

무엇보다 중요한 것은 성경의 증거 원문을 제시하는 다섯 부류의 교육 형태에서 갖게 되는 인상이 일반적으로 예수의 가르침에서는 복음서 저자들이 의도하는 것보다 훨씬 덜 영향을 받은 것 같고, 대부분 예를 보아도 정통성이나 증거는 차치하고라도 그와 같은 강한 가정을 뒷받침해 줄 만한 원인을 제공해 주지 못한다는 것이다.

페셔와 미드라시는 대체로 바리새인이나 사두개인들의 논쟁 배경을 전제로 하는데 그와 같은 논쟁이 유대인들 사이에서나 1세기 유대-기독교의 지도자들 사이에는 가능하겠지만 대부분 갈릴리에서 사역한 예수의 경우에는 그 가능성이 의심스럽다. 유대인 예수에서 요약한 대로 주후 70년 이전에는 유대 밖에 극소수의 바리새인들이 살고 있었으며 사두개인 또한 마찬가지였다. 반면에 사도행전을 통해 잘 알 수 있는 대로 예수 운동 초기부터 주류 유대인들의 문제에 정통하고 다른 팔레스타인 학파와의 논쟁을 벌일 수 있는 환경을 만들었던 인물들로 구성된 공동체가 예루살렘에 현존해 있었다.

그런데도 예수께서 성경적인 논법을 사용했음을 의심하는 것은 합당치 않다. 그 논법들 중에는 이미 살펴본 대로 성경적 경구의 채용,

---

이 노래를 주님께 *yashir* (문자적으로는, 노래하리라)(출 15:1)라고 했는데 "노래했다"가 아니라 "노래하리라"고 했다. 그러므로 죽은 자의 부활은 토라에도 암시되어 있다(bSanh 91b). 똑같은 원칙이 여호수아 8:30, 열왕기상 11:7, 시편 84:5, 이사야 5:8(bSanh ibid.)에도 적용된다.

성경적 선례 사용, 당시 다른 사람들이 잘 알고 있던 계명에 대한 독특한 해석들이 있는데 이는 모두 정통성을 부여한다. 하지만 그와 같은 양식이나 논법이 예수의 가르침에 특별한 권위를 부여하기에는 충분하지 못하다. 그런데도 가버나움에서의 첫 번째 가르침부터 세 복음서 저자들은 모두 예수를 권위(exousia) 있는 자로 묘사하지 않았는가! 이 특이할 만한 주장은 좀 더 깊은 연구가 필요하다.

3. 예수의 카리스마적 권위

일반적인 용어로 카리스마적 권위를 강조하는 그것에 관한 한 20세기 최고의 권위자인 막스 베버(Max Weber)는 그와 같은 힘을 발휘하는 사람을 이렇게 묘사한다.

> "카리스마적인 영웅은 그의 권위를 재판관처럼 율법이나 조항에서 찾으려 하지 않고, 힘을 상속받은 세력가처럼 전통적인 관습이나 봉건적인 서약에서 찾으려 하지도 않는다. 카리스마적 지도자는 오직 삶에서 그의 힘을 입증함으로 권위를 찾고 유지한다. 만일 그가 선지자가 되기를 원한다면 기적을 베풀어야 하고 전쟁 영웅이 되기를 원한다면 영웅적인 업적을 가져야 한다."[28]

---

28) *From Max Weber: Essays in Sociology*, ed. by H. H. Gerth and C. Wright Mills(1979), 248f. 카리스마적인 개념은 *The Kingdom of God*

예수의 개인적인 힘이나 특별한 교리적 권위에 관한 중요한 증거는 갈릴리에서 처음으로 대중적으로 선포한 사건을 기록한 복음서의 첫 부분에 나타난다.

그 사건은 악령에 사로잡힌 사람을 고쳐주는 이야기 다음에 첨가된 보충 설명과 함께(막 1:27; 눅 4:36) 두 복음서에 기록되어 있다(막 1:21; 눅 4:31). 마가복음 1장 21절과 병행하는 구절을 마태복음에서는 산상수훈의 결론 부분에서(7:28) 찾아볼 수 있는데 그 변형이 약간이기는 하지만 아주 중요하다. 다른 사람에 의해 수정된 것이 분명한 이 구절의

---

and the Son of Man (1938), 333-76의 마지막 단원에 'The Kingdom of God and the Charisma'란 제목으로 루돌프 오토에 의해 예수에게 적용되었다.

그는 특히 신유와 귀신 쫓는 은사와 카리스마적 설교에 관한 문제를 다루는데, 역사적 예수의 가르침의 방법과 성경적 권위와의 관계에 대한 연구에 매우 적합하다.

히스테리적인 상태 때문에 고통을 겪은 것으로 보이는 사람들에게 예수가 행한 치유와 귀신 쫓는 행위는 *JJ* 22-25에서 다루었고, 그 책의 한 장 전체를 "예수와 카리스마적 유대교"(pp. 58-82, 239-43)라는 제목으로 할애하였다. 마틴 행엘도 이 문제에 관해 *The Charismatic Leader and His Followers* (1981), 63-66에서 적절한 언급을 했고, 최근에는 어빙 자이틀린(Irving M. Zeitlin)이 그의 저서 *Jesus and the Judaism of His Time* (1988), vii 에서 카리스마의 개념을 그의 분석의 원리로 이용하기도 했다. 샌더스도 예수를 열정주의자 혹은 열정적 선지자로 정의하는 데 동의했다(*Jewish Law*, 3).

위치 변경은 보충설명의 부재에서 비롯되었다. 원본임에 틀림이 없는 마가복음의 이야기가 이 분석의 근거가 되겠지만 다른 복음서의 수정본도 염두에 두도록 한다.

> "그들이 가버나움에 들어가니라 예수께서 곧 안식일에 회당에 들어가 가르치시매 뭇사람이 그의 교훈에 놀라니 이는 그가 가르치시는 것이 권위(*hos exousian echon*) 있는 자와 같고 서기관들과 같지 아니함일러라"(막 1:21). [여기서는 귀신을 쫓아내는 것과 관계있다].

> "다 놀라 서로 물어 이르되 이는 어찜이냐 권위 있는(*kat exousian*) 새 교훈이로다 더러운 귀신들에게 명한즉 순종하는도다 하더라"(막 1:27).[29]

---

29) 주요한 사본들은 "서기관"에 대한 언급의 생략에서 차이를 보이고 있는데 누가복음 4:32에서는 "이는 그 말씀이 권위가 있음이러라"라고 되어 있지만 마태복음 7:29에서는 그들이 "그들의 서기관"이라고 함으로 서기관들이 회당 회중에 속했음을 구체적으로 명시했다. 누가는 (4:36) 마지막 언급도 역시 재편집해서 "권위와 능력"을 예수의 가르침과 연관시키지 않고 그의 능력과 연관시킨다. "이 어떠한 말씀인고 권위와 능력으로 더러운 귀신을 명하매 나가는도다." 이것은 마가복음의 기록을 간단하게 만든 것이므로 마가복음에 의존한 부분이라고 보아야 한다. 초기 마가복음의 사본들을 보면 어떤 것들은 서기관에 관한 언급을 생략했지만 마태복음의 "서기관"과 조화를 이루도록 하기 위해 생략하지 않은 것도 있다.

예수의 교수 방법이 성경 구절 인용을 통한 것이 아니었음은 (a) 서기관들의 스타일과 대조되었고, (b) 새로운 종류의 가르침이었다는 적극적인 주장과, (c) 권위가 있었다는 반복적인 주장과, (d) 결과적으로 청중들이 모두 놀라고 기이히 여겼다는 사실에서 잘 나타난다.

선생으로서 서기관들(*soferim/grammateis*)의 특징은 이미 잘 알려진 대로 성경해석에 전문가들이라는 것인데 이 점에 있어서 예수는 그들과 달랐음을 의심할 여지가 없다. 마가복음 1장 22절은 이를 분명히 암시한다. 만일 마태복음 7장 28절이 이와 같은 사실을 완화하고 예수의 전달 방법이 단순히 틀에 박힌 서기관들의 방식과 교수 방법상 차이가 있었음을 제안했다면, 이는 이미 언급한 대로 많고 좋은 성경해석들을 모아서 종합한 산상수훈 끝부분에 그 말을 했기 때문이고, 마태 자신이 서기관을 올바른 종말론적 교육을 받은 한은 존경받을 직분으로 높이 평가했기 때문이다.

이는 그가 마태복음 13장 52절에서 예수가 한 말로 기록한 "그러므로 천국의 제자된 서기관마다 마치 새것과 옛것을 그 곳간에서 내오는 집주인과 같으니라"라고 한 말에서 찾아볼 수 있다. 이 첫 번째 복음서 저자의 눈에 예수는 일반적인 갈릴리 서기관과는 다른 방식으로 가르친 전통적인 선생의 본보기였다. 사실 마태 자신이 교회에 새로운 현대의 서기관적인 직분을 소개한 랍비였다고 보는 학자들도 더러

있다.[30]

　가버나움 회당에서 자주 들을 수 있었던 설교에 비해서 예수의 설교는 새로운 것(*didachē kainē*)으로 정의되었고 그 특이함은 권위 있게 전달되었다. 이 권위(*exousia*)는 누가복음 4장 16절에서 귀신을 쫓아내는 자로 예수를 묘사했을 때와 같이 "권위와 능력"(en *exousia kai dunamei*)과 동의어이므로 선생으로서 그리고 동시에 기적을 행하는 자로서 그는 카리스마적인 존재, 즉 본질적으로 영적 권위를 가진 자로 인식되었다고 결론을 내리는 것이 이치에 맞는다.

　또한 귀신을 쫓아내는 것과 신유의 행위는 그의 가르침의 유효성과 도전적인 특징에 대한 실제적인 확인으로 간주하였다. 그래서 사람들을 놀라게 했고(막 1:22; 눅 4:32), 기이하게 여기게끔 했는데(막 1:27; 눅 4:36), 이는 예기치 못했던 일에 대한 자연스러운 반응이다.

　루돌프 오토(Rudolf Otto)의 말을 빌리면, "설교와 귀신을 물리치는 힘은…같은 차원, 즉 초자연적이고 카리스마적인 힘의 차원으로 간주하였다."[31] 이 두 주제는 마가복음 6장 2절과 마태복음 13장 54절에

---

30) G. D. Kilpatrick, *The Origins of the Gospel according to St. Matthew* (1946), 136f.; K. Stendahl, *The School of St. Matthew* (1954), 30-35를 참고하라.

31) *The Kingdom of God and the Son of Man: A Study in the History of Religion* (1938), 351.

서도 함께 다루어져 예수에 대한 갈릴리인들의 일반적인 인상을 보여준다.

> "안식일이 되어 회당에서 가르치시니 많은 사람이 듣고 놀라(*exeplessonto*) 이르되 이 사람이 어디서 이런 것을 얻었느냐 이 사람이 받은 지혜(*sophia*)와 그 손으로 이루어지는 이런 권능(*dunameis*)이 어찌됨이냐!"

팔레스타인 유대인의 어조에서는—카리스마란 헬라 개념이고 복음서에는 기록이 없으며 신약에서는 바울만이 사용했던 적이 있을 뿐이다—그와 같은 권위를 발휘하는 사람은 선지자로 알려져 있었는데, 같은 구절 후반부에서 예수와 관련해서 이 단어가 사용된 것을 볼 수 있다(막 6:4; 마 13:57).

그와 같은 하나님의 사자는 성경 구절을 인용해 그의 가르침을 입증할 필요가 없었다. 그의 인격, 그의 존재, 그의 음성과 능력, 이적을 베푸는 자로서 경외심을 불러일으키는 명성 등은 그의 전하는 말이 받아들여지도록 한다.[32]

이 결론을 확실하게 하기 위하여 복음서에 나타난 다른 카리스마적인 설교가 세례 요한도 적당한 성경적 논증을 제공했더라면 훨씬 쉬웠을 것임에도 성경적 근거에 의존하지 않고 메시지를 전달한 것으로

---

32) 선지자로서의 예수에 관해서는 *JJ* 86-99를 보라.

묘사되었음을 상기해볼 필요가 있다. 복음서 저자들이 실제로 그렇게 말한 적은 없었지만, 그들은 요한도 권위를 가지고 설교한 자로 묘사했다.

> "독사의 자식들아 누가 너희를 가르쳐 임박한 진노를 피하라 하더냐 그러므로 회개에 합당한 열매를 맺고 속으로 아브라함이 우리 조상이라고 생각하지 말라 내가 너희에게 이르노니 하나님이 능히 이 돌들로도 아브라함의 자손이 되게 하시리라 이미 도끼가 나무 뿌리에 놓였으니 좋은 열매를 맺지 아니하는 나무마다 찍혀 불에 던져지리라 나는 너희로 회개하게 하기 위하여 물로 세례를 베풀거니와 내 뒤에 오시는 이는 나보다 능력이 많으시니 나는 그의 신을 들기도 감당하지 못하겠노라 그는 성령과 불로 너희에게 세례를 베푸실 것이요"(마 3:7-11; 눅 3:7-9,16; 막 1:7-8; 참고. 눅 3:10-14; 마 3:12; 눅 3:17).

심지어 불법적인 결혼으로 인한 상태 때문에 갈릴리의 분봉 왕 헤롯 안티파스를 강하게 책망한 유명한 사건의 경우에서도, 레위기의 장이나 절, 즉 레위기 18장 16절이나 20장 21절을 인용하였더라면 훨씬 더 쉽고 적합했을 것이나 복음서 저자들은 단순히 요한이 아무런 두려움 없이 담대하게 외쳤다고 했다.

> "동생의 아내를 취한 것이 옳지 않다"(막 6:18; 마 14:4).

간단히 말해 예수와 요한의 가르침 기원이 하늘로부터 유래한 것이라는 것이 그 당시 사람들이 가지고 있었던 믿음이었고, 특별히 예수의 경우는 그가 행하신 육체적, 정신적 질병을 물리친 능력에 의해서 그와 같은 권위를 인정받기에 충분했다. 또한 두 사람—예수와 세례 요한—모두 그들의 교리가 진실이라는 것을 증언하기 위한 필요성 때문에 능력을 베풀었다고도 보일 수 있었다.

그리고 그들의 말이 권위가 있는 말로 인정을 받은 것은 다음과 같은 이유에서이다. 그것은 왜냐하면 성경의 내용을 통해서 확증했기 때문이 아니라, 그것을 논의하기 이전에 하나님의 영에 의해 영감을 받은 선지자로 존경을 받았기 때문이었다.

루돌프 오토의 말을 다시 빌리자면 예수의 제자들은 그의 말과 행동에서 우러나오는 거룩함과 초자연적 신비함을 계속해서 경험했기 때문에—이를 통해서 성경이 말하고 있는 메시야가 바로 예수임을 그들은 확신했던 것 같다—전통적인 성경적 논증이나 근거 자체를 따지고 하는 것은 어리석고도 무의미한 것으로 간주할 수 있었다.

"공관복음서에 나타난 예수에 대한 묘사 중 일부분은 특별한 경우에 참된 거룩함에 대한 실제의 혹은 가상의 경험을 간결하게 확증해준다. … 이와 특히 관련이 있는 구절은 마가복음 10장 32절인데 (상당히 긴 교리적인 단원 다음에 나온다) 말하기를, "예수께서 그들 앞에 서서 가시는데 그들이 놀라고 따르는 자들은 두려워하더라"고 했다. 이 구절은 매우 간결하지만, 인간 예수로부터 우러나오는 신비함에 대한 인상을 단적으로 표현하고 있다. 이것으로 볼 때 이 몇 마디의 함축적이고 능숙한 표현만큼 강한

인상을 주는 다른 좋은 표현은 없을 것이다."³³⁾

---

33) *The Idea of Holy* (1959), 175f. 요세푸스의 예수에 관한 간단한 문단인 Testimonium Flavianum에 보면(*Ant.* xviii.63) 그는 놀라운 기적을 베푸는 자(*paradoxōn ergōn poiētēs*)와 선생(*didaskalos*)으로, 지혜의 주인(sophos anēr)으로 묘사되었는데 이 두 기능이 나란히 병행되었다. G. Vermes, 'The Jesus Notice of Josephus re-examined', *JJS* 38(1987), 1-10을 보라. 또한 'Josephus' Portrait of Jesus Reconsidered', in *Orient and Occident: A Tribute to the Memory of A. Scheiber* (1988), 373-82을 참고하라.

제4장

잠언과 비유

예수의 교훈을 형성하면서 히브리 성경의 역할에 대한 고찰(이미 살펴본 대로 비교적 제한이 많기는 하지만)을 위해서는 그의 교사적 기능에 대한 좀 더 깊은 분석이 불가피하다. 공관복음을 주의 깊게 읽으려는 독자들은 그의 설교 스타일이나 그가 설교한 장소와 배경에 대해 궁금해하는 것이 당연하다. 유대인들의 전통적인 교육 형태에 따르면—성경해석(탈굼, 미드라시, 설교)과 율법과 전통에 대한 해설(미쉬나, 할라카)—학교(school: *bet ha-midrash*), 학원(academy: *yeshivah*), 그리고 회당(synagogue: *bet ha-keneset*)이 일반적인 교육 장소였다.

주후 70년 전에는 여기에 예루살렘 성전 뜰을 첨가할 수 있는데 랍비 전통에 의하면 그곳이 소위 박석당(Hall of Hewn Stone: lishkat ha-gazzit)이라는 곳에서 소집되었던 산헤드린이라는 최고의 교리, 사법 기관이었다. 그 성전 뜰은 또한 종교적인 메시지를 전달하기 원하는 설교가나 선생이 특별한 강사가 되거나 아니면 일종의 공개토론 장소

가 되기도 했던 것 같다.[1]

예수께서는 복음서에 의하면 종교적인 교훈을 줄 수 있는 일반적인 장소 중에서는 성전 및 회당과 관계가 깊었는데, 그는 가르치고(didaskein), 설교하고(kērussein), 이름이 알려지지 않은 회당에서(눅 6:6; 마 9:35; 눅 4:15; 마 4:23; 눅 4:43; 13:10) 혹은 나사렛에 있는 회당이나(막 6:2; 마 13:54) 가버나움에서(막 1:21; 눅 4:31) 누가의 용어를 빌리자면 복음을 전하기도(evangelizesthai) 했다. 그는 또한 성전에서도 설교는 하지 않았지만 가르친 적은 있었다(막 11:17; 마 21:13; 눅 19:46; 마 21:23; 눅 20:1; 막 12:35; 눅 19:47; 21:37; 막 14:49; 마 26:55; 눅 22:53). 그는 야외에서도 가르친 적이 있었고, 마을이나 동네의 길거리에서 가르치기도 했고(막 1:38; 눅 4:43; 8:1; 막 6:6; 10:1), 갈릴리 언덕에서도(마 5:2; 눅 6:20), 게네사렛 호숫가에 모여든 군중들을 향해 배 안에 서서 가르친 적도 있었다(막 4:1; 마 13:2; 눅 5:3).

위에 언급한 대부분의 경우에 있어서 가르친 논제에 대해서는 구

---

[1] 산헤드린의 배석에 관해서는 mSanh.11.2: *mMid*.5.4을 참고하라. 또한 *HJP* II,224f.를 보라. tSanh7:1과 tHag.2.9에 의하면 안식일과 명절에 산헤드린 회원들은 성전 산에 있는 "미드라시 집"에서 교리적인 문제들을 다루었다. 바로 그 성전에서 아나니아의 아들 예수가 묵시록적인 비애를 발설했고(Josephus, *War* vi.300), 요하난 벤 자카이(Yohanan ben Zakkai)가 성전의 그늘 아래서 강연을 했다고 했다(yAz 43b; bPes.26a). 신약에 보면 예수뿐만 아니라 베드로와 사도들도 성전 안에서 군중들을 가르쳤다(행 3:12-26; 5:20, 42).

체적으로 명시되지 않았다. 회당에서 가르친 다음에는 대체로 논쟁이 이미 제2장에서 다룬 바 있는 안식일에 병 고치는 것이 가능한가 하는 문제로 바뀌고는 했다. 가버나움에서는 예수의 가르침이 "새로운 가르침"으로 환영을 받았고, 배에서 비유들을 전했다(막 4:2; 마 13:3; 눅 8:4). 성전에서의 그의 일상적인 교훈에 대해서도 구체적으로 소개된 바 없고(눅 19:47; 21:37; 막 14:49; 마 26:55; 눅 22:53), 종종 성경에 대한 주해가 수반된 적은 있지만, 일반적인 용어로 암시만 되었을 뿐이다(막 11:17; 12:35).

그다음에 복음서 저자들은 예수가 예루살렘 성전에서 관료주의로 인한 논쟁을 벌였다고 기록했다. 그런데도 이미 계속해서 추측해 온 대로 그와 같은 논쟁의 정통성에는 의심의 여지가 있고, 일반적인 학문적 입장은 그와 같은 기록들이 예수와 성전 관리들과의 실제적인 논쟁이라기보다는 1세기 말엽의 유대 기독교 지도자들과 랍비들과의 갈등을 반영하고 있지 않나 하는 것이다. 산상수훈만이 교훈적인 자료들을 상당량 보유하고 있는데 대부분의 전문가가 보는 대로 배열이나 편집은 마태의 것이지만 내용은 상당 부분이 예수의 참 메시지인 것으로 보인다.

설교, 즉 캐리그마의 주제는 정의하기가 쉽다. 무엇보다도 설교에는 니느웨를 회개시킨 선지자 요나(마 12:41; 눅 11:32)나 세례 요한에 관계된 복음서의 예를 통해서 분명히 볼 수 있는 회개로의 부름이 포함되어 있다. 세례 요한의 회개는 "죄 사함을 받게 하는 회개의 세례"(막 1:4; 눅 3:3)의 외침으로 세 복음서 저자가 모두 기록을 했는데, 그 이유

는 하나님 나라의 임박한 도래를 증언하기 위해서였다.[2]

이 두 주제가 "하나님의 복음"이라고 한 예수의 설교의 특징이라고 말할 수 있다.

"요한이 잡힌 후 예수께서 갈릴리에 오셔서 하나님의 복음을 전파하여"(막 1:14).

마태복음 4장 17절은 간단하게 세례 요한의 설교를 그대로 반복해서 기록한다.

"회개하라 천국이 가까이 왔느니라"(마 3:2).[3]

회개 혹은 테슈바(*teshuvah*)에의 촉구와 하나님 나라의 도래(이에 관해서는 제5장과 8장을 보라)에 관한 설교가 예수의 메시지의 핵심이라는 데는 일반적으로 동의한다. 가장 그럴듯한 설명은 예수가 체계적으로

---

[2] 종말론적 색채가 마태복음 3:7-10, 12과 누가복음 3:7-9, 17에는 확연하며 그 문구 자체가 마태복음 3:2에는 나타난다.

[3] 누가는 나름대로 표현을 했다. "하나님의 나라 복음을 전하기 위해서"(4:43; 8:1). 마가복음 1:14에 관해서는 "하나님의 복음"과 "하나님 나라의 복음" 이 두 경우 모두 지지하는 사본의 자료들을 많이 가지고 있다. 마태복음 21:23을 가지고 평가해 볼 때 예수는 예루살렘 성전에서 가르쳤지 전도하지는 않았다. 마가는(11:27) 이 두 용어를 모두 기피했다.

이를 가르친 것이 아니라 제자 중 한 사람이나 아니면 청중들이 그 문제에 관한 질문을 한 특별한 경우에 그 질문에 대한 대답이었을 것이라는 설명이다.

그렇게 생각하는 이유는 예수가 한 말로 되어 있는 그 문제에 관한 교리들의 대부분 즉흥적인 말씀(*logia*)이나 은유, 아니면 본 장의 제목과 같은 잠언이나 비유로 되어 있기 때문이다.

그와 같은 수사학적 도구들은 복음서가 아닌 일반 유대인의 문학에서도 일반적인 것들이었고 성경적, 그리고 후성경적(後聖經的) 지혜문학과 랍비의 마샬(*marshal*: 다음 단원을 보라)의 주를 이루고 있기도 하다. 사실 복음서의 교훈이나 비유들은 비슷한 자료에서 볼 수 있는 예들과 부분적으로 혹은 전체적으로 유사한 것들이 많이 있다. 하지만 자료 자체는 거의 같다고 할지라도 이미 황금률의 부정적, 긍정적 형태와 관련해서 살펴본 대로 주의 깊게 살펴보면 신약에는 의도적인 변형이 가해진 것을 종종 찾아볼 수 있다. 예수의 잠언과 비유를 연구하면서 우리는 그와 같은 특이함에 특히 관심을 끌게 될 것이다.

1. 잠언을 통한 가르침

지혜를 가르치는 데 잠언이나 격언을 사용하는 것은 지극히 보편적인 방법이다. 잠언의 특징은 간결성과 명확성이기 때문에 그것은 두 가지 교훈적 역할을 가지고 있는데 아주 인상적인 서론이나 아니면 설득력 있는 결론을 제공해준다.

하지만 서론이나 보충 설명이 없이는 교훈에 적합하지 않다. 별로 연관성 없는 격언들이나 독립적인 잠언들을 구두로 전해서는 청중들의 관심을 집중시킬 수가 없다. 산상수훈의 내용이 구두로 전달된 것임을 보이려는 시도는 무의식중에 마태가 의도적으로 편집한 것임을 보여줄 뿐이다.

이것을 염두에 두고 생각해 보면 복음서에 많은 잠언 형식의 말씀들이 남아 있지만 그것들의 쟝르는 예수의 참된 메시지를 결정하는 데 크게 도움이 되지 않는다. 그중 많은 것들이 당시 대중 지혜서에서 비롯된 것이기 때문에 초대교회에서 발전되어 예수의 이름으로 소개된 문학적 상투 어구 정도로 볼 수 있다.[4]

그런데도 특정한 상황에서 특정한 잠언을 선택했다는 것은 예수의 교수 스타일을 증명해 주기에 충분하다. 더욱이 유대인의 격언을 재배열한 것이나 거기에 붙인 설명은 주님의 예리한 통찰력에서 비롯된 것임을 확신하게 해준다. 여덟 개의 소제목으로 그 예들을 소개한다.

---

[4] G. Dalman, Jesus-Jeshua: *Studies in the Gospels* (1929), 223-32는 복음서 잠언들의 두 가지 목록을 기록했는데 첫 번째에는 랍비의 병행 잠언들과 함께 두 번째에는 병행하는 잠언 없는 목록이다. 최근의 연구를 위해서는 Alan P. Winton, *The Proverbs of Jesus: Issues of History and Rhetoric* (1990)을 보라.

1) 좁은 문

수정되지 않은 관용 표현으로부터 시작하자면 좁은 문과 구원과 생명에 이르는 어려운 관문(마 7:13; 눅 13:24)의 비유는 에스라 IV 7:6-8에도 나와 있다.

> "평원에 세워진 도시가 있었는데 거기에는 온갖 좋은 것들이 가득 차 있다. 하지만 그 입구는 가파른 절벽에 놓여 있었고 아주 좁았으며 오른쪽에는 불길이 치솟고 왼쪽에는 깊은 물이 흐르는데 그 사이로 오직 한 길만이 나 있었다."

"생명으로 인도하는 문은 좁고 길이 협착하여"라고 한 마태의 글은 훨씬 더 간결하고 수사학적으로 힘이 있다.

2) 낮춤과 높임

"누구든지 자기를 높이는 자는 낮아지고 누구든지 자기를 낮추는 자는 높아지리라"(마 23:12; 눅 14:11; 18:14)는 잠언의 어법은 하나님에 대한 언급을 피하려는 당시의 관행을 반영한다. 현존하고 있는 히브리어로 된 예도 마찬가지로 주제 없이 동사를 삼인칭 복수로 쓰는데 이는 하나님을 간접 암시하는 일반적인 양식이다.

> "자신을 토라의 말씀보다 더 높이는 자는 마지막에 낮아질 것이요(문자적으로는, 말씀들이 그를 낮출 것이요) 토라의 말씀을 위하여 자신을 낮추는 자는 결국에 높아지리라(=그들이 그를 높이

제4장 잠언과 비유 145

리라)"(ARNA, 11 and B, 22, ed. Schechter, p.46).

하지만 탈무드는 하나님을 언급하는 데 덜 신중하다. "누구든지 그를 낮추는 자는 거룩하신 자께서 그를 높이실 것이요 자신을 높이는 자는 거룩하신 자께서…그를 낮추시리라"(bEr.13b).

3) 들보와 티

때로 비유는 같은데 그 목적이 변질된 경우도 있다. 탈무드는 가장 온화한 비판도 수용하지 않으려는 사람들의 마음에 대해 수시로 언급을 했는데, 만일 누구에게 "네 눈에서 지푸라기를 빼어라"고 말한다면 그는 "네 눈에서는 대들보를 빼라"고 응수를 한다. 이와 비슷한 내용의 복음서 격언은 도덕적 메시지를 전달한다.

> "어찌하여 형제의 눈 속에 있는 티는 보고 네 눈 속에 있는 들보는 깨닫지 못하느냐 보라 네 눈 속에 들보가 있는데 어찌하여 형제에게 말하기를 나로 네 눈 속에 있는 티를 빼게 하라 하겠느냐 외식하는 자여 먼저 네 눈 속에서 들보를 빼어라 그 후에야 밝히 보고 형제의 눈 속에서 티를 빼리라"(마 7:3-5; 눅 6:41-42).

예수는 자신이나 다른 사람의 실수를 판단할 때 객관성과 진실성을 유지할 것을 요구하신다. 이와 같은 개인적인 접촉이 예수의 접근방식을 규정짓는 보증처럼 보인다.

4) 의사-선지자

예수께서 나사렛의 동료 시민들과 마찰을 가진 상황에서 인용된 두 잠언은 재구성된 속담을 연구하는 데 좋은 시발점을 제시한다. 첫 번째 "의사야 너 자신을 고치라"(눅 4:23)는 속담은 당시 유대인이나 헬라인 세계에 잘 알려져 있던 속담이었고, 두 번째, "선지자가 자기 고향과 자기 친척과 자기 집외에서는 존경을 받지 못함이 없느니라"(막 6:4; 마 13:57; 눅 4:24)는 속담은 유대인 문학에서 같은 유형을 찾아볼 수는 없다 할지라도 유사한 느낌을 주는 것들은 있다.

"의사야 너 자신을 고치라"는 속담이나 제네시스 라바(Genesis Rabbah) 23:4의 "의원아, 의원아, 너의 불구를 고치라"는 말, 그리고 유리피데스(Euripides) 단편(1086)의 "의원이 다른 사람은 고치면서도 자신은 아플뿐이구나"라는 속담은 모두 몸이 아픈 의사는 장래 환자들에게 신임을 얻지 못한다는 풍자적인 경고이다.

하지만 누가복음에서는 이 속담이 전혀 엉뚱한 문맥에서 사용되었다. 예수는 가버나움에서 자신이 기적으로 병을 고치신 것을 시기했던 고향 사람들이 한 말이라고 했다. 하지만 이 잠언은 그 상황에 맞는 것이 아니다. 그 잠언의 의미를 살리기 위해서는 "너 자신을"이라는 말 대신에 "너의" 즉 "고향 사람들의"라는 말이 들어가야 한다. 하지만 잠언의 정통성에 유리하게 작용할 수 있는 그와 같은 의도적인 변형을 헬라어 번역이나 아람어 문장에서는 더 찾아볼 수 없다. 잠시 후에 다시 보겠지만 누가의 어구가 적합하지 않았다는 사실은 옥시린쿠스(Oxyrhinchus) 파피루스에서 이 구절이 재구성된 것을 보면 알 수 있다.

세 복음서에 의해 이루어진 복음서 전통에 보면 나사렛에서 예수가 환영받지 못한 것을 설명하는 "선지자가 고향에서는 결코 존경받지 못한다"는 잠언 형식의 문구가 소개되는데, 당시에는 카리스마적인 신유 능력을 소유한 사람은 가족들이나 친한 사람들에게서 존경을 받지 못한다는 사실을 전제했고, 오히려 고향을 떠나서 순종과 신뢰를 받을 수 있었다.5)

---

5) 스트락-빌러백(Strack-Billerbeck)이 인용한 탈무드의 유사한 내용은 잘못 선택한 것으로 설득력이 없다. 바벨론 현인들이 입었던 존중받는 예복은 지역적으로 그들을 구분하기 위한 것이 아니라 외국인들 사이에서 구분되도록 하기 위한 것이었다(bShab. 145b). 또한 동료 시민들에게 비난을 받았던 세포리스(Sepphoris)에서 온 남자를 예후다 하-나시(Yehudah ha-Nasi)가 랍비로 안수하기를 꺼린 것은 모든 세포리스 사람들이 그들의 도시에서 종교적 지도자로는 적합하지 않다는 뜻이 아니었다. 성경의 내용에 의하면 선지자가 환영을 받지 못하는 곳이 다른 지방이 아니라 고향에서이다. 유다의 아모스가 벧엘의 북쪽 성전에서 달갑지 않은 메시지를 전한 결과는 지역 제사장에 의해 "집에 가서 거기서나 예언을 하라"는 명령을 받은 것이었다(암 7:10-12). 이와 유사하게 쿰란 단편(4Q375)도 자기의 고향에서는 "의롭고 진실한 선지자"로 인정을 받았지만 다른 이스라엘 사람들에게는 배교적인 설교가로 배척을 받은 한 사람의 경우를 강조한다(J. Strugnell, 'Moses Pseudepigrapha at Qumran' in L. H. Schiffmann, *Archeology and History in the Dead Sea Scrolls*(1990), 226, 228). 예수가 선지자로 인정을 받았고 자신도

여기에 옥시린쿠스 파피루스 격언 6번과 콥틱(Coptic) 도마복음 격언 제31번을 통해 헬라어로 입증된 의사와 선지자에 관한 누가의 두 암시를 종합한 글을 소개한다.

"예수께서 말씀하시기를 선지자는 그의 고향에서 환영을 받지 못하고 자기를 아는 사람들을 치료한 의사 역시 환영받지 못한다."

이와 같은 형태는 예수께서 원래 하신 말씀을 기록한 것이라기보다는 누가의 우스꽝스러운 편집을 현명하게 합리화한 것이라고 해석할 수 있다.

5) 등불-소금

등불 및 소금과 관련된 잠언들은 복음서에서의 변형을 분석하고 신약 밖의 유대 문학에서의 사용과 비교해 볼 때 그 중요성이 어떻게 발전되었는가를 살펴보는 것에 흥미로운 사실들을 제공한다.

등불과 관계된 예수의 격언이 두 개(마 6:22; 눅 11:34) 있는데 그것의 하나는 등불을 몸의 등불인 눈과 동일시한다. 만일 눈이 건강하면 몸을 빛으로 가득 채우지만 그렇지 못하면 어둠이 정복한다. 그러므로 눈과 등불은 영적 분별력의 중요한 근원이 된다. 이런 점에서 복음서

그렇게 정의했다는 사실(*JJ* 87-90)에 비추어 볼 때 현재 다루고 있는 격언은 예수가 직접 한 말이라고 볼 수 있다.

는 "좋은 눈"을 "선한 길"(mAb.2.9), 즉 올바른 종교적 행위와 동일시한 엘리에셀 벤 힐카누스(Eliezer ben Hyrcanus)의 말을 연상하게 한다. 이 선생은 각 개인에게 초점을 맞추면서 좋고 건강한 눈은 그 눈에 의해 반영되는 빛과 마찬가지로 하나님의 선물임을 강조한다.[6]

두 번째 격언에서(막 4:21; 마 5:15; 눅 8:16) 메시지의 핵심은 등불을 감추어서는 안 되고 등경 위에 두어야 한다는 것이다. Q문서는 "들어가는 자들로 그 빛을 보게 하려 함이라"(누가), "집안 모든 사람에게 비치느니라"(마태)고 결과를 강조한 반면, 마가복음에서는 격언이 더 간결하게 수사학적 의문문 형식으로 기록되었다. "사람이 등불을 가져오는 것은 말 아래에나 평상 아래에 두려함이냐 등경 위에 두려 함이 아니냐?"

여기에 함축된 교훈은 비추는 것이 등불의 목적이고 수혜자는 어둠에 있는 사람들이라는 것이다. "너희는 세상의 빛이라"(5:14)는 말로 시작하는 마태복음은 기독교 복음을 전파하는 자들을 분명하게 강조한다. 이와 같은 교훈은 햇빛과 달빛 아래서 등불의 무용(無用)을 강조하는 데 그 목적을 두었던 랍비 문학의 격언들과는 좋은 대조를 이룬다. 모세가 이드로에게 떠나지 않기를 청했을 때 이드로는 이렇게 대답했

---

[6] 쿰란의 점성술에 의하면(4Q186), 사람들은 아홉 부분의 다양한 빛과 어둠의 혼합체로 구성되어 있는데, 두 가지의 비율은 빛이 먼저 언급된 6:3과 8:1에서 볼 수 있다. *DSSE*, 306; *HJP* III, 364f., 464f.를 참고하라.

다.

"등불이 어둡지 않은 곳에서 무슨 소용이 있겠는가? 태양이나 달과 함께 있는 등불이 무슨 소용이 있겠는가? 당신은 태양이요 아론은 달이라"(Mekh. on 출 18:27 [II,185f]).

소금과 관계된 격언도 여러 형태로 나타난다. 마가복음 9장 50절은 이렇게 기록한다.

"소금은 좋은 것이로되 만일 소금이 그 맛을 잃으면 무엇으로 이를 짜게 하리요 너희 속에 소금을 두고 서로 화목하라."

이 말씀은 경고를 내포하고 있는 듯하다. 그 과정이 변경될 수 없으므로 소금으로 상징된 영적 가치는 절대로 변질될 수 없음을 주의하라. 소금에 의해서 보존되고 생산된 효과의 내적 질은 소금을 둔 사람들이 서로 화목하게 되리라고 외친 마지막 문장에 잘 나타나 있다.

불필요해 보이는 Q문서의 보충 설명(마 5:13; 눅 14:35)은 맛을 잃은 소금의 무가치함에 대해서 언급하고, 마태는 등불에 관한 격언에서와 마찬가지로 이 상징을 교회의 사역과 연관시킨다. 이 경우에도 역시 마가의 기록이 원형인 것으로 보인다. 이와 일치하는 유대인의 잠언은 불가능을 묘사하는 데 사용된다. 그래서 탈무드의 한 이야기는 원래 생산을 할 수 없었던 노새가 새끼를 배자 이런 질문을 한다.

"만일 소금이 썩으면 무엇으로 그것을 절이겠는가?" 이에 대한 농담 섞인 대답은 "노새의 후산(後産)으로"였다. 예수가 이 속담을 아주 창조적으로 사용한 것은 소금의 부패가 가능하고 다른 무엇으로도 대치할 수 없음과 결과적으로 반드시 보존하고 부패를 방지해야 할 것을 강조하려는데 그 의도가 있다.

6) 추수-일꾼

"추수할 것은 많되 일꾼이 적으니"(마 9:37; 눅 10:2)라는 말씀은 Q문서에 의해 약간 변형되었지만 그래도 의심할 여지없이 예수가 의도적으로 일꾼이 적은 종말론적 상황과 연결시키기 위해 변형시킨 것이라고 본다. 그는 계속 말하기를 "그러므로 추수하는 주인에게 청하여 추수할 일꾼들을 보내 주소서 하라"고 했다. 대조적으로 랍비 탈폰이 한 말은 제한된 시간과 게으른 일꾼들, 그리고 참을성 없는 주인을 강조한다(mAb.2.15): "낮은 짧고 할 일은 많은데 일꾼들은 게으르고 품삯은 넉넉하나 주인이 재촉하는구나."

7) 연자맷돌

목에 매어 단 거대한 연자맷돌7)에 관한 잠언은 복음서와 탈무드를 보면 각각 다른 시각에서 다루어졌다. 신약의 격언은 두 개의 형태를 띠고 있는데 모두 다 시험과 관계된 것들이다.

---

7) 문자적으로는 나귀-돌, 즉 사람이 손으로 돌리는 작은 맷돌과 대조되는 나귀가 돌리는 돌(mOhol.8.3를 참고하라).

마가복음 9장 42절과 마태복음 18장 6절에 강조된 죄는 작은 자들을 무시하는 것이지만 누가복음 17장 1절(또한 마태복음 18:7을 참고하라)은 좀 더 근원적인 것을 다루는데, "실족하게 하는 것이 없을 수는 없으나 그렇게 하게 하는 자에게는 화로다"라는 말씀이 "연자맷돌이 그 목에 매여 바다에 던져지는 것이 나으니라"는 잠언에 대한 암시에 이어 나온다. 이때의 위협은 매우 엄숙하며 분위기는 상당히 종말론적이다.[8]

대조적으로 랍비의 인용은 상당히 풍자적이다. "아버지는 아들에게 토라를 가르치고 아내를 구해주어야 한다…"라고 사무엘이 말했다. 할라카(halakhah)에 의하면 아버지는 먼저 아내를 구해주고 그다음에 공부하도록 보내야 한다. 하지만 요하난 랍비는 말하기를 "그와 같은 연자맷돌을 목에 매고야 어떻게 토라에 전념할 수 있겠는가?"라고 했

---

8) 종말론적 인상이 "하나님 나라" 혹은 "생명", "지옥" 혹은 "불의 지옥" 등에 관해 공공연하게 언급한 그다음의 이야기에(막 9:43-48, 마 18:8) 현저하게 나타난다. 누가복음 17:1과 마태복음 18:7의 "화"는 마가복음 13:17, 마태복음 24:19, 누가복음 10:13(화 있을진저 고라신아)에서와 같은 의미가 함축되어 있다. 더욱이 마태복음 11:21, 누가복음 21:23(그 날에 임신한 자들은 화가 있나니), 그리고 누가의 네 가지 화는(눅 6:24-26) 네 가지 복과 대조를 이룬다. 아나니아의 아들 예수의 묵시적 부르짖음은 이를 더욱 증명한다. "화있을진저 예루살렘이여"(*War* vi.304, 306), "도시와 백성과 성전에 화 있을진저… 나에게도 화로다"(vi.309).

다(bKid 29b).

공관복음의 어휘나 천국으로 부름을 받은 작은 자들에 대한 보호의도 등의 종말론적 문맥은 예수 자신의 말씀의 속성과 전적으로 일치한다.

8) 새들과 짐승들과 꽃들

신약의 격언의 마지막 부류는 동물과 꽃을 중심으로 한 것들이다. 이 비유적인 묘사들의 본질은 도시에 거하는 사람들보다는 시골에 거하는 사람들을 향한 것이며, 그 안에 내포된 특별한 변형들은 그것들을 사용한 선생을 판단하는 데 아주 중요한 역할을 한다. 이와 같은 은유를 성경과 랍비 문학이 모두 사용하고 있으므로 그것들의 중요성은 서로를 비교해 봄으로 찾아볼 수 있다.

우선 매우 큰 동물을—복음서에서는 낙타, 탈무드에서는 코끼리—바늘귀와 은유적으로 연관시킨 것은 거의 불가능함을 나타내기 위해서였다. 프로이드의 정신분석학과는 무관했던 고대 랍비들은 꿈이란 전적으로 이성적인 사고(*hirhure lev*)에 근거한 것으로 황금빛 종려나무라든지 바늘귀로 지나가는 코끼리와 같은 비현실적인 것들이 나타날 수 없다고 주장했다(bBer 55b). 단지 사소한 일에 영특함을 보이는 것으로 평판이 높았던 품베디타(Pumbeditha)로부터의 까다로운 랍비들만이 그와 같은 환상과 상상력으로 인정을 받았다(bBM 38b).

대조적으로 예수의 가르침에서는 이 은유가 심리적이고 풍자적이기보다는 도덕적이고 종말론적이다. 겨우 볼 수 있는 바늘구멍으로 과장되게 축소된 좁은 문(마 7:13; 눅 13:24 참고)은 부자들이 새로운 세계 밖에 거하게 됨을 말한 것이다.

"낙타가 바늘귀로 나가는 것이 부자가 하나님의 나라에 들어가는 것보다 쉬우니라"(막 10:25; 마 19:24; 눅 18:25).

심지어는 즐거움에 대한 생각까지 제외시킨—예수가 웃은 것으로 묘사된 적이 한 번도 없다—마지막 때의 절박함은 이 격언의 정통성을 인정하도록 하는 데 유리하게 작용한다.9)

유대인들이 자주 사용하던 점점 더 강력한 이유를 대는 논법(a fortiori reasoning)은 이렇게 전개된다: "새와 나무들도 먹이고 길쌈을 하지 않아도 옷을 입히시는데, 좀 더 정확히 말하면 돌보심을 받는데, 하나님을 의지하는 사람들이야 얼마나 더 하시겠는가?" mKid.4:14에 나와 있는 시몬 벤 엘리에아자르(Simeon ben Eleazar)라는 랍비의 것이라고 되어 있는(2세기 후반) 한 예를 보자.

"특별한 기술을 배우는 새나 맹수를 본 적이 있는가? 그들은 나를 섬기도록 지음을 받았지만, 그것에 연합하는 데는 아무런 문제가 없다. 그런데 나는 주님을 섬기도록 지음을 받았다. 나도 주님을 섬기는 데 아무런 문제가 없어야 하지 않는가? 그런데도 나는 악

---

9) 이 말씀과 좁은 문에 관한 말씀은 모두 불트만에 의하면 예수가 한 말이 틀림없다고 말할 수 있는 얼마 안되는 경우에 속한다(*HST*, 105).

을 행했고 나의 생계 유지마저 어렵게 되고 말았다."

에덴동산에서의 상태—생산하려는 노력 없이도 음식을 구할 수 있는 상태—는 어느 면에서 인간을 섬기도록 아직 계속되고 있지만, 인간들은 하나님의 계획에 의하면 훨씬 우월함에도 불구하고 열등한 위치에 놓여있다는 것이 내면에 깔린 논리이다.

같은 상징적 묘사와 이에 해당하는 묘사들은 복음서의 몇 가지 격언들의 특징을 이루기도 한다. 예수는 그의 갈릴리 시골 동료들에게 먹을 것이나 마실 것, 입을 것에 관해 염려하지 말 것을 권한다.

> "공중의 새를 보라 심지도 않고 거두지도 않고 창고에 모아들이지도 아니하되 너희 하늘 아버지께서 기르시나니 너희는 이것들보다 귀하지 아니하냐?"(마 6:26).

다른 피조물보다 우월함에도 불구하고 인간의 죄악 때문에 열악한 환경에 처하게 되었음을 설명하기 위한 미쉬나의 격언과는 그 강조점이 다르다. 의문을 부가시킨 마태의 양식은 인간 중심적이라는 점에서는 같지만 주고자 하는 교훈이 근본적인 생계의 문제에 관한 염려를 자신을 철저히 천국의 일에 전념할 수 있도록 자유케 해주는 믿음으로 극복해야 한다는 것이다.

위의 격언과 별로 상관이 없어 보이는 참새에 관한 격언도 Q문서에 나타난다. 참새 두 마리를 한 앗사리온에(마 10:29), 혹은 참새 다섯 마리를 두 앗사리온에(눅 12:6) 살 수 있다 할지라도 "너희 아버지께서 허락하지 아니하시면 그 하나도 땅에 떨어지지 아니할 것이며(마 10:29 후반), 하나님 앞에는 그 하나도 잊어버리시는 바 되지 아니할 것이다(눅 12:6 후반). "두려워하지 말라 너희는 많은 참새보다 귀하니라"(마 10:31; 눅 12:7). 만일 하나님의 섭리가 그와 같이 하잘것없는 피조물의 운명에도 상관하신다면 인간들은 안심해도 되지 않겠느냐는 메시지인 듯하다.

그런데도 이전의 말씀과 비교해 볼 때 이 격언은 맞지 않는 듯하다. 왜냐하면 종말론적인 문맥도 아니고 일반적인 예수의 가르침에도 부합하지 않기 때문이다. 격려의 말로 끝을 맺는 새들에 관한 랍비의 이야기가 훨씬 더 그럴듯하다.

주후 2세기 하드리안(Hadrian) 핍박 기간 13년간 은신해 있던 시몬 벤 요하이가 동굴 밖으로 나왔다가 사냥꾼이 새를 잡으려 하는 것을 보았다. 그때 하늘에서 음성이 들렸다. "*Dimissio*"(놓아주라). 그리고 새는 날아갔다. 시몬은 깨달았다. "한 마리의 새도 하늘의 뜻이 없으면 죽지 않는다! 하물며 사람이랴!"(*ySheb.* 38d). 이 이야기에 비추어 볼 때 복음서의 격언은 (적어도 마태의 기록은) 전승과정에서 변형된 듯 보인다. 모든 어린 새들의 죽음을 하나님이 알고 계시다는 사실에서 큰 위로를 받을 사람은 없다.[10]

---

10) 시므온 벤 요하이(Simeon ben Yohai)의 유사한 이야기가 GR 79.6(Th-A 942)에 나타나는데 하늘의 'Dimissio'에 더해서 새를 잡음

비슷한 유형의 격언 둘이 Q문서에 있는데 하나는 들의 백합화이고 (마 6:28; 눅 12:27), 다른 하나는 여우와 새이다(마 8:20; 눅 9:58). 처음 것은 그저 마태복음 6장 25절과 누가복음 12장 24절의 연장이라고 볼 수 있다. 새들이 수고하지 않고 먹이를 찾듯이, 들의 백합화도 길쌈을 아니 하고 수고도 아니하지만, 솔로몬의 영광을 훨씬 능가한다.[11] 결론은 음식의 경우보다 훨씬 더 강하고 거창하다.

만일 하나님께서 내일 아궁이에 던져지는 들풀도 이렇게 입히시거든, 하물며 너희일까 보냐 믿음이 작은 자들아(마 6:30; 눅 12:28).

마태복음 8장 20절과 누가복음 9장 58절은 이전의 격언과 비교해 볼 때 지나치게 과장으로 표현되었다. 이 비유에서는 들짐승과 새들이 인자보다 더 낮게 취급되었다.

"예수께서 이르시되 여우도 굴이 있고 공중의 새도 거처가 있으되 인자는 머리 둘 곳이 없다 하시더라"(마 8:20).

여기에 내포된 교훈은 하나님 나라를 위한 순회 사역을 시작하려는

으로 인한 스페큘라(*Specula*: 처형) 규례도 든다. 그런데도 시므온이 한 말은 다음과 같다. "하늘의 뜻이 없이는 새 한 마리도 잡을 수 없거든, 인자의 영혼(나의 영혼)은 얼마나 더하겠는가!" "인자"에 관한 해석을 위해서는 *PBJS*, 162f와 n.39을 보라.

11) mBM 7.11에 그의 시대에 솔로몬의 것과 같은 잔치에 대한 암시를 참고하라. 또한 열왕기상 5:2에 근거한 Josephus, *Ant*.viii.40을 보라.

모든 사람은 철저히 하나님을 의지하는 것이 필요하다는 것이다. 집이 있는 여우나 새보다 더 적나라하게 드러난 그들은 마지막 날의 고통을 맞을 준비를 해야만 한다. 간단히 말해 복음서에서 발전된 자연에 관한 모든 잠언은 종말론적 열정과 자기 부인의 문맥에 정확하게 들어맞는다. 따라서 이것들의 정통성을 의심할 이유가 전혀 없다.

은유의 마지막 부류는 멸시하고 좋아하지 않는 짐승들을 다루거나(개, 돼지) 아니면 애완동물을 위험하고 무서운 동물과 대조시키는(양, 비둘기—늑대, 뱀) 것인데, 두 경우 모두 원수 된 세상에서의 하나님 나라의 종들의 문제를 제시한다.

(a) 거룩한 것을 개에게 주지 말며
(b) 너희 진주를 돼지 앞에 던지지 말라
　그들이 그것을 발로 밟고
　돌이켜 너희를 찢어 상하게 할까 염려하라(마 7:6).

이 격언의 배경에 있는 아람 잠언을 재구성하기 위해 다양한 시도를 해왔다. 구스타프 달만(Gustaf Dalman: *Jesus-Jeshua*, 232)은 (b) 부분이 유대 문학에서는 찾아볼 수 없는 것으로 예수가 사용한 잠언이고 격언이라고 분류했다. 반면에 마이어(A. Meyer)와 펄스(F. Perles)의 뒤를 이은 매튜 블랙(Matthew Black)은 (a)와 (b)를, 그리고 최근에 핏츠마이어(J. A. Fitzmyer)는 (a)를 헬라어 복음서에서 오역된 원래 아람어 격언이라고 주장했다. 그래서 블랙(펄스를 따라)은 이렇게 재구성한다.

"거룩한 반지를 개에게 끼워 주지 말며,
돼지의 코를 진주로 장식하지 말라."

반면에 핏츠마이어는 단지 "반지" 대신에 "거룩한 것"을 대치시켜야 한다는 제안을 한다.[12]

짐승에 대한 비유는 랍비 문학에서 아주 일반적인 것이다. "개보다 불쌍한 것이 없고 돼지보다 부유한 것이 없다"(bShab.155b)는 속담은 한 번에 두 짐승을 모두 언급한 예이다. 돼지를 경멸하는 내역에 대해서는 더 설명할 필요 없고, 개들도 유대세계에서 오늘날 영국에서처럼 그렇게 환영받은 동물이 아니었음은 잘 알려진 사실이다. 그러나 어린 토빗의 네발 달린 짐승에 관한 이야기는 특별한 예외이다(Tob. 5:16; 11:4). 그것들은 경멸받았던 사마리아인을 상징했고(BR 81:3), 좀 더 일반적으로는 이방인들을 상징했다. 마태복음 15장 26절에서 개는 유대인이 아닌 사람들을 묘사하지만 그런데도 그와 같은 상관관계가 절대적인 것은 아니다. 사실 개라는 매개체가 mSot. 9:15에서는 메

---

12) M. Black, *Aramaic Approach*, 200f., quoting A. Meyer, *Jesu Muttersprache* (1896), 80f. and F. Perles, *Zur Erklärung von Mt 7:6, ZNW* 25(1926), 163f. also A, J. Fitzmyer, *Wandering Aramean* (1979), 14f. and G. Vermes, *JWJ* 80를 참고하라. 거룩함과 진주의 맞지 않는 대조에 의해 만들어진 수수께끼를 풀기 위해 아람어 qdsh는 qudsha'(거룩)라고 읽기보다는 qedasha'(반지)라고 읽어야 한다는 제안이 있다. 이 말씀은 잠언 11:22에 근거한 것이라고 믿어진다.

시야 시대에 살고 있는 유대인을 의미했던 적도 있다.

"젊은이들은 장로들을 부끄럽게 할 것이요 장로들은 젊은이들 앞에 일어나야 하리라. '아들이 아버지를 멸시하며 딸이 어머니를 대적하며 며느리가 시어머니를 대적하리니 사람의 원수가 곧 자기의 집안 사람이리로다'(미 7:6)."

그 세대의 모습은 개의 얼굴과 같으리라. 후자의 경우는 이 격언을 종말론적인 상황에서 이해하도록 하는 데 결정적인 도움을 주는데, 그 목적은 회개하지 않는 자에게는 천국의 비밀을 누설하지 말도록 하는 데 있다. 요약하자면 우리는 다시 예수의 메시지의 핵심 부분을 다루고 있다. 정황을 살펴볼 때 헬라어판인 "거룩한 것"이 예수께서 직접 하신 말씀을 보여준다고 생각된다. 다시 말해 만일 아람 속담이 개와 반지의 개념을 연관시켰다면, 예수가 어구를 바꾸었다고 —반지를 거룩한 것으로— 보는 것이 헬라어 복음서의 편집자가 오역했다고 보는 것보다 더 의미가 있기 때문이다.

Q문서에 나타나 있는 두 짐승을 대조시키는 은유는(마 10:16; 눅 10:3) 마태복음에서만 유일하게 또 다른 격언을 첨가하고 있다.

"보라 내가 너희를 보냄이 양을 이리 가운데로 보냄과 같도다"(Q).

"그러므로 너희는 뱀같이 지혜롭고 비둘기같이 순결하라"(마태).

이 두 은유 모두 유대 문학에서 쉽게 찾아볼 수 있는 것들이다. 그

예로 에녹1서 90:6-17에 보면 선택받은 이스라엘(하시딤: Hasidim)이 육식 새들에 의해서 공격을 받는 것으로 묘사되어 있음을 종종 지적하곤 한다. 반면에 랍비 문학에서는 하드리안 황제와 여호수아 랍비 사이의 가상적인 대화에 양과 늑대의 대조가 나타나는데, 거기에 보면 하드리안이 "70마리의 늑대(국가들) 사이에서 생존하는 양들(이스라엘)의 위대함이여!"라고 외치자, 여호수아가 "양들을 지키고 보존하며 양들 앞에서 늑대들을 물리치는 목자의 위대함이여!"(*Tanh. Toledot* 5)라고 응수한다. 여기서도 역시 복음서는 예수의 특징을 과장되게 변형시킨 것을 볼 수 있다. 양들이 늑대 사이로 보냄을 받았고 무한정 의지하는 자들만이 순종할 수 있는 용기를 가지고 있다.

뱀 같은 지혜(창 3:1)와 비둘기처럼 순결함(호 7:11의 어리석은 비둘기가 랍비 해석에서는 단순한 비둘기로 바뀌었다)에 관한 마태의 보충설명이 어떤 특별한 선입관을 나타내지는 않는다. 마태가 사용한 수식어들은 팔레스타인의 아모라 유다 바 시몬(Amorah, R.Judah bar Simon)이 기록한 것으로 여겨지는 아가서 2장 14절의 주석에서도 찾아볼 수 있다 (SSR in loc.).

> "그러므로 하나님께서는 이스라엘에 관해 말씀하셨다. 그들이 내게는 비둘기와 같이 순결하지만 이 세상의 나라들 사이에서는 뱀과 같이 지혜롭다."

이 격언들이 예수에 관해 우리가 가지고 있는 정보에 특별히 더해 주는 것이 없기 때문에 그 정통성은 그리 중요한 것이 못 된다.

잠언은 아주 단순한 형상이나 상징을 근거로 만들어진다. 자연히 그것들은 예수가 채택한 좀 더 정교하고 수사학적인 기법으로 유도되는데, 이는 다름 아닌 복음서의 특징이라고 할 수 있는 비유이다.

2. 비유에 나타난 교훈들

1) 성경에서 쿰란까지

성경 시대와 그 이후 시대 유대인들의 생각에는 잠언이나 비유가 비교에 근거한 다양한 사상들을 총체적으로 칭하는 마샬(mashal)이라는 한 개념에 모두 포함되어 이 둘 모두 같은 범주에 속해 있다. 해학, 순수 잠언, 지혜문, 은유, 그리고 소위 이야기-비유라고 하는 것 모두 시적 형식이나 서술 형식에 상관없이 이 범주에 속한다. 넓게는 성경적인 우화, 수수께끼, 예언적 우화로부터 좁게는 경우에 따른 성경적인 비유에 이르기까지 이 문제에 관한 글들이 엄청나게 많지만, 그런데도 그 의미를 분명하게 하기 위한 설명이 필요할 것 같다.[13]

---

13) 우화에 관해서는 왕을 찾는 나무에 관한 사사기 9:7-15이나 백향목의 딸과 결혼하려고 하는 가시나무에 관한 열왕기하 14:9을 보라. 수수께끼를 위해서는 사사기 14:12-18과 열왕기상 10:1을 보라. 요세푸스는 솔로몬이 두로 왕 후람과 수수께끼 풀기 시합을 해서 많은 돈을 벌었음을 암시한 적이 있다(*Ant.*viii.148f.). 예언적 우화에 있어서는 커다란 독수리, 백향목과 포도나무에 관한 에스겔 17:3-10을 보

실제로 예수의 비유에 관한 모든 연구가 그것들의 전승 과정과 편집 과정에서 많이 변형되었음에도 불구하고, 비유들은 원래 모든 전통의 근본이기 때문에 확실한 역사적 근거가 있다든지(Jeremias, 『비유』[II]), 아니면 정통성이 있는 것들이라고(Dodd, 『비유』[13]) 주장하기 때문에 이 비유들이 유대 문학의 발전과정에 맞는지, 아니면 전혀 독

라. 성경적인 비유로는 어린양에 관한 나단의 이야기인 삼사무엘하 12:1-4과 이사야 5:1-7의 포도원의 노래를 보라. 또한 비유 전반에 관해서는 다음의 사전에 나온 다양한 논문들을 보라. *TNDT* V, 747-51 [F. Hauck]; *IDB* III, 649-54 [L.Mowry]; *IDBS* 641f. [C.E.Carlston]; Enc. Jud. 72-77 [L. I. Rabinowitz and R. B. Y. Scott]. 소논문으로는 특히 *A.Jülicher, Gleichnisreden Jesu I-II* (1886-1910); J. Ziegler, *Die Königgleichnisse des Midrash* (1903); P. Fiebig, *Altjüdische Gleichnisse und die Gleichnisse Jesu* (1904); *Die Gleichnisreden Jesu im Lichte der rabbinischen Gleichnisse des Neutestamentlichen Zeitalters* (1912); A. Feldmann, *The Parables and Similies of the Rabbis, Agricultural and Pastoral* (1927); C. H. Dodd, *The Parables of the Kingdom* (1935,1961); J. Jeremias, *The Parables of Jesus* (1954,1963,1972); H. Flusser, *Die Rabbinischen Gleichnisse und der Gleichniserzähler Jesus* (1981); B. H. Young, *Jesus and His Jewish Parables: Reconsidering the Roots of Jesus' Teaching* (1989); 그리고 가장 최근의 D. Stern, *Parables in Midrash: Narrative and Exegesis in Rabbinic Literature* (1991), 특히 188-206 (*The Parables in the Synoptic Gospels*).; C. L. Blumberg, 'Interpreting the Parables of Jesus: Where are we and where do we go from here?' *CBQ* 53(1991), 50-78.

립된 독특한 장르로 랍비 비유들의 모형이나 근원이 되는지를 살펴보는 것이 무엇보다도 중요하다. 유대 문학의 발전과정으로 보는 견해는 요아킴 예레미아스(Joachim Jeremias)를 대표로 하는 소수의 입장이고, 대부분의 학자는 후자를 취한다.

발전된 형태의 은유적 교수법(비유, 은유, 우화)이 성경으로부터 그 이후의 랍비들에 이르기까지 유대교의 문학 역사에서 언제나 볼 수 있는 것이었음에는 의심의 여지가 없다.[14] 따라서 일반적으로 신약의 현상은 단순히 빙산의 일각으로, 즉 계속되어온 발전과정의 한 단계에 불과하다. 반면에 복음서의 독자적인 특징이 두드러지게 나타나도록 하기 위해서는 랍비 이전 시대나 랍비 시대의 유사한 유형들과 비교해 보아야 한다.

그러므로 우리가 결정해야 하는 것은 일반적인 경향과 비유 간의 구조적 관계이다. 비유를 말하는 사람에게 부여된 동기와 목적은 매우 다양할 것이고, 그 동기와 목적들은 그들의 독특한 입장을 이해하

---

14) 제롬은 그의 『마태복음 주석』(18:23)에서 유대인들 사이에서의 비유의 대중성을 강조한다. Familiare est Syris et maxime Palaestinis ad omnem sermonem suum parabolas iungere: ut quod per simplex praeceptum teneri ab auditoribus non potest, per similitudinem exemplaque teneatur (*PL* xxvi, 132C).(시리안들 특히 팔레스타인 사람들은 그들의 모든 대화에 비유를 더하는 데 익숙해 있어서 단순한 말을 청중들이 제대로 이해할 수 없을 때는 은유와 예를 통해서 이해를 하게 하곤 했다.)

는 데 크게 도움이 될 것이다. 사실 같은 복음서의 비유에 있어서조차도 최근의 편집비평가들은 복음서 저자들마다 다른 목적으로 기록했음을 주장하고 있다.

적어도 넓은 의미에서 비유라는 문학적 장르는 성경에만 있는 것이 아니라 위경과 쿰란에서도 찾아볼 수 있다. 성경의 비유가 특별히 다른 양식으로 된 것은 아니지만 대체로 해석이 덧붙여졌다는 특징이 있다. 가난한 자의 유일한 양을 죽이고 빼앗은 부자에 관한 나단 선지자의 이야기도 다윗을 향한 "그가 바로 당신이니이다"라는 극적인 외침이 첨부되었다(삼하 12:7). 설명이 없이도 의미 전달이 확실한 포도원의 노래도(사 5:7) 그것이 이스라엘에 관한 것이라는 언급을 덧붙였고, 에스겔 17장 2-10절의 복잡한 역사적-예언적 비유도 11-18절에서 독수리를 바벨론의 왕과 동일시하는 서술 형식의 주해를 달았다. 마찬가지로 복음서와 같은 시대의 작품으로 보이는 에스라 4서 4:13-18절과 4:20절 이하에서 그 의미를 어느 정도 설명했다.

이와는 대조적으로 역시 동시대의 작품인 에녹1서 37-71에 나타난 매우 정교한 종말론적 비유들은 비밀의 이상들을 설명 없이 그대로 기록하였는데, 이는 "…신약의 비유와 아주 다른 모습이다"(*TDNT V*, 750).

비유와 비슷한 어느 시가서는 쿰란공동체의 규범과 감사의 찬송을 다루는데, 거기에서 공동체는 시냇가 주변에 세워진 견고한 도시로 묘사되었다(1QH 8). 그러나 장르의 차이가 너무 커서 비유와 비교하기는 곤란하다.

2) 랍비 비유들

보편적인 것은 아니지만 형식상의 특징들을 랍비 비유에서 찾아볼 수 있는데, 우선 그들의 비유는 마샬(Mashal, 비유) 혹은 "비유 한 가지만 말하자"('emshol lekha mashal)라는 서두로 시작하고 종종 "이를 무엇에 비유할까"(lemah hadavar dōmeh)라는 질문을 동반하기도 한다. 그러고 나서는 이야기가 따라 나온다. 이것은 마치 왕과 같다 등등. 복음서에 나오는 몇몇 비유들에서도 이런 요소들을 찾아볼 수 있다. 아홉 경우 중 여덟 번을 "비유"라는 단어로 시작했고, 그중에 세 번은 "이는 마치" 혹은 그와 유사한 어구를 사용했다. 마가복음 4장 30절을 한번 보자.

"또 이르시되 우리가 하나님의 나라를 어떻게 비교하며 또 무슨 비유로 나타낼까 겨자씨 한 알과 같으니…"[15]

이제 다시 랍비 비유의 구조로 돌아가 보자. 대부분의 비유는 주해

---

15) 마태복음 13:31과 누가복음 13:18에 있는 비유들은 랍비 문체를 간략화시킨 것이다. "비유"라는 단어는 마가복음 4:2과 병행구절, 13:28과 병행구절, 마태복음 13:33; 22:1; 13:24; 11:16과 병행구절, 13:24; 누가복음 19:11에도 나타난다. "이는 마치"라는 표현에 관해서는 마태복음 7:24과 병행구절, 11:16과 병행구절, 13:24; 13:52; 18:23; 20:1; 22:2; 25:1을 보라. 이방인이었던 누가가 기록한 비유만이 아무런 공식도 없다.

상의 문맥에서 인용된 성경에 대한 예나 아니면 성경적인 교훈을 이야기 형식으로 설명하려고 할 때 사용된 듯하다. 가령 멕힐타 드-랍비 이스마엘(Mekhilta de-Rabbi Ishmael)에 나타나며 1세기 후반 랍비 엘리에셀 벤 아자리아(Eleazar ben Azariah)의 것으로 생각되는 비유는 예레미야 선지자가 이스라엘의 애굽으로부터의 구속을 언급한 것이 미래에는 포로생활로부터의 귀환에 의해 대치될 것이라고 한 서약의 형태인 예레미야 23장 7-8절에 대한 설명이다.

"이는 비유에 의해 설명될 수 있다. 이를 무엇에 비교할까? 자녀들을 원하는 남자에 비교할 수 있을 것이다. 그에게는 딸이 있어서 딸의 이름으로 맹세를 했는데 나중에 아들을 갖게 되었다. 그래서 그는 딸 대신에 아들의 이름으로 맹세를 했다"(출 13:2에 관하여; ed. Lauterbach I, 132f.).

구성상의 순서는 바뀔 수도 있다. 죽은 후에 그가 범한 죄에 대한 형벌을 육체와 영혼이 피할 수 있음을 주장한 안토니누스(Antoninus) 황제의 기발한 제안에 대해서 랍비 왕자 유다(Rabbi Judah the Prince)는 먼저 비유를 말하고 그다음에 성경 구절을 인용하고 이를 해석하는 형식을 취했다.

"안토니누스가 랍비에게 말했다. '육체와 영혼은 심판으로부터 자유로워질 수 있다. 어떻게?' 육체가 말한다. '죄를 지은 것은 영혼이다. 영혼이 나로부터 분리된 후 나는 그저 무덤에 돌처럼 누워 있을 뿐이다.' 그러나 영혼도 말한다. '죄를 지은 것은 육체다.

육체가 나로부터 분리된 후 나는 새와 같이 공중을 날아다닌다.' 그러자 랍비가 안토니누스에게 말했다. '비유 하나를 말하겠다. 이를 무엇에 비유할까? 이는 마치 아름다운 과수원을 가지고 있던 피와 육체를 가진 왕과 같다. 그 과수원에는 아름다운 무화과 나무가 있었다. 그는 그 과수원에 두 명을 과수원 지기로 세웠는데 하나는 절뚝발이였고 하나는 소경이었다. 절뚝발이가 소경에게 말했다. 과수원의 아름다운 무화과 나무가 보인다. 이리 오라. 네 위에 타고 올라가서 따먹자. 그래서 절뚝발이는 소경을 타고 올라가 과실을 따서 먹었다. 얼마 후에 과수원 주인이 와서는 그들에게 물었다. 아름다운 무화과가 다 어디 갔느냐? 절뚝발이가 그에게 말했다. 내게는 다리가 없습니다. 그러자 소경은 말하기를, 나는 볼 수가 없습니다 라고 말했다. 그 주인이 어떻게 했는가? 그는 절뚝발이를 소경 위에 올라타게 해서 그들을 모두 심판했다.'

거룩하신 분께서도 영을 불러 육체 속에 넣으신 후에 그들을 함께 심판하시리라. 기록된 바, '하나님이 자기의 백성을 판결하시려고 위 하늘과 아래 땅에 선포하시도다'"(시 50:4).

"그가 위 하늘을 부른다고 하셨으니 이는 영혼을 가리키며 그 백성을 판단하시려고 아래 땅을 부른다고 하셨으니 이는 육체를 가리킨다"(bSanh.91ab; 축소판을 위해서는 Mekh. *On Ex.15:1*; ed. Lauterbach II,21을 참고하라).

이처럼 성경 본문과 비유적인 해석을 혼합한 형태는 문학적 발전과정의 맨 마지막 단계에 속한다. 이와 다른 극단의 격식화된 설교형태의 미드라시를 보면 비유에 대한 해석은 성경 구절들을 엮어놓은 것임을 알 수 있다. 그 좋은 예가 유명한 하가디스트(*haggadist*: 탈무드의 이야기꾼)인 랍비 레위가 "기억하라"(신 25:17)는 말씀으로 페시크타 드 랍 카하나(*Pesiqta de Rav Kahana*) 3:1에서 한 설교 요약이다.

    랍비 레위가 말했다. "이스라엘 자녀들은 무엇과 같을까? 그들은 어리석은 아들 같구나. 아버지는 아들을 어깨에 태우고 시장으로 갔다. 아들은 갖고 싶은 물건을 볼 때마다 사달라고 아버지를 졸랐다. 아버지는 한 번, 두 번, 세 번 아들이 원하는 것을 모두 사주었다. 그러고 나서 얼마 후 길을 가다가 아들은 어떤 사람을 보자, '우리 아버지 못 보셨습니까?'라고 물었다. 아버지는 아들에게 말했다. '이 어리석은 녀석아! 너는 내 어깨에 앉아 있고 네가 원하는 것을 모두 사주었건만 너는 이 사람에게 내 아버지를 못 보았느냐고 묻는구나.' 그는 아들을 어깨에서 내던져 버렸고, 개가 와서 아들을 물었다.

    이처럼 이스라엘이 애굽에서 나왔을 때 거룩하신 분은 '그를 호위하시며 보호하셨다'고 말씀하신 것처럼 영광의 일곱 구름으로 두르셨고, 그들이 만나를 원하면 만나를 주시고 메추라기를 원하면 메추라기를 주셨다. 그들이 원하는 것을 다 주셨을 때 그들이 여호와를 시험하여 이르기를 '여호와께서 우리 중에 계신가 안 계신가'(출 17:7)라고 했다. 거룩하신 이가 그들에게 말씀하시기를, '너희가 나를 대적하여 꾀하니 내 생명을 통하여 내가 너희 가운데 거함을 알게 하리라. 개가 와서 너희를 물리라'고 하셨다. 이는 무엇을 가리키는가? 이는 아말렉이니 기록된 바, '그 때에 아말렉이 와서 이스라엘과 르비딤에서 싸우니라'(출 17:8)고 했으며, '너희는 애굽에서 나오는 길에 아말렉이 네게 행한 일을 기억

하라'(신 25:17)고 했다."

해석상의 기능을 가지는 비유는 먼저 성경에서 본문을 찾아 읽게 되어 있었던 회당 설교에서 아주 중요한 부분을 차지하고 있었다고 본다. 잠시 후에 다시 다루게 될 아주 유명한 한 예를 보면, 비유가 랍비 번(Rabbi Bun: yBer.2.8,5c)의 장례식 때 랍비 자이라(Rabbi Zeira)가 한 장례 설교의 내용이 되기도 한다. 따라서 비유를 다룰 줄 아는 능력이 성공적인 설교자나 선생이 되기 위한 선제 조건 중 하나였다.

이미 살펴본 대로 제롬은 랍비들이 비유를 많이 사용했다는 많은 증거를 제시한다. 그런데도 어떤 것들은 다른 것들보다 그 기법이 훨씬 더 뛰어나다는 것은 그리 놀라운 사실이 아니다. 전통에 의하면 타나이틱(Tannaitic) 선생인 랍비 메일(Rabbi Meir:2세기 중엽)이 장르에서는 뛰어난 대가였다고 하는데 그의 교훈들은 할라카(halakhah), 하가다(haggadah), 마샬(mashal: 비유)이 똑같은 분량으로 구성되어 있었다. 수사학적 과장에 따르면 그의 죽음은 곧 비유적 가르침의 종말을 가져왔다고 했다.

"랍비 메일의 죽음 후 비유를 말하는 사람들이(*mōshele meshalim*)이 사라졌다(*mSot.9.15*)."

전설에 따르면 그가 300개의 여우에 관한 비유를 남겼다는데 보존된 것은 하나도 없지만, 상당량의 랍비 문서를 보면 그의 이름으로 된 비유들이 보존되어 있다.[16] 이들 중 둘만 소개하고자 하는데 첫 번째 것은 주해적인 것이고, 두 번째 것은 성경에 대한 언급이 없는 것이다.

랍비 메일은 "나무에 달린 자는 하나님께 저주를 받았음이니라"(신21:23)고 한 말씀의 의미에 대해 이렇게 설명했다. 이는 서로 비슷하게 생긴 쌍둥이 형제와 같다. 그들 중 하나는 온 우주의 왕이었고 다른 하나는 강도였다. 시간이 지난 후에 강도질을 하던 자가 붙잡혀 십자가에 매달렸다. 지나가는 사람마다 말하기를 '꼭 왕이 십자가에 매달린 것 같구나'라고 했다. 그래서 '나무에 달린 자는 하나님께 저주를 받은 자라'고 기록되었다."[17]

성경 인용으로 시작하고 끝내는 상당히 체계적인 주해적 비유에 비해서 두 번째 예는 매우 단순하고 기교도 없지만 이것도 역시 재미있는 점이 있다.

---

[16] 바커(W. Bacher, *Die Agada der Tannaiten II* (1890), 57-60)는 열두 개 이상을 열거했다. 그가 열거한 저자들의 신빙성은 입증될 수도 부정될 수도 없다. 예화들은 타나이틱에서 입증된 것을 골랐을 뿐이다.

[17] *tSanh*.9:7. 신명기의 인용이 논쟁에 맞게 번역되었다. *mSanh* 6:4에서는 이미 그렇게 이해되었다. 비유에 관한 해석은 주어지지 않았지만 인간이 하나님의 형상으로 만들어졌다는 내면의 사상에 의해 힌트는 주어졌다. M.Wilcox, Upon the Tree-Deut.21:22-23 in the New Testament, *JBL* 96 (1977), 85-99를 참고하라.

랍비 마이어(Meir)가 말하기를, 음식을 대하는 사람들의 태도가 다르듯이 여자를 대하는 태도가 다르다고 했다.

"이 남자를 보라. 파리가 그의 컵 위로 날아다니자 그는 컵의 담긴 것을 손대지도 않고 갖다 버렸다. 여자들이 보기에 그는 바람직하지 못하다. 왜냐하면 그는 자기 아내와 이혼할 생각만 가지고 그녀를 감시하기 때문이다.

다른 남자를 보자. 파리가 날아와서 컵에 빠졌다. 그는 그것을 그대로 두기는 했지만 담긴 것을 마시지 않았다. 그는 외출하기 전에 아내를 방에 가두고 문을 잠갔던 파포스 벤 유다(Pappos ben Judah)와 같다.

세 번째 남자를 보라. 파리가 컵에 빠졌다. 그는 파리를 건져내고는 담긴 것을 마셨다. 이것이 보통 사람들이 하는 행동이다. 그는 아내가 이웃 남자나 남자 친척과 대화하는 것을 허용한다.

이제 네 번째 남자를 보자. 파리가 그의 컵에 빠졌다. 그는 파리를 건져내어 빨아먹은 후 컵에 담긴 것을 마신다. 그는 악한 자이다. 그는 자기 아내가 머리를 가리지 않고 밖에 나가는 것을 허락하고, 사내종이나 이웃 남자와 사귀는 것도 상관하지 않고, 남자들과 함께 목욕하는 것도 상관치 않는다"(tSot.5.9).

이 이야기에서 랍비 메일은 예수께서 종종 하신 것처럼 여러 가지 가능성들을 예로 들고, 각 가능성에 대한 설명을 덧붙인다.[18]

---

18) 요한복음 12:24과 비슷한 마이어(Meir)의 옥수수에 관한 해석학적 비유는 다시 한번 살펴볼 가치가 있다. 클레오파트라가 랍비 마이어에게

이와 같은 서론의 목적은 랍비 특히 타나이틱 랍비들의 사고에 있어서 비유의 절대적인 역할을 강조하고자 함에 있다. 랍비 비유에 있어서 비유에 대한 설명을 덧붙이는 것은 일반적이었다는 사실과 복음서 연구에 있어 첨가된 설명은 모두 부차적이거나 후기의 것으로 이해했다는 사실을 주목해 봐야 한다. 예상할 수 있는 대로, 예수의 비유뿐만 아니라 탈무드나 미드라시에 나타난 비유들조차도 대부분이 신약 시대 이후의 것이라고 주장한 학자들이 많다. 비유는 주후 70년 이후의 교육적 기법이었다고 결론을 내린 야곱 노이스너(Jacob Neusner)나[19] 더 심하게는 랍비들의 비유 양식이 예수의 모델에 의해 지대한 영향을 받았다고 제안한 요아킴 예레미아스는 확실한 증거들을 호도했다.[20]

질문했다. "'그들이 들의 풀과 같이 도시로부터 생기를 찾으리라'고 기록된 대로 잠자는 자들이 다시 살아날 것을 압니다. 하지만 그들이 살아날 때 옷을 입고 살아납니까, 아니면 벗은 채로 살아납니까?" 그가 그녀에게 대답했다. "벌거벗은 채로 심겼지만 많은 옷을 입고 나오는 옥수수로부터 추론해 볼 수 있을 것입니다. 그렇다면 옷을 입고 장사 지낸 바 된 의인은 얼마나 더하겠습니까?"(bSanh.90b).

19) J. Neusner, 'Types and Forms in Ancient Jewish Literature: Some Comparisons', *History of Religions* II(1972), 354-90, 특히 360, 368을 보라.

20) J. Jeremias, *The Parables of Jesus* (1972), 12.

예레미아스의 주장은 예수가 동시대 혹은 그 이후 시대의 유대 선생들에게 지속적이고 긍정적인 영향을 끼쳤음을 증명할 때에만 설득력이 있는데 실제로는 그렇지 못하다. 노이스너의 주장은 요하난 벤 쟈카이(Yohanan ben Zakkai)의 예를 70년 이전으로 볼 것인가, 아니면 이후로 볼 것인가 하는 문제와 여러 저작들의 신빙성에 대한 입장에 달려있다. 어쨌든 로버트 존스톤(Robert M.Johnston)이 수집한 "바리새인들과 초기 랍비들의 비유들"이라는 부록을 노이스너의 책 중에 삽입한 것은 1세기에도 비유가 있었음을 은연중에 인정한 것으로 이해된다.[21] 예루살렘 멸망 당시의 기독교와 랍비 문학은 문학적, 구조적으로 같은 경향을 보인다는 그의 일반적인 결론은 비유 장르에도 마찬가지로 적용되어야 하며, 예수의 비유 또한 이와 같은 배경에서 살펴보아야 한다.[22]

---

21) *A History of the Mishnaic Law of Purities*, Part XIII (1976), 224-6. 열거된 1세기경의 권위들은 Hillel (Lev. R. 34: and ARNa 15:3); *the Schools of Hillel and Shammai* (Gen.R.1:14); Yohanan ben Zakkai (*bShab*.153a); Eliezer ben Hyrcanus (Mekh. *on Ex.15:1*; ed. *Lauterbach* II, 22f.); Eleazar ben Azariah (Mekh. *on Ex.13:2*; ibid. I, 132f.); Gamaliel (Mekh. on *Ex*.20:5; ibid.II, 245f.).

22) 1세기 팔레스타인의 비유양식의 유사성은 솔로몬의 뛰어난 문학적 작품에 관한 요세푸스의 핫가다(비율법적인 교훈들)에 대한 암시에서도 추론해 볼 수 있다. "솔로몬도 역시 1,005개의 노래책과 300개의 잠언집을 편찬했다. 그는 우슬초에서 백향목까지 모든 종류의 나무에 대한

3. 예수의 비유

나의 계산이 맞는다면 공관복음에는 39개의 비유를 예수가 말씀하신 것으로 기록되어 있다. 마가복음에 6개, 누가와 마태복음의 자료에서 9개, 그리고 마태복음에만 있는 것이 10개, 누가복음에만 있는 것이 14개이다. 상세한 목록은 이번 장의 끝에 부록으로 첨부하였다.

예수가 전한 설교, 즉 예수의 메시지의 내용에 대해서는 제7장에서 다루게 되겠지만 본 장에서의 개관은 비유에 나타난 예수의 교훈의 일반적인 경향과 스타일을 이해하고 예수의 교훈 주요 요지가 무엇인가를 이해하는 데 그 목적이 있다.

주제별로 보면 공관복음의 비유들은 쉽게 다섯 부류로 나누어진다. 그것은 (1) 농부의 비유, (2) 일상생활의 사건에 근거한 비유, (3) 사회적인 비유, (4) 심판과 재판에 관한 비유, (5) 결혼잔치에 관한 비유이다.

1) 농부의 비유

첫 번째 부류는 예수가 가장 친숙했던 시골과 호숫가 근처 갈릴리 사람들의 친숙한 모습들을 발전시킨다.

비유를 말했고 마찬가지로 모든 종류의 지상의 생물들과 새들, 나는 것과 헤엄치는 것들에 관해 비유를 말했다"(*Ant*.viii.44).

(1) 씨뿌리는 자의 비유

씨뿌리는 자의 비유(막 4:3-8; 마 13:3-8; 눅 8:5-8)는 모든 복음서의 비유들을 개시하는데 그 상징된 모습에 특이한 점은 없다. 인간의 운명을 묘사하는 에스라4서 8:41에서 이 비유와 가장 근접한 내용을 찾아볼 수 있다.

> "농부가 많은 씨를 땅에 뿌리고 많은 나무를 심지만 모두 다 제 시간에 줄기가 나오는 것도 아니고, 심겨진 나무마다 뿌리를 내리는 것이 아닌 것처럼 이 세상에 심겨진 모든 자이 다 구원을 받는 것도 아니다."

하지만 일반적인 제목에도 불구하고 신약의 비유의 주인공은 농부가 아니다. 오히려 그는 그의 일을 충실하게 감당하지 못하고 많은 씨를 낭비한 보잘것없는 인물이다. 이 이야기를 하는 사람의 관심은 여러 종류의 땅(길 가, 돌밭, 가시밭, 그리고 옥토)에 있다.[23]

씨뿌리는 일의 성공 여부는 땅, 즉 듣는 자의 반응에 의해 결정된다. 마가복음 4장 13-20절에 주어진 설명—씨는 말씀을, 좋은 땅은 말씀을 받는 자—이 예수의 이야기를 직접적이고 정확하게 반영하고 있

---

[23] 대조적으로 에스라에서는 주역이 농부 즉 하나님이다. 씨앗의 운명은 그의 행동에 달려있다: 다시 말해 제 시간에 알맞은 양의 물을 주느냐에 달려있다. IV Ezra 8:42-45를 참고하라.

다. 종종 주장된 대로 만일 현재 헬라어 어휘에 대한 설명이 초대교회의 산물이라면 랍비 문학의 유사한 비유에서 아주 초기에 교회와 상관없이 비유가 만들어졌을 가능성을 부인할 수 없게 된다.[24]

(2) 몰래 자라는 씨앗의 비유

몰래 자라는 씨앗의 비유, 즉 첫 번째 천국에 관한 비유는(막 4:26-29) 이삭과 농부의 행동을 비교한다. 한 번 씨를 뿌리면 그 씨는 이삭이 열릴 추수 때까지 농부의 수고 없이 저절로 자란다. 이 메시지는 예수의 선교 핵심이라고 할 수 있는 천국의 도래를 위한 준비과정에 있어서 사역자는 일단 자기의 책임을 다했으면 하나님께서 인도하시는 신비의 길로 그 일이 되도록 하여야 함을 강조하는 듯하다. 이처럼 씨앗이 보이지 않게 자라는 것이라는 이해는 예수가 정치적 열심당원들을 대적하고 있다는 예레미아스(J. Jeremias, *Parables*, 152)의 역사적 해석보다 훨씬 더 문맥이나 상황에 맞는다고 본다.

---

[24] 씨뿌리는 비유(마 13:36)에 걸맞는 "설명하다"(diasaphein)라는 단어의 사용은 이와 같은 해석학적 현상을 창세기 40:8의 꿈 해몽뿐 아니라 본문의 감추인 뜻을 찾아내는 데 목적을 두었던 쿰란의 성경 주석 양식인 페셔와도 관련이 있다. 에세네파의 비밀스러운 구조에서는 성경을 바로 이해하기 위해서 그와 같은 주해가 불가피하다고 믿었다.

(3) 무화과 이야기

거의 정반대의 견해가 무화과의 이야기에 나타난다. 잎사귀의 무성함은 여름이 다가옴을 알려주는데 아모스 8장 2절에서와 같은 여름(*qaiz*=종말, *qez*)이라는 말장난이 의도되었는지는 확실히 알 수 없다. 그런데도 여름이 천국(눅 21:31) 혹은 메시야(막 13:29; 마 24:33)의 임박한 도래를 상징하는 추수의 때가 가까웠음을 암시하는 것은 분명하다. 그러므로 우리는 이 비유에서 종말을 예고하는 표적을 찾아야 하는데, 이는 예수가 별로 좋아하지 않던 것이므로 이 비유의 정통성에 의심이 간다.[25]

---

25) 표적을 좋아하지 않은 예수에 관해서는 마가복음 8:12과 누가복음 17:20을 참고하라. 잎이 무성했지만 열매가 없어 허기진 예수를 만족시켜 줄 수 없었던 무화과나무에 관련된 말씀이 마태복음에서는 일리가 있지만(21:18f.), 철이 아니었다고 한 마가복음에서는(11:12-14) 정당한 요구로 보이지 않는다. 나무를 저주한 마가의 이야기는 bTaan,24a의 한 핫가다와 비교되어야 한다. 요세라는 랍비가 그의 일꾼들에게 음식을 가져다주지 못하자 그의 아들이 배고픈 일꾼들을 위해서 열매를 맺으라고 무화과나무에게 명령했다. 음식을 구하느라 늦게 돌아온 아버지가 아들이 한 일을 알았을 때 그는 "나의 아들아, 네가 익지도 않은 열매를 맺도록 창조주를 졸랐구나. 너도 때가 되기 전에 불려갈지어다"라고 아들을 저주했다.

(4) 겨자씨의 비유

아주 작은 씨앗임에도 불구하고 나중에 새들이 깃들 만큼 크게 성장하는 겨자씨의 놀라운 성장은 천국 비유의 훌륭한 근거를 제공한다(막 4:30-32; 마 13:31-32; 눅 13:18-19). 이 이야기는 잘 알려져 있던 것을 비유로 사용했는데 겨자씨는 피의 가장 작은 양을 상징한다(yBer.5,8d; bBer.31a). 갈릴리 출신 랍비 시몬 벤 할라프타(Simeon ben Halafta: 2세기 후반)는 자신이 무화과나무만큼이나 큰 겨자나무에 올라갔었다고 주장했다(yPe'ah 7,20b).

(5) 가라지의 비유

농사와 관련된 마지막 비유인 가라지의 비유는(마 13:24-30) 좋은 씨를 심은 농부의 비유의 수정판으로, 그의 일꾼들이 자는 동안에 원수가 와서 가라지를 심었다는 내용이다. 가라지의 제거는 추수의 때까지 기다려야 했고 일꾼들은 범죄를 막지 못했다는 책망을 듣지 않았다. 그들의 일은 끝에 좋은 것과 나쁜 것을 구분하여 잡초들을 불에 태우는 것이다. 이 비유의 메시지는 인내와 시간에 맞지 않는 행동의 자제이다. 왜냐하면 궁극적으로는 모든 것들이 다 가려질 것이기 때문이다.

우화적인 설명과 함께 묵시적인 해석(씨뿌리는 자=인자, 원수=사탄, 추수=마지막 때, 거두는 자=천사, 좋은 씨=천국의 자녀들, 가라지=사탄의 아들들)을 마태는 제공한다(13:36-43). 이 비유 자체가 원래 선과 악의 공존에 대한 설명과 그 문제의 해결을 하나님께 맡기라는 권면이기 때문에 종말론적 입장에서 첫 번째 복음서 저자가 설명을 부연한 것이나 "천국의 아들들", "인자의 천국", "아버지의 천국"을 부적절하게 사용한 것은 후대에 편집자가 이 비유에 미숙하게 덧붙인 것으로 보인다.

(6) 잃어버린 양의 비유

농사 이외에도 갈릴리 지방의 생활은 목자 및 어부의 일과 깊은 관련이 있다. 전자는 목자가 잃어버린 한 마리의 양을 찾기 위해 나머지 아흔아홉 마리의 양을 산이나(마태) 들에 두고(누가) 떠나는 비유(마 18:12-14; 눅 15:3-7)의 배경에서 찾아볼 수 있다. 잃어버린 양을 찾고 그는 굉장히 기뻐한다.

여러 마리의 짐승을 책임지고 있는 사람이 위험에 처한 한 마리를 구원하기 위해 무리지어 있는 떼를 두고 간다는 생각은, 짐을 실은 열두 마리의 짐승을 모는 포도주 상인에 관한 창세기 라바(Genesis Rabbah, 86:4)에 나오는 아모라인 비유(Amoraic Parable)에서도 엿볼 수 있다. 이들 중 한 마리가 이방인의 땅에 들어가서 포도주가 부정하게 될 처지에 놓였다. 그러자 유대인 상인은 아무도 몰래 그 짐을 가져갈 수 없는 사람들이 많이 모인 광장에 열한 마리를 두고 한 마리를 찾아 떠난다.

미드라시에서는 창세기 39장 2절, "여호와께서 요셉과 함께 하시니라"는 말씀, 즉 나머지 열한 형제는 야곱의 집에 안전하게 있는 동안에 어리고 외로운 그는 하나님의 보호하심이 필요했다는 말씀에 대한 상징적인 해석으로 이 이야기를 소개했다.

두 복음서 저자가 각기 다른 교훈을 이 비유에서 유출해 내지만 복음서의 이야기는 훨씬 더 극적이다. 누가복음에서 예수는 한 사람의 회개한 죄인이 천국에서는 아흔아홉 명의 의인보다 더 큰 기쁨을 갖게 한다고 주장하는 반면, 마태복음에서는 지극히 작은 자 중의 하나도 망하지 않게 하려는 하나님 아버지의 사려깊음을 강조한다. 예수의 사상은 일반적인 것이지만 누가복음의 결론은 너무 막연하다. 잃어버린 자의 이야기에서 아무런 의문이나 흐트러짐이 없이 양은 우리로 다시 돌아온다. 마태의 메시지는 비유를 통해 문제를 제기하는데 결과적으로 누가복음보다는 더 정통성이 있어 보인다.[26]

(7) 물고기의 비유

갈릴리 시골에 관한 비유 중 마지막 비유는 어부들의 경험에서 유래된 것이다. 마태복음 13장 47-50절에 보면 그물을 바다에 던져 모든 종류의 고기를 끌어올린 후에 먹을 수 없는 고기는 걸러서 다시 바다에 던져야 한다. 이 비유의 교훈은 종말론적이다. 하나님의 나라가 실

---

[26] 예수와 그의 사도들의 "이스라엘의 잃어버린 양"에 대한 우선적인 그리고 심지어는 광범위한 관심은 유대-기독교의 설교에 아주 강하게 나타난다(마10:6; 15:24). 초기 이방인 교회의 필요를 충족시켜 주기 위한 교훈으로는 전혀 맞지 않는다는 사실이 정통성과 신빙성을 위한 유리한 논증으로 크게 작용한다.

제로 세워지는 날, 즉 심판날에 천사들이 의인을 구별하고 악인들은 용광로 불속에 던져질 것이다.

여기에서도 결론은 가라지 비유(마 13:30, 41)의 변질 때문에 혼유(混喩: mixed metaphor)를 조성한다. 하지만 이 이야기의 목적이 당시에 요구되던 종교적인 자세를 설명하기 위한 것이라면 천국을 위한 일꾼들을 불러 모으는 데 있어 예수의 참된 의도는 그물을 던져 좋은 고기를 건지도록 격려하는 것이다. 천사에게 맡겨진 의인과 악인의 영원한 운명은 이 이야기에 첨가된 후대의 것으로 보아야 한다.[27]

2) 일상생활의 사건에 근거한 비유

비유들의 두 번째 부류는 1세기 팔레스타인 지방의 일상생활의 다양한 측면들로 장식되어 있다.

(8) 건축자의 비유

마태복음과 누가복음에 공통으로 나타난 기록부터 시작하자면 우선 지혜로운 건축자와 어리석은 건축자에 관한 비유가 있다(마 7:24-27;

---

27) 예수가 고기잡는 현장에서(눅 5:10) 사용했다는 "사람 낚는 어부"(막 1:17; 마 4:19)라는 어구는 같은 긍정적인 형상을 보인다. 대조적으로 예레미야 16:16의 성경 모델의 경우와 마찬가지로 쿰란의 감사 찬송(1QH 5.7)에 나오는 어부와 사냥꾼의 목표는 "죄악의 아들들"을 잡는 것이다.

눅 6:47-49). 전자는 집의 기초를 반석 위에 두었고 후자는 모래 위에나 (마태), 혹은 기초를 전혀 놓지 않고 집을 지었다(누가). 처음 집은 폭풍과 창수를 견디지만 두 번째 집은 무너진다. 이 두 건축자는 완전히 헌신한 제자와 피상적으로만 헌신한 제자를 가리키는데 한 사람은 배우면서 배운 대로 행하는 자이고, 다른 한 사람은 듣기만 했던 자이다.

이와 같은 건축의 비유는 상당히 일반적이었다. 쿰란의 감사 송영에 반석 위에 세운 기초(*1 QH* 6.26)나 반석 위에 세운 집에 관해 언급했고(7:8), 후에 이단이 된 2세기 초의 타나이틱 랍비인 엘리사 벤 아부야(Elisha ben Abuyah)도 예수의 비유와 비슷한 말을 했다.

"토라를 많이 공부한 선행이 있는 사람을 무엇에 비유할까? 돌을 먼저 깔고 그 위에 벽돌을 쌓은 사람에 비유할 것이다. 창수가 나도 무너지지 아니하리라…"(ARNa, 24, p.77).

예수가 그와 같은 상투적인 표현을 도입했을 가능성은 의심할 이유가 없고, 종교적 행위의 엄청난 중요성에 관해 그렇게 강조했으리라는 데는 의심의 여지가 없다.[28]

---

28) 반석 위에 지은 집의 형상 대신에 태풍 속에서도 견딜 수 있는 강한 뿌리를 가진 나무의 형상으로 대치된 은유적인 교훈이 1세기 후반 랍비 엘리에셀 벤 아자리아의 이름으로 전승되었다. 첫 문단은 이렇게 시작한다. "일이 그의 지혜보다 우월한 사람을 무엇에 비유할까?" mAb. 3.18를 참고하라. 같은 교리가 하니나 벤 도사에 의해서도 소

(9) 마태복음 11장 16-19절의 비유

친구들의 놀이를 망치는 광장의 어린아이들에 관한 비유는 천국에 들어갈 것을 종용하는, 때로는 강경하고 때로는 부드러운 호소에 대해 아무런 반응도 보이지 않던 당시 사람들의 무반응을 묘사한다(마 11:16-19; 눅 7:31-35). 세례 요한과 예수의 설교에 대한 역사적 적용이 명시되었다.

> "요한이 와서 먹지도 않고 마시지도 아니하매 그들이 말하기를 귀신이 들렸다 하더니 인자는 와서 먹고 마시매 말하기를 보라 먹기를 탐하고 포도주를 즐기는 사람이요 세리와 죄인의 친구로다 하니"(마 11:18-19).[29]

(10) 쫓겨난 귀신의 비유

쫓겨난 귀신이 사막에서 두루 다니다가 원래의 장소로 다시 돌아온 사건은 예수와 같이 귀신을 쫓아내는 사람들에게서 쉽게 볼 수 있는 생각인데, 당시 매우 불편한 곳에서 거주하던 그에게는 매우 매력적

개되었다. "행위가 지혜보다 앞서는 자에게는 그의 지혜가 계속되리라"(mAb.3.9; *ARNB* 32 (p.35)).

29) J. Jeremias(*Parables*, 161f)는 전혀 다른 메시지를 발견한 듯하다. 그에게는 피리를 불고 울며 친구들에게 함께할 것을 권한 어린아이들이 "거만하고 독선적인" 아이들로 보였다. 그와 같은 해석은 요점을 놓치고 이 비유의 논리를 왜곡시킨다.

이었다고 볼 수 있는 모습으로(마 12:43-45; 눅 11:24-26) 청결치 못한 거주인이 이사를 간 후 깨끗하게 청소된 집을 비유로 들었다. 귀신들렸던 사람을 향한 이 비유에 내포된 교훈은 항상 문을 단단히 잠가두라는 것이다.30)

(11) 누룩의 비유

부엌으로 옮겨가서, 누룩의 비유에서 누룩은 천국(하나님의 나라)을 세우는 일이 이루어질 때 나타나는 은밀한 변화를 상징한다(마 13:33; 눅 13:20). 이 비유의 교훈은 몰래 자라는 씨(막 4:26-29)와 겨자씨의 비유(막 4:30-32; 마 13:31)를 연상시킨다. 이와 같은 천국의 조용한 도래는 마태복음 11장 12절과 누가복음 16장 16절에 나타난 천국을 침노하는 사상과 좋은 대조를 이룬다.31)

---

30) 광야는 악령의 집이다. 사라의 악령은 북이집트의 사막 지방으로 쫓겨났고(Tob.8.3), 아사셀은 두다엘에 있는 사막으로 쫓겨났다(1Enoch 10.4). 마귀가 계속해서 싸우게 만들어서 같은 지붕 아래 있으면서도 계속 싸우는 두 사람을 진정시키기 위해서 랍비 마이어는 후자(後者)를 그의 집에서 쫓아내었다(*bGit*.52a). 요세푸스는 솔로몬이 마귀에게 다시 돌아오지 말라고 명령함으로 마술을 행했다고 전한다(*Ant*. viii.45).

31) 누룩의 비유는 깊이 뿌리를 내린 악과 죄의 성향을 의미할 수도 있다. 마가복음 8:15, 마태복음 16:6, 누가복음 12:1에 보면 예수의 제자들은 바리새인들과 헤롯당원(마가복음), 바리새인과 사두개인(마태복

(12) 잃어버린 드라크마의 비유

잃어버린 양의 비유와 같은 내용을 다룬 가정적인 비유는 잃어버린 드라크마의 비유인데, 주인 여자는 잃어버린 동전을 찾기 위해 등불을 밝히고 온 집안을 청소한다(눅 15:8-10). 이 이야기에서 찾아볼 수 있는 교훈은 지극히 작은 동전이라도 매우 소중해서 반드시 다시 찾아야 한다는 것이다. 잃어버린 양의 비유에서와 마찬가지로 누가는 비유의 요점을 놓친 채 회개한 한 죄인으로 인한 천사들의 기쁨에 관해 언급했다.

3) 사회적인 비유

복음서에 나타난 많은 비유가 지주와 소작인, 주인과 하인, 아버지와 아들, 부자와 가난한 자 등 당시 팔레스타인의 사회적 관계를 다루고 있고, 감추인 보물의 발견과 도둑, 밤중에 문지기가 깨어 있어야 할 필요성 등을 다룬 비유들도 있다. 사마리아인이나 바리새인과 세리에 관한 비유들도 이 부류에 속한다.

음), 혹은 바리새인(누가복음)의 누룩을 조심하라는 경고를 받았다. yAZ 2,41a에 의하면 회심한 이방인 점술가에게 남아 있던 누룩이 그를 원래의 이교로 환원시켰다. 고린도전서 5:7에 보면 바울은 교인들에게 누룩 없는 자, 즉 부패의 옛 누룩을 벗어버린 자가 되라고 했다.

(13) 어리석은 부자에 관한 비유

풍성하게 수확한 것을 쌓아두기 위해 곳간을 지어놓고 안전한 미래에 대해 묵상하는 어리석은 부자에 관한 비유는 죽음의 형태로 나타난 묵시적 종말의 갑작스런 도래를 예견한다(눅 12:13-21). 복음서 저자는 이 이야기의 서론으로 탐욕을 정죄하고(15절), 부요함과 종교적 관용을 대조시킴으로 결론을 짓는다. 하지만 예수의 사상에서 흔히 볼 수 있는 대로 내면에 깔려 있는 교훈은 종말론적 시대에 미래를 계획하는 것의 근본적인 부적당함이다.[32]

(14) 악한 종에 관한 비유

포도원과 일꾼들에 관한 세 비유 중 하나인 악한 종에 관한 비유는 (막 12:1-12; 마 21:33-46; 눅 20:9-19) 나머지 둘과는 전혀 색다른 특색이 있다. 포도원은 이사야 5장 2절에서 인용한 어구로 묘사를 했고, 결론은 다른 랍비들의 비유처럼 성경을 인용하여(시 118:22) 내렸다. 전형적인 반-유대적 원문인 시편 118편 22절은 (행 4:11; 벧전 2:7을 참고하라) 아

---

32) 마태복음 6:34—내일 일을 위하여 염려하지 말라. 누가복음 17:20—하나님의 나라는 볼 수 있게 임하는 것이 아니요. 비종말론적인 랍비의 교훈도 같은 사상을 반영한다. "내일의 문제를 인하여 염려하지 말라. 이는 그날이 무엇을 가져다 줄지 알지 못함이니라. 내일 너는 더 이상 존재하지 않을 수도 있으니 너의 것이 아닌 그날을 위해 왜 염려하겠느냐"(bSanh.100b).

주 생소한 인용이기도 하거니와 이 비유와는 아무런 상관도 없다.

이방인-기독교 우화로 보이는 이 비유에서 포도원의 종들은(이스라엘의 지도자들) 부재중인 땅 주인에게(하나님) 세를 내는 대신에, 세금을 거두어 오도록 파송된 메신저들을(선지자들) 구타하거나 죽이고 마침내는 주인의 아들(예수)까지 살해한다. 하지만 마지막에는 그들 자신이 죽임을 당하게 되고 포도원은 다른 사람에게 세로 주어진다(이방교회). 간단히 말해 현재의 모습으로 구성한 것은 교회이지 예수 자신이었다고 볼 수 없다.[33]

(15) 두 아들의 비유

포도원에 가서 일하라고 보냄을 받은 두 아들의 비유(마 21:28-32)는 회개의 덕을 높인다. 처음에는 거절하지만 나중에는 순종하는 아들이, 처음에는 동의했지만 말을 실천으로 옮기지 않는 다른 아들보다 더 높이 평가되었다. 요한의 세례로의 청함을 받아들인 회개한 세리들이나 창기들과 청함을 받아들이지 않고 스스로를 의롭게 생각한 자

---

33) 그와 같은 유혈의 종국에 관한 주제는 왕의 결혼식에 대한(마 22:7) 마태의 기록에(누가의 기록에는 없고) 소개되었다. 아들 때문에 모두를 저버리기 전에 무익한 종들, 심지어는 더 무익한 아이들에게도 땅을 임대하는 왕에 관한 비유도(신명기 32:9에 대한 Sifre, 312) 복음서 이야기에 나오는 같은 요소들을 사용하지만 전혀 다른 목적으로 사용한다.

들(눅 7:29-30에 의하면 바리새인들과 율법교사들)에게 적용시킨 것은 이 비유의 요지와 상충된다. 따라서 후세에 첨가된 것이 분명하다.

(16) 포도원 품꾼들의 비유

포도원 품꾼들의 비유는(마 20:1-16) 천국을 위해 일하는 모든 자에게 주인이 주기로 한 한 데나리온, 즉 보상의 균등성을 강조한다. 그는 먼저 고용된 사람들뿐만 아니라 나중에 고용된 사람들에게도 약속했던 임금을 똑같이 지불했다. 중요한 교훈은 격려와 용기를 주는 것으로서 그 일에 동참하는 데는 너무 늦었다고 생각할 필요가 없다는 것이다. 반대로, 이 비유의 대상이었다고 여겨지는 오래된 제자들의 경우에 있어서는 시기와 질투가 경고되었다.[34]

비슷한 이야기가 팔레스타인의 탈무드인 yBer 2,5c에도 나와 있다 (Jeremias, Parables, 138f를 참고하라). 랍비 자이라(Zeira)는 랍비 번 바 히야(Bun bar Hiyya)의 장례 설교를 "노동자의 잠이 달콤함이여"(전 5:12)라고 시작을 해서 많은 일꾼을 고용한 왕의 비유로 발전을 시킨다. 그 중 하나는 굉장히 신속하고 부지런했는데 이를 지켜본 왕은 나머지 시간 동안 동료들과 함께 있게 한 후 다른 사람과 똑같은 임금을 주었다. 그는 겨우 두 시간밖에 일하지 않았지만 다른 일꾼들이 불평을 하자 왕

---

[34] 즉 마지막 잔치 때의 최고의 자리를 원했던 야고보와 요한 사도의 야심만만한 요구를 참고하라(막 10:35-37, 40, 눅 14:7-11).

은 그들에게 불공평할 것이 없으니 그는 다른 사람들이 하루종일 했어야 할 일을 두 시간 동안에 다 했기 때문이라고 말했다. 자이라 랍비는 결론 내리기를 이처럼 랍비 번도 28년이라는 짧은 세월 동안에 다른 부지런한 학생들이 100세가 되도록 한 것보다 더 많은 토라를 실천에 옮겼다고 했다. 이 두 이야기 모두 특정한 편견을 보여주는데 예수의 가르침에는 하나님의 자비하심이, 탈무드 이야기에서는 토라의 실천이 강조되었다.

(17) 악한 종의 비유

예수님에게 친숙한 시골 배경으로부터 이동된 악한 종의 비유(마 18:23-35)는 예레미아스가 정확하게 관찰한 대로 왕이 그의 백성을 처벌하는 방식이 유대인들의 관습과는 다른 것으로 보아 이방 수도의 어느 왕실 법정을 배경으로 하고 있다. 주제는 빚의 탕감이다. 고급관리(세금을 내는 소작인 혹은 지역관리 책임자?)인 그는 왕에게 진 많은 빚(일만 달란트 혹은 육백만 데나리온)을 갚을 수가 없어서 시간을 좀 더 달라고 간청을 했다. 엄한 왕은 뜻하지 않게도 자비를 베풀어서 그의 모든 빚을 탕감해주었다. 그러나 이 관리는 그 자비를 통해 배운 것도 없이 자기에게 일백 데나리온 빚진 친구의 간청을 거절했다. 용서의 주제가 예수의 교훈 요지이기는 하지만 이 이야기의 세부적인 내용 중에

는 예수의 사고방식에 맞지 않는 것들이 많이 있다.[35]

(18) 빚을 탕감해 주는 이야기 비유

같은 메시지가 오백 데나리온과 오십 데나리온의 빚을 탕감해 준 채주의 비유에도 나타나 있다. 여기서는 이야기가 한 채무자의 감사한 마음에 중점을 두었는데 이는 예수의 발에 기름을 부었던 마을 창기를 상징한다(눅 7:36-50).

(19) 달란트의 비유

두 개의 수정본을 통해 전승된 달란트의 비유도 일상적인 예수의 사상과는 생소한 부분들을 많이 포함하고 있다. 여행을 떠나기 전에 부자는 그의 재산을 하인들에게 맡기고 장사를 잘해서 재산을 늘리도록 부탁을 하였다. 마태복음 25장 14-28절에 보면 그들의 능력에 따라 재산을 분배해 주었는데, 누가복음 19장 12-26절에 보면 모두 다 한 므나씩을 받았다. 두 이야기 모두 재산을 늘린 영특한 하인들과 돈을 땅에 묻어둔 소심한 사람에 관해 언급했다. 전자는 칭찬을 받고 후자는 정죄함을 받는다. 이 비유의 원래 의도였던 것으로 보이는 바에

---

35) 누가복음은 죄의 용서를 하나님께 구하며 우리에게 빚진 자들에게 용서를 제공한 반면(눅 11:4), 마태복음 6:12에 있는 주기도문은 빚의 탕감을 요청하며 다른 사람의 빚을 탕감해 줄 것을 약속한다. 마가복음 11:25; 마태복음 6:14을 참고하라.

의하면, 강조된 교훈은 천국을 세우는 일을 하면서 두려움 없고 계산적이 아닌 절대적인 노력이 필요하다는 것이다. 모험에 대한 강조는 감추인 보물과 값비싼 진주의 비유에서도 찾아볼 수 있다.

(20) 옳지 않은 청지기의 비유

옳지 않은 청지기의 비유는(눅 16:1-9) 이 세대의 아들들의 지혜가 빛의 자녀들과는 반대되는 모델로 소개됨으로써 부정적인 면에서 주는 교훈이 있다.[36]

(21) 주인과 임금의 비유

주인과 임금의 비유도 마찬가지로 세상의 지혜에 의해 영감을 받았는데, 주인은 그의 포도원에 망대를 지을 재력이 있는지 먼저 계산을 해 보아야 하고 왕은 더 강한 적군과 싸워 이길 승산이 있는지 계산을 해 보아야 한다(눅 14:28-32). 이 두 경우 모두 예수의 종말론적 소용돌이의 시대보다는 초대교회의 안정되고 체계가 잡힌 상황에 걸맞다.

(22) 하인의 보상에 관한 비유

예수의 사상과는 맞지 않아 보이는 하인의 보상에 관한 비유는 계

---

36) 나중의 어구와 "불의한 재물"에 대한 이전의 언급은 "빛의 자녀"와 "악의 부"에 관한 격언들과 쿰란의 관련에 관심을 갖게 한다(CD 6.15; 8.5; 19.17).

급의 구분을 유지하는 데 민감한 농부(하나님)를 소개한다. 농부이면서 동시에 목자이고 요리사인 그의 유일한 하인은 긴 하루의 일과에서 돌아오자마자 자기가 먹기 전에 우선 주인의 저녁을 준비해야 한다(주인은 이로 인해 감사하는 마음도 없다). 이 이야기의 목적은 제자들에게 그들의 낮은 신분을 상기시키는 것이다. 이 비유는 충성스러운 종들을 그들의 식탁에서 시중을 든 주인에게 감사하는 마음을 보여주는 예수님의 비유(눅 12:37)를 부정적으로 개정한 것으로 보인다. 1세기 팔레스타인의 생활에 속하는 이 두 희귀한 사건들은 모두 예수 교리의 특징을 보여주는 모습을 제공한다.

(23) 감추인 보물의 비유

감추인 보물의 비유에서(마 13:44) 예수는 하나님 나라를 모든 소유를 팔아 사야 할 보물이 감추인 밭에 비교했다. 물론 계약서에는 그 밭에 있는 모든 것을 다 포함한다는 조항이 있어야 한다(mBB 4.9).

(24) 값비싼 진주를 찾아다니는 비유

마찬가지로 값비싼 진주를 찾아다니는 비유도(마 13:45) 값나가는 진품을 사기 위해 그의 모든 재산을 파는 상인을 묘사한다. 이 두 비유의 교훈은 하나님 나라의 일을 위한 절대적이고 전체적인 희생과 양보이다. 이 두 비유의 주요 차이점은 첫 번째는 그 발견이 우연적이지만,

두 번째의 경우는 의도적인 수색의 결과라는 것이다.[37]

(25) 현명한 집주인에 관한 비유

그 곳간에서 새것과 옛것을 모두 꺼내어 사용할 줄 아는 현명한 집주인에 관한 간단한 비유는 천국을 위해 훈련된 전형적인 마태복음의 서기관, 즉 모든 시대의 전통적인 성경해석에 능통한 서기관을 묘사하고 있다(마 13:51). 이미 전 장에서 살펴본 대로 이 비유는 예수가 한 말이 아닌 것 같다.

(26) 도둑에 관한 비유

알 수 없는 때에 집에 침입할 도둑과 그로 인해 주인이 항상 가져야 할 경계심에 관한 비유(마 24:43; 눅 12:39)는 부정적이지만 적절한 대조를 이룬다. 초대교회에 의해 그리스도의 재림이나 왕국에 관한 문맥에서 재해석되기 전 이 말의 원래 의미는 천국의 갑작스러운 도래에 관한 것이었다.

(27) 밤중에 찾아온 친구의 비유

집에 먹을 것도 없는데 밤중에 갑자기 찾아온 예기치 않은 손님에

---

[37] 감추인 보배의 민속적인 주제는 64군데의 감추인 장소를 소개한 쿰란 카퍼 문서(Qumran Copper Scroll: 3Q15)를 통해 예증될 수 있다. *DSSE* 308-10; *HJP* 467-9를 참고하라.

관한 비유에서, 음식을 빌려야 할 절박한 상황에 처한 집주인은 잠자리에서 일어나 세 덩이의 떡을 빌려주어야 하는 친구에게 큰 폐를 끼치게 된다(눅 11:5-8). 과장법 형태의 이 비유에 함축된 교훈은 어린아이와 같은 완강함이 하나님도 설복시켜 그가 필요한 것을 주시게 할 수 있다는 것이다.

예수가 제자들에게 권장한 이와 같은 태도는 주전 1세기경 카리스마적인 호니(Honi)와 같이 잘 알려졌던 거룩한 사람들의 경우에만 랍비들에 의해 인정되었다. 호니는 그가 기도했던 비가 내리기 전까지는 흙에 자기가 그려놓은 원 안에서 나오지 않겠다고 하나님을 위협했었다. 그래서 그는 자기가 원하는 것을 얻을 때까지 끝까지 아버지를 조르는 아들로 묘사되었다(mTaan.3.8). 결국 "뻔뻔스러움(*huzpa*)은 천국을 통해서도 역사한다"는 후기 탈무드의 격언을 만들어 내게 되었다(bSanh.105a).[38] 유대인의 사회적, 종교적 생활을 풍자하거나 반영하는 다음의 네 비유는 누가복음에만 보전되어 있다.

(28) 바리새인과 세리의 비유

바리새인과 세리의 비유(눅 18:9-14)는 한 편은 예수의 경건을 따르라

---

38) 이 비유의 주역을 누가복음 16:1-9의 옳지 않는 청지기처럼 비도덕적인 개인으로 묘사한 것은(E. P. Sanders and Margaret Davies, *Studying the Synoptic Gospels* [1989], 289를 참고하라) 여기에 대한 나의 개인적인 입장만은 아니다.

고, 다른 한 편은 그 반대 입장을 취하는 두 종류의 종교적 태도를 명쾌하게 비교한다. 바리새인과 세리 이 둘 중 첫 번째 부류인 바리새인이 원래 이 이야기의 중심인물이었는가 하는 것은 거의 의미가 없다. 바리새인이란 자만심 있고 헛되고 과장된 사람을 대표해서 후대 사람들이 만들어 냈을 수도 있고, 갈릴리 지방에 바리새인들이 많이 들어오기 이전에 좋지 않은 의미에서 전형적인 바리새인 유형의 사람이 있었을 수도 있다. 세리의 경우는 예수의 사상 중에 종종 주요 인물로 소개되곤 한다. 이 두 인물이 예루살렘 성전에서 기도하는 모습을 예수께서 묘사했는데, 바리새인은 자신의 의를 내세워 자신을 과시할 뿐만 아니라 자신을 세리와 비교하여 세리나 다른 사람들처럼 탐욕스럽고 음란하고 불의하지 않은 것을 감사함으로 헛된 영광을 늘어놓는다. 그의 자랑은 "불쌍히 여기소서 나는 죄인이로소이다"라는 세리의 기도와 대조를 이룬다. 회개의 절대성을 강조하는 이 비유는 "누구든지 자기를 높이는 자는 낮아지고 누구든지 자기를 낮추는 자는 높아지리라"(마 18:4; 23:12; 눅 14:11)는 이미 잘 알려진 말씀의 좋은 예가 된다.39)

---

39) 누가복음에 나오는 바리새인의 기도는 "생명에서 취한 것"이며 당시 탈무드안의 유사한 이야기에 있는 해설과 함께 소개되었다는 예레미야스의 주장은(*Parables*, 142f.) 그대로 받아들이기 어렵다. 누가복음 18:11에서는 자만심이 흘러나오고 있지만 bBer.28b에 있는 랍비 네후냐 벤 하카나가 했다고 하는 기록은 감사와 겸손으로 가득 차 있기

(29) 선한 사마리아 사람의 비유

선한 사마리아 사람의 비유(눅 10:29-37)는 본문에서 첫째 되고 가장 큰 계명에 대해서 가르치시는 중에(막 12:28-31; 마 22:34-40; 눅 10:25-28. 참고: *Jesus and the Law*, 42) "이웃"이라는 개념에 대한 해석적인 설명으로 본문에서 소개되었다. 그러나 사실 그 연관은 너무 피상적이다. 만일 "이웃을 네 자신과 같이 사랑하라"는 계명이 우리에게 친절한 사람에게만 적용되는 것이라면, 무관심한 친절(참고: *Jesus and the Law*, p.37)에 대한 예수의 강조는 의미가 없다. 이 이야기는 제사장들과 레위인들을 공격하기 위한 비유라는 가장 최근의 샌더스나 마가렛 데이비스(Margaret Davies: *Studying*, 181f)의 주장도 적절한 설명이라고 보기 어렵다.

복음서는 예수가 별로 접촉이 없었던 레위인이나 제사장들에 대해 특별히 적대 감정을 가지고 있었다든지 사마리아 사람들에게 특별히 애착을 가지고 있었다는(마 10:5) 확실한 증거를 제시한 적이 없다. 대조적으로 누가는 그들을 예수님과 상관이 있었던 외국인들로 소개하면서 그들에게 특별한 관심을 보이는 듯하다(눅 17:11-19).

때문이다. 같은 말을 예레미아스가 인용한 쿰란의 감사 찬송(Qumran Thanksgiving Hymn, 1QH 7.34)에도 적용이 된다. 의로운 자에게 임하는 복과 악인에게 임하는 수치 사이의 이원론은 시편 1편에서 시작해서 성경의 시가서에서 자주 볼 수 있는 것이다.

이 비유를 액면 그대로 보면, 기본적인 교훈은 강도를 만나 거의 죽게 된 여행객을 향한 사랑과 동정이 종교적인 지도자들— 그럴듯한 이유를 가지고 그로부터 거리를 유지했지만 크게 실수를 범한—이 아닌 전혀 예상하지 못했던 사마리아 사람에게서 나왔다는 데 있다.[40] 일반적으로는 적대감을 가지고 있을 것으로 보이는 그가 이 세상을 떠받치고 있다고 믿었던 세 기둥 중 하나인(mAb.12) 사랑의 구제 행위의 주역이었다. 전체적으로 이 비유의 구조는 지금까지 살펴본 다른 비유들과 매우 다르므로 정통성에 의심할 만하다. 어쩌면 이것은 원수를 사랑하라는 예수의 계명을 뒷받침하는 기독교의 미드라시일지도 모른다.

---

[40] 선한 사마리아 사람의 개념은 역대하 28:15에서 빌려온 것일 수 있다. 이스라엘 왕 르말리야의 아들 베가에 의해서 사마리아로 잡혀간 유대 전쟁포로들은 선지자 오뎃의 간섭으로 석방되어 특정한 사마리아 사람들이 돌보게 되었다. "이 위에 이름이 기록된 자들이 일어나서 포로를 맞고 노략하여 온 것 중에서 옷을 가져다가 벗은 자들에게 입히며 신을 신기며 먹이고 마시게 하며 기름을 바르고 그 약한 자들은 모두 나귀에 태워 데리고 종려나무 성 여리고에 이르러 그의 형제에게 돌려 준 후에 사마리아로 돌아갔더라." 예루살렘을 향하던 레위인과 제사장이 죽었다고 생각되는 사람과의 접촉을 피한 이유는 성전에서의 그들의 의무를 수행할 자격을 박탈당할 수 있었기 때문이었으리라.

(30) 탕자의 비유

　탕자의 비유는 두 막으로 된 잘 알려진 회개와 용서의 이야기이다(눅 15:11-32). 우선 첫 번째 막이자 가장 중요한 부분에서 아버지의 생전에 그의 몫을 가지고 여행을 떠나 창기들과 모두 탕진한 무책임한 둘째 아들의 이야기를 다룬다. 동전 한 닢 없이 굶주리면서 그는 뼈저리게 후회한다. 그리고 돌아와서 아버지의 용서를 구하고, 아버지는 사랑으로 그를 받아들인다. 이 비유의 두 번째 막은 잘못한 아들에 대한 아버지의 호의와 쉽게 그를 용서한 아버지를 못마땅하게 생각해서 불평하는 큰아들에 관한 이야기이다. 그는 자기 몫의 유산에는 문제가 없고 다만 잃어버린 아들을 찾음으로 인해 기뻐하는 것임을 재확인한다. 간단히 이 비유의 모든 도덕적인 요소는 예수의 교훈 중 가장 큰 비중을 차지하는 회개(테슈바; *teshuvah*)를 비롯해서 예수의 가르침과 일치한다. 그런데도 비유를 전반적으로 볼 때 기존의 도덕 관념을 지지하고 큰 아들의 태도를 비난하지 않은 것은 전형적인 그의 스타일이라고 보기 어렵다.[41]

---

41) 비슷한 비유가 신명기 4:30에 대한 Deut. R. 2.3에 주후 2세기 중반경의 사람인 랍비 마이어의 이름으로 전승되었다. 고난 중에 있을 때… 너희 하나님 주님께 돌아올 것이다(또 다른 회개의 동기). 이를 무엇에 비길까? 악한 길로 들어선 왕의 아들에 비길 수 있을 것이다. 왕은 그에게 돌아오도록 권하기 위해 그의 스승을 보냈다. 아들은 대답하기를 무가치하고 부끄러워서 돌아갈 수 없다고 했다. 아버지는 "나의 아들

(31) 부자와 나사로에 관한 비유

부자와 나사로에 관한 일화(눅 16:19-31)는 비유라기보다 그냥 이야기에 가깝다. 이 이야기는 두 가지 메시지를 포함하고 있다. 지옥에서의 악한 부자의 고통은 현재 아브라함의 품 안에서 영원한 행복을 맛보고 있는 옛 친구 나사로의 방문으로 해결될 수 없다는 것과 무덤 너머에 살아있는 부자의 형제들을 설득하기 위한 기적적인 메신저로도 나사로는 이용될 수 없다는 것이다. "모세와 선지자들에게 듣지 아니하면 비록 죽은 자 가운데서 살아나는 자가 있을지라도 권함을 받지 아니하리라"(31절). 우리는 여기서도 예수와 직접 관련이 없이 유대 기독교 교회에 의해 도입된 유대인의 전설을 대면하고 있는 것 같다.[42]

4) 심판과 재판에 관한 비유

복음서에서 두 번째로 중요한 일반적인 주제는 역사적이고 종말론적인 심판의 기능과 관련이 있다. 이에 관한 세 비유는 하나의 특이한

아, 아들이 아버지께로 돌아오는 것을 부끄러워함이 합당하냐"는 메시지와 함께 교육자를 그에게 보냈다. 이 비유의 두 수정판의 결정적인 차이는 여기서 아버지가 주인공이 되고 아들은 너무 죄스러워서 아무것도 할 수 없었다는 것이다. 누가복음의 경우는 그 역할이 바뀌었다.

[42] 기본적인 교훈은 생략된 회개의 이야기로 요약될 수 있다. 부분적인 랍비의 유사 내용을 ySanh.6.23c, yHag. 2. 77d에서 찾아볼 수 있다.

관심을 공통으로 소유하고 있는데 그들은 모두 한 명의 심판자를 강조하고 있다는 것이다. 미쉬나를 통한 랍비의 법규에 의하면 3명, 23명, 그리고 72명의 판사로 된 사법기관이 있어서 첫 번째 경우는 민사를, 두 번째는 형사업무를, 세 번째는 신약에서도 사법기관으로 소개된 산헤드린 공회이다. 그러나 주후 70년 이전 갈릴리에서 재산에 관계된 문제(*dīnē mamōnōt*)는 치안 행정관이 다루었던 것으로 보인다. 랍비들의 이해에 따르면 이와 같은 유대법에 대한 무지는 후대에 갈릴리의 지역적 고립에 기인한 것이다.[43]

(32) 소송에 관한 비유

재판관 앞에서의 소송에 관한 비유에서(마 5:25; 눅 12:58) 서로 다투는 형제간의 즉각적인 화해에 관한 교리가 (종말론적인 긴박감과 심판이 가까운 시대에?) 빚을 놓고 다투는 두 사람의 이야기를 통해 소개되었다. 이 비유의 교훈은 법정에 서기 전에 문제를 해결해야 잘못한 사람을 감옥에 보내지 않는다는 것이다. 용서가 표면적으로 언급된 것은 아니지만 그렇다고 용서와 상관없는 내용이라고 볼 수도 없다. 그러므

---

43) tBQ 8.14를 참고하라. M. D. Goodman, *State and Society in Roman Galilee* (1983), 126f.를 보라. 랍비들의 사법제도에 관해서는 HJP II, 186-88을 참고하라. bSanh.4b-5a도 역시 율법의 영역에 그들이 전문가로 인정되는 한 단독적으로 민사법을 다루었던 유대인의 관습을 암시한다.

로 빚을 탕감해 주는 것에 관한 이전의 다른 비유(마18:23-35과 눅 7:36-50)와 관련이 있을 가능성이 높다.

(33) 불의한 재판관의 비유

부정적으로 하나님을 연상케 하는 불의한 재판관의 비유는 끝없고 계속적인 신뢰의 중요성을 강조한다(눅 18:2-5). 가난한 과부가 계속 자기의 사정을 간청할 때 그녀에게서 벗어나려던 재판관이 마침내 나중에는 그녀의 청을 들어주게 되는데, 기본적인 주제는 누가복음 11장 5-8절의 끈질기게 조르는 친구 이야기의 주제와 같다. 누가는 이 비유를 바로 천국과 마지막 심판이 속히 임하게 해달라는 기도와 연결시키지만(18:6-8), 그와 같은 주제는 예수의 가르침과 일치한다.

(34) 마지막 심판에 관한 비유

마태가 그리스도의 왕국에 적용하려고 변형시키기 이전의 마지막 심판에 관한 비유는(마 25:31-46) 그리 놀라운 것이 아니지만, 최후의 심판에서 인간을 상별하는 한 심판자(왕)를 강조한다. 유대인은 언급하지 않은 우주적인 문맥이나, 나중에 교회가 의도적으로 종말론적으로 꾸민 것을 제외하고는 참 경건에 대한 예수의 교훈의 핵심을 이 비유에서도 볼 수 있다.[44]

---

44) 내포된 하나님 형상의 교리에 관해서 *JWJ* 83f을 보라.

5) 결혼잔치의 비유

나머지 몇 개의 비유에 도움을 준 마지막 사회적 상황은 왕의 결혼식(마태복음에서는 그렇지만 누가복음은 이를 낮추었다)과 거기에 참석한 하객들이다.

(35) 결혼식에 관한 비유

임금 아들의 결혼식에 관한 비유가 마태복음 22장 2-10절에서는 손님들을 바꾼 것을 주제로 다루고 있다. 누가에 의하면(눅 14:16-24) 이것은 어떤 사람이(16절) 혹은 어느 주인이(21절) 배설한 큰 잔치였는데 청함을 받은 모든 사람이 변명을 대고 참석하지 않자 집 없고 천한 자들, 가난한 자들, 소경들과 절뚝발이들이 잔치석을 가득 메우웠다.

이 비유는 팔레스타인의 탈무드에도 나오는데(ySanh.6,23c; yHag.2,77d), 바마얀(Bat Ma'yan)이라는 세리가 유지들을 위해 큰 잔치를 베풀었다. 그러나 아무도 오지 않자 그는 가난한 자들을 초청했는데 죽을 때 생전에 한 그 한 가지 선행으로 인해 상급을 받았다는 이야기이다. 마태의 예기치 않은 진전(22:6, 11-14)[45]을 고려하지 않아도

---

45) 초청하러 간 하인들을 죽인 것은 이 이야기에서 생소한 것이고 포도원의 악한 일꾼들의 비유와 혼합된 결과에 불과하다(막 12:1-12). 예복을 갖추지 않고 도착한 손님에 관한 마태의 부록도 이 이야기에 맞지 않는다. 지나가던 행인들과 떠돌이들이 결혼 예복을 입고 있었으리라고 어떻게 기대할 수 있겠는가?

신약의 이 이야기는 천국이 가까우면 이 땅에서 순위가 바뀔 것이라는 예수님의 기본적인 가르침과 일치하고, 간접 항상 준비하고 있어야 할 것임을 강조한다.

(36) 열 처녀의 비유

열 처녀의 비유도(마 25:1-13) 결혼잔치라는 주제를 중심으로 전개된다. 열 명의 시중드는 소녀들은 밤중에 혼인예식에 참석하도록 되어 있는 신랑을 기다린다. 그러다 보니 등이 필요했다. 미련한 처녀들은 기름이 다 떨어졌지만 지혜로운, 이 경우는 오히려 이기적인 처녀들은 그들을 도와주기를 거절하고 예식장 안으로 들어갔다. 반면에 나머지는 밖에 남게 되었고 아무리 문을 두드려도 문은 열리지 않았다.

현재 우리가 가지고 있는 이야기를 보면 이 비유는 분명히 후기에 교회가 천국의 도래가 지체되었지만 그래도 깨어서 준비하고 있어야 할 필요성을 강조하기 위해서 만들어 낸 것으로 보인다. 지혜로운 열 처녀의 자기중심적인 태도나 제대로 준비되지 않았다고 입장을 거절한 신랑의 무정함은 예수의 경건과 분명히 상충한다.

예수의 종교적 양상과 일치한다고 볼 수 있는 유일한 이해는 종말 이전의 대변동 기간 자립해야 할 필요성을 강조하는 경우다. 이 경우 비유에서 여주인공은 미련한 처녀들이고, 그들에게 주어진 교훈은 그러한 상황에서 지혜로운 처녀들을 의지하지 말라는 것이다.

(37-38) 문지기의 비유

주인이 갑자기 돌아올 때 깨어 있어야 하는 문지기의 비유(막 13:33-37; 마 24:45-51; 눅 12:42-46)도 역시 깨어 있어야 한다는 주제를 다루고 있다. 또한 이방인 기독교인의 수정판에 의하면, 유대인들이 버림받고 동서남북에서 온 사람들로 대치되는 것을 강조하는(눅 13:27-29) 닫혀진 문에 관한 비유도(눅 13:25) 역시 마찬가지이다.

(39) 결혼잔치에 관한 마지막 비유

결혼잔치에 관한 마지막 비유는 좌석의 선택에 관해 다루고 있다(눅 14:7-11). 겸손하게 낮은 데 앉은 사람은 상좌에 앉게 되고, 반대로 상좌에 앉은 자는 쫓겨 내려가게 될 것이다. 이 이야기는 궁전의 배경에서 소개된 잠언 25장 6절 이하를 재활용한 것이다. 가르치고자 한 교훈은 겸손인데 그 강조는 단순히 일반적인 상황뿐만 아니라— 서기관들은 회당과 결혼잔치에서 늘 상좌를 원했다(막 12:38; 눅 20:46)—종말론적인 잔치 자리에도 적용이 된다. 세베대의 아들 야고보와 요한도 예수께 그의 영광의 때에 그의 오른쪽과 왼쪽에 앉게 해 달라고 요청했던 적이 있음은 널리 알려져 있다(막 10:37).[46]

---

46) 같은 도덕적 교훈이 랍비 문학에서도 타나 시므온 벤 아자이(Tanna R. Simeon ben Azzai)의 이름으로 잠언 25:7에 대한 해석 형태로 전달되었다. "너의 자리에서 두 세 단계 내려와 거기 앉으라. '사람이 너더러 이리로 올라 오라 하는 것이 네 눈에 보이는 귀인 앞에서 저리로 내려

4. 예수의 비유의 목적과 교훈

복음서에 나타난 비유들의 윤곽과 교훈들을 살펴보았으니 이제 예수의 복음에서 이 비유들의 함축된 의미는 무엇일까를 생각해 봐야 할 것이다. 우선 두 가지 부정적인 측면을 살펴보자.

첫째로 대부분의 랍비들 비유와는 달리 지금까지 살펴본 비유들은 본질적으로 주해적인 것들이 아니었다. 다시 말해 그것들은 성경 구절을 소개하거나 해석하려는 의도로 한 비유가 아니었다. 그와 같은 의도로 소개된 두 가지 비유, 간접적으로 이사야 5장 2절을 인용하여 시편 118편 22절로 공공연하게 결론을 내린 포도원의 악한 종들의 비유(막 12:1-12)와 레위기 19장 18절과 관련된 것으로 누가복음 10장 27절에 인용된 선한 사마리아 사람의 비유(눅 10:29-37)도 미숙하게 비유에 첨가된 부차적인 현상으로 나타났다.

또한 씨뿌리는 비유, 가라지와 그물의 비유를 제외하고는 상세한 주해가 붙어서 소개된 문학적 단편이 하나도 없다. 이것은 예수의 교수 방식과 랍비들의 교수 방식을 구분하는 또 다른 독특한 특징이기도 하다. 이 두 부정적인 측면을 볼 때 적어도 원래의 형태에서 복음서의 비유들은 부수적이고 보조적이라기보다는 독자적이었고 그 중요

가라 하는 것보다 나음이니라'라고 기록이 되었듯이 내려가라는 말보다는 올라오라는 말이 더 낫기 때문이다." Ex.R.45.5; Lev. R.1.5를 참고하라.

성이 즉각 감지되었음을 알 수 있다.

만일 그렇다면 비유들의 목적이 무엇이었는가 하는 질문이 불가피하다. 왜냐하면 만일 비유들이 다른 설명의 필요 없이 거의 자동으로 메시지를 전달할 수 있었다면 그것들은 정확하고 확실한 의사 전달 방법으로 인정되었을 것이기 때문이다. 하지만 그러한 견해는 예수가 비유라는 장르를 선택한 이유와 관계된 신약의 기록과 노골적으로 상충한다.

씨뿌리는 자의 비유와(막 4:1-9) 예수의 해석 중간에 세 공관복음 기자들은 이와 같은 교육적인 양식의 목적에 관한 일반적인 어구를 삽입시켰다. 측근에 있는 사람들은 하나님의 나라 혹은 천국의 비밀에 관한 지식이 보장되었고, 그 외의 외부 사람들은 비유를 통해서 복음을 받는다. 한 교리의 숨겨진 내적 의미(즉 비밀)를 비유를 통한 가르침과 대조시켰는데, 비유를 통한 가르침에 대한 히브리어의 동의어(mashal)에는 내포되어 있지 않은 풍자적인 의미가 헬라어에는 내포되어 있다.

"이는 그들로 보기는 보아도 알지 못하며 듣기는 들어도 깨닫지 못하게 하여 돌이켜 죄 사함을 얻지 못하게 하려 함이라"(막 4:12).[47]

---

47) 본문은 이사야 6:9에 대한 자유스럽고 간결화된 재구성이다. 반면에 누가복음 8:10은 마가복음의 축소판이다. "이는 그들로 보아도 보지

반면에 마태는 일인칭으로 바꾸어 마가복음의 본문을 확대하고 이사야 6장 9-10절을 인용함으로 그 내용을 재확인시킨다.

> "여호와께서 이르시되 가서 이 백성에게 이르기를 너희가 듣기는 들어도 깨닫지 못할 것이요 보기는 보아도 알지 못하리라 하여 이 백성의 마음을 둔하게 하며 그들의 귀가 막히고 그들의 눈이 감기게 하라 염려하건대 그들이 눈으로 보고 귀로 듣고 마음으로 깨닫고 다시 돌아와 고침을 받을까 하노라."

여기에서 의도된 것은 비유적인 문체를 사용함으로 청중들과 거리를 두고 측근에 있는 사람들을 위한 메시지를 따로 감추어 두려고 했던 것이 분명하다. "비유"라는 용어는 수수께끼라는 의미로 사용되었다.[48] 그와 같은 태도는 예수가 에세네파나 영지주의의 선생들처럼 비교(祕敎) 선생일 경우만 가능한데 일반적인 복음서 전통이나 비유

못하고 들어도 깨닫지 못하게 하려 함이라." 마가는 히브리어의 "치료받게"라는 말 대신에 탈굼의 의역인 "죄 사함을 받게"라는 말로 결론을 내린다. 이 문제 전반에 관해서는 Craig A. Evans, *To See and not Perceive: Isaiah 6.9-10 in Early Jewish and Christian Interpretation* (1989)을 보라.

48) 이 명사의 두 가지 뜻은 헬라어 벤 시라(Ben Sira)에서 입증되었다. 3:29에서는 *parabolē*가 *mashal*이었는데 47:17에서는 *hīdah*와 일치한다. 이와 비슷하게 민수기 21:27에서는 *mōshel*이 *ainigmatistēs*로 번역된 반면, 민수기 12:8에서는 *ainigma*가 *hīdah*와 동일시되었다.

자체에 대한 분석은 그럴 가능성의 증거를 전혀 제시하지 않는다.[49]

이사야 6장 9절을 인용한 마가복음 4장 9-12절의 비유에 대한 가장 근접한 설명으로 복음서 이야기를 대하자마자 믿지 않을 유대인들을 예상하면서 복음서 전통은 예수가 천국 복음 듣기를 원하지 않을 대부분의 당시 사람들을 예상하고 그들이 복음에 쉽게 접하는 것을 거절한 것으로 묘사했다. 사도행전 28장 23-28절, 요한복음 12장 37-41절과 같이 후대에 기록된 신약성경 일부도 이사야 6장을 유대인들의 완악함을 보여주는 증거자료로 제시한다. 비유를 이해에 대한 방해로 본 것은 예수의 가르침에 대한 역사적 접근이라기보다는 교회의 변증학에 속한다. 게다가 만일 비유는 곧 수수께끼라는 이론이 예수가 전한 모든 은유적인 교훈에 적용된다면 씨뿌리는 자의 비유나 가라지와 그물의 비유뿐만 아니라 모든 비유에 수수께끼의 힌트를 줬어야 한다.

하지만 만일 일반적인 이해대로 비유의 목적이 제한하기 위한 것이 아니라 예수의 설교에 대한 이해를 돕기 위한 것이라면 과연 어떻게 그 목적이 이루어졌는가? 우리가 전체를 살펴본 바에 의하면 우화적

---

49) D. Stern, *Parables in Midrash* (1991), 200-1를 참고하라. 요세푸스에 의하면(War ii.141), 모든 에세네파 사람들은 바깥 사람들에게 아무것도 말하지 않기로 맹세를 했고 쿰란 공동체 규범의 선생은 거짓된 사람에게는 율법의 가르침을 감추고 비밀의 영으로 그들을 대하도록 되어 있었다(9.21).

인 주해로 된 악한 일꾼과 포도원의 비유 하나를 제외하고는 모든 비유가 하나의 종교적, 윤리적 메시지를 전달하고 있으며, 대부분의 비유들이 종말론적인 분위기와 상황을 전제하고 있다. 결과적으로 비유의 목적은 듣는 이들이 생동력 있고 확실하게 기본적으로 매우 중요한 이 문제에 있어 분명한 입장을 보이고 행동에 옮길 것을 촉구하는 데 있다.

비유의 주요 메시지는 셋으로 축소될 수 있는데 이에 대해서는 제7과에서 다루게 될 것이지만 논리적인 순서대로 요약한다면 테슈바(*teshuvah*:회개, 용서), 에무나(*emunah*:하나님을 의지함), 그리고 천국을 위하여 큰 모험을 감행해야 하는 하나님에 대한 철저한 신뢰이다. 이것들은 모두 예상할 수 있는 대로 유대인 예수의 단순하고 심오한 종말론적 경건을 반영한다.

논쟁적인 어조로 결론을 내리자면 국제적으로 잘 알려진 신약학자 에듀아드 슈바이처(Eduard Schweizer)는 『예수』(1971)라는 제목의 그의 저서에서―'예수와 율법' 단원에서 이미 비판을 가한 바 있다―주장하기를 비유들은 왜 예수가 죽임을 당했는가를 설명한다고 했다. 그의 탕자의 비유에 관한 단원은 인용할 가치가 있다고 본다.

> "그의 청중들이 말로 다 할 수 없이 충격을 받았다는 확신을 가지고 그는 하나님의 자비로운 행동을 세리를 향한 자신의 행동과 동일시한다. 예수 말고 누가 감히 형편없는 아들을 향한 아버지의 놀랍고 충격적이고 전혀 기대하지 않았던 행동을 소개할 수 있겠는가? 예수 말고 누가 하나님의 역할을 묘사하고 하나님

과 관계를 회복한 죄인을 위한 축하를 선언할 권위를 가질 수 있겠는가? 그의 비유에서 참람됨을 발견했기 때문에―파격적인 행동을 하나님께로 돌린―예수를 십자가에 못 박은 그들은 비유를 통해서 누구나 알 수 있는 진노의 하나님에 대한 미신적인 신앙을 대신할 하나님의 아버지 되심과 인자하심에 관한 확실한 메시지 외에는 아무것도 볼 수 없었던 사람들보다 훨씬 더 잘 이해했다"(pp.28f; p.32).

이와 같은 하나님의 형상 닮기(*imitatio Dei*)에 관한 유대인의 교리(제7장에서 다루게 될 것이다)에 대한 기세등등한 오해는 하시드(유대교 신비주의자)인 예수의 사고방식이나 유대인들의 비유 본질과 진리에 대한 오해와 결부되어 있다.

부록:

공관복음에서의 비유의 분배

	마가	마태	누가
씨뿌리는 자(1)	막 4:3-8	마 13:3-8	눅 8:5-8
겨자씨	막 4:30-32	마 13:31-33	눅 13:18-19
악한 일꾼	막 12:1-9	마 21:33-41	눅 20:9-18
무화과나무	막 13:28-29	마 24:32-33	눅 21:19-31

	마가		누가
문지기(36)	막 13:33-37		눅 12:35-38

	마가
자라는 씨(2)	막 4:26-29

	마태	누가
재판장 앞에서의 소송(3)	마 5:25-26	눅 12:58-59
두 건축자(8)	마 7:24-27	눅 6:48-49
장터의 아이들(9)	마 11:16-19	눅 7:31-35
돌아온 귀신(10)	마 12:43-45	눅 11:24-26
누룩(11)	마 13:33	눅 13:20-21
잃어버린 양(6)	마 18:12-14	눅 15:4-7
결혼잔치(34)	마 22:1-14	눅 14:16-24
도둑(26)	마 24:43-44	눅 12:39-40
달란트(19)	마 25:14-30	눅 19:11-27

	마태
가라지(5)	마 13:24-30
보물(23)	마 13:44
진주(24)	마 13:45-46
그물(7)	마 13:47-48
지혜로운 집주인(25)	마 13:51-52
악한 종(17)	마 18:23-25
포도원(16)	마 20:1-16
두 아들(15)	마 21:28-31
열 처녀(36)	마 25:1-13
마지막 심판(34)	마 25:31-46

	누가
빚진 자(18)	눅 7:41-43
선한 사마리아 인(29)	눅 10:29-37
예기치 않았던 손님(27)	눅 11:5-8
부자 농부(13)	눅 12:16-21
닫힌 문(38)	눅 13:25-26
상석 취하기(39)	눅 14:7-10
땅주인과 왕(21)	눅 14:28-32
잃어버린 드라크마(12)	눅 15:8-10
탕자(30)	눅 15:11-21
불의한 청지기(22)	눅 16:1-8
부자와 나사로(31)	눅 16:19-31
종의 상급(22)	눅 17:7-10
불의한 도시의 재판관(33)	눅 18:1-8
바리새인과 세리(28)	눅 18:9-14

제5장

예수와 하나님의 나라

단순히 "하나님의 나라"와 "천국"이라는 단어가 자주 사용되었다는 사실만으로도—복음서에서 약 백 번 정도 사용되었다—이 단어에 함축된 개념이 예수의 가르침에서 중요한 부분을 차지하고 있다고 보는 것이 합리적이다. 이 평범한 사실이 현대 신약 신학계의 일반적인 흐름을 대변해 주기도 한다.

따라서 루돌프 불트만은 그의 『신약신학』(*Theologie des Neuen Testaments*)의 첫 장 처음 문장에서 "하나님의 나라"를 예수의 설교에서 주도적인 개념으로 소개한다. 크리스토퍼 로랜드(Christopher Rowland)는 거기에서 중심 기둥을 보았고(Christian Origins, 133), 놀만 페린(Norman Perrin)은 그것을 예수의 교훈의 중요한 관점으로 보았다(Rediscovering, 54). 또한 샌더스가 볼 때 그것은 신약학계에서 가장 연구가 많이 된 부분 중 하나이기도 했다(Jesus and Judaism, 123). 그리고 안토니 하비(Anthony Harvey; Constraints, 86)는 요아킴 예레미아스(Joachim Jeremias; *NT Theology*, 32-34)를 연상케 하면서 하나님 나라에 관한 숙어들의 비교될 수 없는 본질들을 강조했다.

하지만 이와 같은 일치된 생각은 피상적인 것에 불과하며 학자들이 "무엇", "어떻게", 특히 "언제" 등의 기본 질문들을 심각하게 던지기 시작하자마자 사라져 버리고 만다. 예수의 종교의 핵심을 바로 이해하기 위해서는 이러한 질문들을 회피하기보다는 유사한 유대인들의 자료에 보관된 하나님 나라에 관한 교리와 비교해서 복음서의 증거들을 철저하게 분석함으로 답을 찾도록 해야 한다.[1]

---

1) 이 주제에 관한 서적들이 요한네스 바이스(Johannes Wiess, *Die Predigt Jesus vom des Gottes*, 1990)와 알버트 슈바이처(Albert Schweitzer, *Von Reimasus zu Wrede, 1906, The Quest of the Historical Jesus*, 3rd ed. 1954로 더 잘 알려져 있다)의 선구적인 저술 이래로 엄청나게 늘고 있다. 다행히도, 페린의 저서 *The Kingdom of God in the Teaching of Jesus*는 1963년 그 책이 출판되기까지의 이론들에 대한 비판적인 요약과 토론을 제공한다. 또한 마틴 부버의 *Kingship of God* (1967); N. Perrin, *Jesus and the Language of the Kingdom* (1976); J. Schlosser, *Le regne de Dieu dans les dits de Jésus I-II*(1980); O Camponovo, *Königtum, Königsherrschaft und Reich Gottes in den frühjüdischen Schriften* (1984)을 보라. 이에 관한 철저한 토론은 G. von Rad, K. G. Kuhn 그리고 K. L. Schmidt의 논문 Basileus, etc., in *TDNT* I, 564-93에서도 찾아볼 수 있다. 이 주제에 대한 좀 더 최근의 저명한 신약학자의 입장에 관해서는 E. P. Sanders, *Jesus and Judaism* (1985), 123-241을 참고하라.

1. 신약 외에서의 하나님 나라

　예수가 처음 이 주제에 관해 묵상할 때 하나님 나라에 대한 사상은 이미 히브리 성경 역사와 성경 이후의 신, 구약 성경 중간 시대를 통해 오랜 역사를 가지고 있었다. 또한 초기 기독교 시대에도 처음 2세기 동안 랍비들의 저서(타나임: Tannaim)나 회당예식서에 편재해 있었다.

　왕국이라는 단어에는 본질적으로 정치적인 의미가 함축되어 있으므로 이 단어의 하나님과의 은유적인 관계도 우주적 주권과 신성의 무한한 능력이라는 추상적인 개념으로 발전되기 전에 처음에는 국가와 왕에 의해 지배되는 지역을 상기시킨다.

　1) 성경적인 하나님 나라

　다윗왕 때부터 주전 6세기 느부갓네살에 의해 예루살렘이 멸망할 때까지 이스라엘이 독립적인 군주국가로 존재하는 동안에 하나님 나라는 지상 왕권의 반대편 혹은 천상에 상대되는 개념으로 이해되었다. 하나님께서 주신 법을 따라 살았던 유대 백성들은 계승하는 날부터(시 2:7) 하나님의 대리인으로 임명되었던 인간 군주를 통해 하나님께서 대신 다스리셨던 실제적인 지역을 형성했다. 두말할 나위 없이 천국의 왕권과 지상의 왕권 사이의 관계는 즉흥적으로 만들어지지 않았다. 만일 사무엘상 8장 7절과 12장 12절의 증거가 신빙성이 있다면, 히브리 군주제도가 탄생할 당시 군주제도에 반대하는 세력은 이스라엘의 왕을 구하는 것을 하나님의 주권에 대한 반항으로 간주했던 것으로 보인다. 사무엘상 8장 7절에 의하면 하나님께서 사무엘에게 하신 말씀은 분명히 그런 의도를 포함하고 있다.

> "백성이 네게 한 말을 다 들으라 이는 그들이 너를 버림이 아니요 나를 버려 자기들의 왕이 되지 못하게 함이니라"(삼상 8:7).[2]

만일 하나님만이 이스라엘의 실제적인 지도자로 인식되었다면, 인류의 창조주 자격으로서 그의 합법적인 왕국은 우주적이었으며 어느 날 유대의 한 왕이 온 나라를 다스리고 그들이 우주의 참주인을 인정하고 섬기도록 하리라는 희망을 갖게 해주었다. 같은 시편에서(2:8) 이스라엘 왕에게 다음과 같은 명령이 주어졌다.

> "내게 구하라 내가 이방 나라를 네 유업으로 주리니 네 소유가 땅 끝까지 이르리로다"(시 2:8).

같은 시편에서 조금 후에 이방의 군왕들은 경외함으로 여호와를 섬기라는 책망을 들었고(2:11), 다른 시편에서는(99:1) 신령한 왕이 이방인들 중에 두려움과 떨림의 대상으로 묘사되기도 했다.

---

2) 이와 같은 군주정치에 대한 반대 입장은 다윗이 다음과 같은 말을 했다고 기록한 포로 이후의 역대기 저술가에 의해서 의도적으로 제외되었다. "여호와께서 내 아들 솔로몬을 택하사 여호와의 나라 왕 위에 앉혀 이스라엘을 다스리게 하려 하실새"(대상 28:5; 17:14).

이와 같은 일반적인 관점은 유다 왕국이 주전 586년 바벨론에 의해 멸망되면서, 그리고 유대인의 정치적인 자치력을 계속 상실하면서 큰 변화를 겪게 된다. 이처럼 국가적인 지도자가 없는 가운데, 이방 제국으로부터 해방된 모든 유대인을 다스리며 하나님의 가시적이고 체계적인 통치를 재형성할 한 왕의 도래를 기다리는 메시야주의가 탄생했다. 왕에 관한 일부 시편은(시 2, 110편 등) 이런 관점에서 재해석되었고, 에스겔은(34:24) 이스라엘을 먹일 새로운 다윗에 대해 예언하기도 했다.

"나 여호와는 그들의 하나님이 되고 내 종 다윗은 그들 중에 왕이 되리라"(겔 34:24).

그런데도 같은 에스겔이 지상에서의 왕이 아닌 하나님 자신을 이스라엘의 마지막 대적인 곡과 마곡의 군대를 물리치실 마지막 때의 위대한 정복자로 강조한 적도 있다.

"네 활을 쳐서 네 왼손에서 떨어뜨리고 네 화살을 네 오른손에서 떨어뜨리리니 너와 네 모든 무리와 너와 함께 있는 백성이 다 이스라엘 산 위에 엎드러지리라 내가 너를 각종 사나운 새와 들짐승에게 넘겨 먹게 하리니 네가 빈 들에 엎드러지리라"(겔 39:3-5).[3]

---

3) 마곡의 왕 곡(겔 38:2)이라는 한 인물이 전통에 의해 곡과 마곡 두 인물

다시 말하면 메시야의 중재와 상관없이 하나님 왕국의 건설은 하나님의 승리를, 그리고 최소한 간접적으로라도 이스라엘의 승리를 만방에 알릴 전쟁에 대한 기대와 불가분의 관계를 맺고 있다.

포로기간 중 그리고 그 이후의 예언인 주전 6세기 후반의 제2-제3 이사야(40~66장)의 글은 반 호전적인 우주적 왕국의 개념을 소개한 자료였다. 예견하지 못하고 예견할 수 없었던 바벨론 포로 생활로부터의 유대인 해방이라는 상황에서 그들의 이방 군주들은 이스라엘의 하나님이 참 구원자임을 발견하고는 하나님께 그들을 복종시키고 하나님의 구원 능력을 증언하게 된다. 제2 이사야의 글을 보면 다음과 같다.

"그들이 너를 따를 것이라 사슬에 매여 건너와서 네게 굴복하고 간구하기를 하나님이 과연 네게 계시고 그 외에는 다른 하나님이 없다 하리라 하시니라"(사 45:14).

이처럼 이스라엘의 하나님과 이방인들에 대한 인식은 동시에 이방인들이 유대인들에게 복종할 것이라고 기대하게 했고—"그들이 얼굴

로 바뀌었다. Enc.Jud. 7, 691-3를 참고하라. 고대에 복사되어 사용되었을 것이라는 사실은 계시록 20:8에서 이해하기 쉬운 해석상의 주해 형식으로 언급된 바에 의해 입증되었다. "천년이 차매 사탄이 그 옥에서 놓여나와서 땅의 사방 백성 곧 곡과 마곡을 미혹하고 모아 싸움을 붙이리니…"

을 땅에 대고 네게 절하고 네 발의 티끌을 핥을 것이니"(사 49:23)—예루살렘의 성전에서의 예배를 기대하게 했다.

"나라들은 네 빛으로, 왕들은 비치는 네 광명으로 나아오리라…
다 금과 유향을 가지고 와서 여호와의 찬송을 전파할 것이며"(사 60:3, 6).

여기에 왕국의 도래는 신비적인 요소를 수반하고 있는데, 곧 이스라엘의 구원이 다른 나머지 인류를 하나님께로 이끄는 자석처럼 소개되었다는 것이다.

지금까지의 자료를 살펴볼 때 연대적으로 후기에 기록된 것으로 보이는 두 구절, 즉 역대상 17장 14절과 28장 5절을 제외하고 다른 모든 자료가 공통적으로 증언하는 한 가지 특이점은 왕에 관한 모든 묘사가 "왕"이라는 명사나 "왕이 되다. 다스리다"라는 동사에 근거한 것이고, 복음서의 용어에 침투해 있는 "왕국"이라는 단어는 아직 나타나지 않고 있다는 것이다. 만일 다니엘서에 나타난 아람어로 된 구절을 제외한다면—이 구절은 다음 단원에서 주전 1, 2세기 예와 함께 다루는 것이 더 적합할 것이다—인류의 마지막 때를 묘사하는 히브리어 성경의 "하나님의 나라"(malkūt, 혹은 melūkhah)는 다른 열국을 통치하는 하나님의 강압적인 개입과 평화적인 수단으로 천국이 임하게 하는 자

를 보여준다.[4]

또한 우주적인 능력과 영원한 주권을 강조했다. "하나님의 나라는 만유를 통치하며(시 103:19), 주의 나라는 영원한 나라이니 주의 통치는 대대에 이르리이다"(시 145:13). 하지만 복음서에서 헬라어 바실레이아(basileia)가 사용된 횟수는 언급하지 않더라도 그와 같이 풍성한 히브리 묘사에 비해 이를 위해 하나님의 나라라는 단어를 사용한 횟수는 충격적으로 적다. 역대상에 나와 있는 경우를 포함하더라도 히브리 성경 전체에 말쿠트나 멜루카라는 단어를 사용했던 경우는 겨우 여섯 번밖에 되지 않는다.

2) 신, 구약 중간 시대의 하나님 나라

주전 2세기 초반 마카비 시대로부터 예수의 생전, 그리고 복음서가 기록되기까지 유대 문학이 뛰어난 창작성을 보이던 시대에 천국 사상은 이전 시대의 성경적 사고를 따라 발전되기도 하지만, 동시에 신선한 전망을 열어 주기도 한다. 구약의 위경과 사해문서가 이를 증언한다. 주전 160년대에 마지막으로 편집된 다니엘서도 교리적 발전에 있

---

4) 오바댜 2:1에 의하면 에돔은 시온에서 온 용사들에 의해 심판을 받을 것이요, 결과적으로 왕국은 주님의 것이 될 것이다. 또한 시편 22:29[*ET* 22:28]에 보면 하나님은 회심한 이방인들의 주인이 될 것이요, 왕국 또한 하나님의 것이 된다고 했다.

어서 이 시대에 속한다. 복음서의 가르침을 연구하는 학자들을 위해서는 이 시대의 중요성을 과소평가해서는 안 된다. 예수와 이 단원에서 다룬 저서들의 저자들은 모두 같은 시대를 살았던 인물들이다.

문제가 되는 모든 유대교의 자료들은 어떤 모양으로든 종말론적이고 묵시론적인 흥분의 분위기를 엿보게 하며, 거기에는 원래 천국 개념의 정치적 요소가 여전히 남아 있으면서도 초월적 성향이 점점 강해지는 것이 현저하게 드러나 있다. 우선 포로 생활 이후 선지자들과 시편 기자들에 의해 발달한 왕적인 메시야주의는 솔로몬의 시편으로 알려진 주전 1세기 시편들에 그 특징들이 강하게 나타나 있다. 특히 솔로몬의 시편 17편은 이방인들을 다스리는 왕국을 건설할 승리의 유대인 구세주-왕을 묘사한다.

    오 주여 그들을 위하여 그들의 왕
     다윗의 아들을 세우소서….
    그에게 힘을 주사
     불의한 통치자들을 물리치게 하시며
    예루살렘을 밟아 멸망시킨
     열국의 예루살렘을 정결케 하소서.
    그는 열국의 백성들로 하여금
     그의 멍에 아래에서 그를 섬기게 하실 것이니이다(솔로몬의 시

편 17:21. 30).[5]

마지막 때에 새 다윗에 의해 회복될 것이라는 이 사상은 영구한 하나님의 통치를 전파함에서 그 절정에 이른다(17:46). 결과적으로 왕적인 메시야주의와 하나님의 왕권은 꼭 그래야 할 필요는 없지만, 같은 의미를 가질 수 있다. 사실, 같은 시편의 첫 부분에서(3절) 하나님의 나라에 대한 열국의 복종이 인간의 중간 역할 없이 강조되기도 했다. 마찬가지로 솔로몬의 시편 2편에서도 신화적인 용으로 묘사된(2:25) 이방 침략자(폼페이)를 물리친 승리자는 유대 왕이 아닌 하나님이시다.

> 그가 말씀하시기를, "나는 땅과 바다의 주가 될 것이라" 하셨으니
> 그는 하나님이 위대하시며
> 전능하심을 알지 못하였느니라.
> 그분은 하늘들의 왕이시며,
> 열왕들과 통치자들을 심판하실 분이시라(2:29).[6]

애굽에 대한 로마의 통치를 암시하는 은밀한 역사적 배경도 유대인 시빌린의 『예언』(*Jewish Sibylline Oracles*, 3:46-54)에 있는 유명한 한 구

---

5) Trans. S. P. Brock in H. F. D. Sparks(ed.), *The Apocryphal Old Testament* [*AOT*] (1984), 678f. 솔로몬의 시편에 관해서는 *HJP* III, 192-97을 보라.

6) *AOT*, 657를 참고하라.

절에서 거룩한 왕과 활활 타오르는 불로 묘사된 묵시적 종말론에 의해 소개된 왕적 메시야주의로 가득 찬 채 하나님 나라의 계시를 위해 사용되었다.

> 그러면 참으로 불멸의 왕의 가장 위대한 왕국이
> 모든 사람에게 나타나리라.
> 거룩한 왕이 이 땅의 군주들을
> 다스리러 오시리라.
> 불의 홍수가 하늘로부터 흘러 내려올 때에
> 모든 사람은 그들의 처소에서 멸망하리라.[7]

이방인들이 이스라엘의 하나님을 인정하는 것과 그의 통치의 끝없는 영광의 두 가지 성경적인 개념이 아람어로 된 다니엘서에 더욱 강하게 나타나는데, 거기에 보면 느부갓네살과 다리오라는 인물로 상징된 바벨론과 페르시아의 왕들이 다니엘의 하나님의 위대함을 찬양하며 그의 왕국의 영원성을 선포한다(단 3:33; 4:31; 6:27).

다니엘 7장의 꿈과 이상에 대해서도 간단히 언급할 필요가 있다. 왕이나 왕국에 관한 단어들은 없지만, 보좌에 앉아서 세계의 네 제국을

---

[7] Trans. J. J. Collins in J. H. Charlesworth, *OTP* I, 363. 시빌의 계시에 관해서는 HJP III, 618-54를 보라. 유사한 형상이 에스라 4서 12:31-34에 나오는데 사자로 상징된 다윗 계통의 왕 메시야는 심판 때에 독수리(로마인들)를 근절시키기 전에 먼저 정죄한다.

심판하실 "옛적부터 항상 계신 이"는 분명히 하늘의 주님이시다. 하지만 그에 의해 "인자 같은 이"에게 주어진 왕국이 하나님 나라로 묘사되지 않고 "지극히 높으신 이의 성도들의 왕국"(단 7:18,22), 혹은 "지극히 높으신 이의 거룩한 백성의 왕국"(7:27)으로 묘사되었다는 것은 주목해 볼 필요가 있다.[8] 다니엘서 7장은 단지 간접적으로만 하나님 나라 사상을 이해하는 데 기여하지만 그런데도 복음서에 나타난 재림이나 천년왕국의 교리―혹자가 주장하는 대로 예수의 정통적인 가르침과는 전혀 맞지 않는―가 만들어지는 데 결정적인 역할을 했기 때문에 소개하지 않을 수 없었다.

더욱이 다니엘서 이후로, 특히 모세의 승천과 쿰란의 일부 문서들을 보면 왕국의 개념이 다른 세상적인 특징들과 함께 점점 더 풍성해지는 것을 볼 수 있다. 전쟁문서(War Scroll:1 QM)에 보면 어둠의 세력을 물리치고 하나님의 나라를 만드는 승리는 천사장인 미가엘의 지휘 아래 천사와 빛의 자녀들이 악마와 어둠의 자녀들과 싸우는 종말론적

---

[8] L. Dequeker, 'The "Saints of the Most High" in Qumran and Daniel', *Oudtestamentische Studien* 18 (1973), 108-87를 참고하라. 다니엘 7장과 매우 비슷한 사상을 하나님의 백성의 나라에 관해 언급한 쿰란의 소위 "인자 단편"(4Q246)이라고 불리는 곳에서도 찾아볼 수 있다. G. Vermes, 'Qumran Forum Miscellanea I', *JJS* 43 (1992), 301-3를 참고하라.

전쟁의 결과이다(1 QM 17.6f.).[9]

전쟁터에서 하나님의 검에 의한 원수의 상징적인 패망은 유대 어느 문학보다 이 문서에 더 화려하게 묘사되었다(1 QM 12.11f.; 19.4,11). 다음은 그와 같은 특징을 보여주는 두 개의 발췌이다.

"멜루카(*melūkhah*)는 이스라엘의 하나님의 것이며, 그는 그의 성민들을 통해 전능하신 일을 이루실 것이다"(1 QM 6.6).

"오 하나님! 당신은 당신의 나라의 영광 가운데 엄위로우시며 당신의 거룩한 자들의 회중은 영원한 구원을 위해 우리 가운데 있나이다. …우리의 주는 거룩하시며, 영광의 왕은 우리 가운데 계

---

9) 이스라엘을 지키는 하늘의 보호자로서의 미가엘의 역할은 다니엘 10:21; 12:1에서도 찾아볼 수 있다. "빛의 왕자", "어둠의 천사"의 대적으로서의 그의 신분은 일반적으로 쉽게 인식된다(Y. Yadin, *The Scroll of the War of the Sons of Light against the Sons of Darkness* (1962), 235f를 참고하라). 그와 키팀(Kittim)은 전쟁의 규칙에 관한 쿰란 단편에서도 볼 수 있다. G. Vermes, 'The Oxford Forum for Qumran Research: Seminar on the Rule of War (4Q285)', *JJS* 43(1992), 85-90를 참고하라. 마귀와 대적하는 천상의 군대에서의 미가엘의 지도력은 계시록 12:7-10에 잘 묘사되어 있다. "하늘에 전쟁이 있으니 미가엘과 그의 사자들이 용과 더불어 싸울새 용과 그의 사자들도 싸우나 이기지 못하여…내가 또 들으니 하늘에 큰 음성이 있어 이르되 이제 우리 하나님의 구원과 능력과 나라와 또 그의 그리스도의 권위가 나타났으니…." 좀 더 흥미 있는 병행부분은 미가엘을 천국의 열쇠를 쥐고 있는 자로 묘사한 바룩 2서(헬라어)에서 찾아볼 수 있다.

시도다. …천상의 용사들이 우리 용사들 가운데 있으며 전쟁의 영웅이 우리 회중에 거하시는도다. 그의 영들의 군대가 우리 지상의 보병들과 마병들과 함께 하도다"(1 QM 12:7-9).

마찬가지로 마카비 이전의 글이나 마카비 시대에 수정된 것으로 보이는 모세의 언약, 혹은 모세의 승천 제10장에도 보면 하나님 나라의 도래는 하늘의 흔들림과 지진 가운데 하나님이 직접 마귀를 심판하시고 이방인들과 가증스러운 모든 것이 멸망한 다음에 임하는 것으로 소개되었다.

이제 그의 나라가 그의 피조물 가운데 나타나며
마귀는 그 종국을 맞게 되리라….
하늘에 계신 분이 그의 보좌에서 일어나며…
지구는 떨게 되리라….
그 때 태양은 빛을 발하지 못하고;
달의 뿔들도 어둠으로 변하리라….
지극히 높으신 분이…이방인들을 벌하러 나타나실 것이니,
그들의 모든 우상을 훼파하시리라(10:1, 3-7).[10]

천국에 대한 묘사에 있어서 초월적인 주제는 쿰란문서 중 천상의 예식, 혹은 안식일의 제사라고 불리는 문서에서 그 절정에 달한다

---

10) Trans. J. P. M. *Sweet in Sparks*, *AOT*, 612f. 모세의 승천에 관해서는 HJP III, 282f.을 보라.

(4QShirShab, *HJP* III, 462f). 이 문서에는 종종 단편적이기는 하지만 하늘의 왕의 재판석에서의 영광을 보여주는 말쿠트(*malkhūt*)라는 단어가 25개나 포함되어 있다. 이 시들은 신비적인 이상을 보여주며 이제까지 다룬 예들과는 달리 실제 공간과는 아무런 관련이 없이 이곳과 그곳에서의 안식일이 동시에 한 번에 기념될 것임을 증언한다. 반복적인 언어로 시편 기자는 하늘의 찬란함을 찬양한다.

> "이들은 모두 섬김을 위해 아름답게 치장된 왕자들이니 왕국의 왕들(mamlakhōt)이요, 이 왕국은 그의 영광스러운 왕국(malkhūt)의 온 성전에서 보이는 거룩하신 왕의 거룩한 자들의 왕국이라."

물론 이와 같은 신비적인 성향이 신약, 특히 계시록과 심지어는 사도 바울(고전 15:25-28)의 성향과 전혀 무관하다고 볼 수 없지만, 문제는 이 성향이 예수의 사상과 어떻게 조화를 이룰 수 있는가 하는 것이다. 그러나 이것들은 복음서의 가르침과의 잠재적 관계라는 관점에서 다시 정의되어야 할 필요가 있는 신, 구약 중간 시대의 하나님 나라 신학의 한 면임이 틀림이 없다.

우선 주전 2세기 중반의 『주빌리서』(*Book of Jubilees* 50:9-11[HJP III, 308-18])는 안식일을 "영원히 거룩한 왕국의 날"로 묘사했다. 다시 말해 안식일에 모든 자녀들이 일을 쉬고 향과 예물과 제물로 성전에서 온전하게 예배를 드리는 것은 이땅에서의 하나님의 통치를 상징하며 신화적으로 이를 성취한다.

비슷한 사상이 또 다른 주전 2세기경의 저서 에녹일서에도 나타나 있다(91:11-17). 십 주간으로 나뉘어 있는 세계 역사의 여덟 번째 주에 의인들은 악인들을 심판할 것이며 끝날에 "영광 중에 위대한 왕을 위한 집을 짓게 될 것이다." 이디오피아 수정판에 의하면 이 집은 새롭게 재건된 성전이다. 그러나 정확하게 재구성한다면 4Q에 보존되어 있는 아람어 원문 단편은 종말론적인 의미가 함축된 "위대한 자를 위한 왕국의 성전"을 가리키고 있다.[11]

하지만 아직도 예식상에 있어서나 예배와 대치되는 지상에서는 쿰란의 제사장들이 "왕국의 성전"에서의 지도자로 묘사된 글이 『제1동굴의 축복서』(Blessings from Cave I [I QSb; cf. HJP III, 457f.])에 나타나 있다.

"왕국의 성전에서 드리는 예배에 참석하여 현존의 천사들과 함께 그 결국을 선포하라…영원 무궁토록"(4.25f.).

하나님 나라를 상징하는 것으로 왕권과 상관없는 상징을 도입함과

---

11) 4Q Enoch g i iv in J. T. Milik, *The Books of Enoch: Aramaic Fragments of Qumrân Cave* IV (1976), 266를 참고하라. *mlkwt rbwth*(당신의 위대하신 나라)가 잘 보존된 4Q En Giants a 9 (ibid.316)에 의해 잘 복구되었다. 하나님의 왕적인 자존심은 에녹 1서에서 반복해서 강조되었는데 9:4에 보면 네 명의 천사들은 그들의 왕이요 하나님을 부르는데, "만주의 주시여 만왕의 왕이시여 신들 중의 신이시여! 당신의 보좌는 세세무궁토록 영원하시나이다"라고 한다. 84.2. On I Enoch, see *HJP* III, 250-68를 참고하라.

아울러서, 기독교 이전의 위경은 하나님 나라 개념의 윤리적인 면도 또한 언급하고 있다. 내 생각에 주전 2내지 1세기경에 기록된 것이라 추정되는 『베냐민 언약서』(Testament of Benjamin: 9.1; cf. HJP III. 2,744f.) 에서는 하나님 나라를 베냐민 지파로부터 거두어 간 것이 여인들과의 부정한 관계와 관련이 있다고 했다. 여기에 암시되어 있는 의미는 물론 유다 지파인 다윗을 택하고 베냐민 지파인 사울을 버린 사건이겠지만 성적인 음행이 있는 곳에는 하나님의 주권이 거할 수 없음을 암시할 수도 있다고 본다. 만일 그렇다면 이 문맥은 종말론적이라기보다는 영적, 도덕적이라고 볼 수 있다.

복음서를 연구하는 데 특별한 관심을 끌게 하는 또 다른 쿰란의 예가 있다. 안식일 제사의 노래를 연상케 하는 음색을 가진 제4 동굴의 지혜시인 성현의 노래(The Song of the Sage: 4Q510,1.4; cf. HJP III, 213,n.1)에 보면 하나님 나라 사상이 귀신을 쫓아내는 예식 가운데 나타나 있다.

> "신 중의 신이시요 만유의 주이신 거룩하신 하나님, 지식의 하나님께 감사를 드릴지라. 그의 통치는 모든 권능자 위에 임하시며 그의 전능하심을 인하여 모든 이가 두려워 떨 것이라. …그의 나라의 영광의 찬란함이 함께 함으로. 또한 나는…파괴하는 천사들의 영과 악한 영들, 마귀, 릴리트를 공포에 떨며, 두려워 떨게 하기 위하여 그의 아름다움의 존귀를 선포하리라."

하나님 나라를 악령에 임한 공포와 두려움과 연관시킨 것은 특히 예수의 치유와 귀신을 쫓아낸 일이 하나님 나라의 도래와 관련되어 있었다는 점에서 주목해 볼 만하다.

마지막으로 하나님 나라에 대한 전혀 다른 관점이라고 할 수 있는 정치-종교적 관점을 1세기 팔레스타인 지방에서 시작하여 로마와의 전쟁과 그 이후까지 끊임없는 투쟁을 야기했던 저항주의 운동의 주창자인 갈릴리인 유다의 메시지에 관한 이야기를 통해 엿볼 수 있다. 바리새인, 사두개인, 에세네인의 뒤를 이어 "제4철학"이라고 불리는 유다의 선포는 신기하게도 사무엘 시대에 이스라엘에 의해 취해졌던 반-군주주의의 과장된 형태를 상기시킨다. 사무엘이 볼 때 사울을 왕위에 앉히는 것이 왕이신 하나님에 대한 배신의 절정이었다면 유다의 경우, 하나님의 주권을 인정함은 그 어떤 인간 군주도 용납해서는 안 됨을 의미했다(*War* ii.118).

같은 사상이 자기 주둔군들에게 자결을 권하는 맛사다의 반란군 지휘자 엘리에셀 벤 야일(Eleazar ben Jair)에게도 있었다고 요세푸스는 증언한다.

> "나의 용감한 병사들이여, 우리는 로마인도 그 누구도 섬기지 않고 하나님만 섬기기로 이미 오래 전에 결심했으니 이는 하나님만이 인간의 참되고 의로우신 주님이심이라"(*War* vii.323).

다시 말해, 예수의 생애 동안이나 그 후에 유대인들 중에는 군주들의 통치뿐만 아니라 왕 메시야처럼 보이는 경우를 포함한 그 어떤 인간의 권위에도 복종하는 것을 정죄한 정치신학이 존재하고 있었다.

3) 랍비 문학과 회당예식에 나타난 하나님 나라

(1) 랍비 문학

유대인의 종말론적 사상의 생동적인 흐름 속에서 기독교 시대 초기의 랍비 성현들은 하나님 나라의 문제를 이론적인 것과 실제적인 것 두 관점에서 보았다. 첫 번째 관점은 일시적인 것과 영구적인 것, 천상과 지상 등의 문제에 중점을 두었고 후자는 천국에 가까이 가게 하는 인간의 행동 등에 더 중점을 두었다.[12]

예상할 수 있는 대로 랍비들의 "이론적" 설명은 성경과 신, 구약 성경 중간 시대의 문서들에서 볼 수 있는 교훈들에 의존하거나 발전되어 나갔다. 따라서 하나님 나라의 종말론적 특징은 "세속적인 악한 왕국"(wicked *malkhūt*)인 로마 제국이라는 정치적 현실과 대조되어 부각되었다. 물론 제2 성전 시대에 유행하던 사상보다는 탈무드 시대의 사상이 그 강도가 훨씬 약하기는 했지만, 마지막 때에 세속적인 제국은 무너지리라는 것이 유대인들의 종말론적인 희망 일부로 지속하였다. 고대의 한 설교가가 외쳤다.

---

12) 이와 관련된 원문들은 일반적인 저서나 사전들에 수록되고 분석되어 있다. 특히 G. Dalman, *Die Worte Jesu* (2nd ed.1930), 75-83 [영어번역: *The Words of Jesus* (1902), 96-101]; K. G. Kuhn, *Basileus*, *TDNT* I, 571-4; *Jew. Enc.* VII, 502f.을 참고하라. 요세푸스가 만들어 내어 국제적으로 유행이 되었던 헬라 신어(新語)인 신정국(theocracy)은 하나님 나라 사상을 헬라화 한 것으로 보이기도 한다.

"악한 왕국의 뿌리를 뽑을 때가 왔다. 천국의 계시의 때가 왔다"(Pes. R, ed. Buber, 51a).

같은 맥락에서 모세의 노래(출 15:18)에 대한 팔레스타인의 탈굼(Talgum)도 하나님 나라의 영원한 지속은 현재와 미래의 세계 모두에 적용되는 것으로 이해되어야 한다고 구체적으로 언급했다. 파리 Ms 110 (Paris Ms 110)에 의하면:

"이스라엘의 자녀들은 말하리니, '주님의 것은 이 세상에서의 왕국이요 또한 장차 올 세상에서의 왕국이라.'"

또한 타나이틱 미드라시인 신명기에 대한 시프레(Sifre on Deuteronomy 32.10[313])에 보면 왕국의 이론적인 영역인 천상과 지상에 관한 부분이 인간을 도구로 사용한다는 언급과 함께 어렴풋이 그 윤곽을 드러내고 있다.

"우리의 조상인 아브라함이 이 세상에 오기 전까지는 복되시고 거룩하신 분 그가 유일한 하늘의 왕이었으니, 기록되기를 '하늘의 하나님 여호와께서 나를 택하시고…'(창 24:7)라고 했다. 그러나 우리의 조상 아브라함이 이 세상에 왔을 때 그가 아브라함을 하늘과 땅의 왕이 되게 하셨으니 기록되기를, '내가 너에게 하늘의 하나님, 땅의 하나님이신 여호와를 가리켜 맹세하게 하노니'(창 24:3)라고 했다."

성경적인 그리고 성경 중간 시대의 사상을 보면 하나님 나라가 어떤 수단을 통해 세워질 때는 대체로 천사의 도움을 받거나 혹은 천사의 도움 없이 전쟁에서 승리하는 메시야가 언급되었다. 그런데 여기에서는 개종자인 아브라함이 중재자가 되었는데, 내면에 깔려있는 생각은 우상숭배와 별들 숭배로부터 회심한 자로서 이스라엘의 조상이 된 아브라함은 참 종교를 전파할 책임이 있으며, 이를 통하여 온 인류에 대한 하나님의 통치를 점차 깨닫게 해야 했다는 것이다.[13]

하나님 나라의 본질에 대한 이론적인 질문 말고도 랍비들은 각 개인이 어떻게 하나님 나라와 연관을 짓고, 어떻게 하나님 나라의 멍에(*'ōl malkhūt shamayīm*)를 져야 하는가 하는 실제적인 문제도 다루어야 했다.

랍비들의 기본적인 입장은 하나님 나라를 받아들이는 것을 곧 한 분이신 참 하나님에 대한 믿음의 행위와 동일시하려 했던 것 같으며, "오 이스라엘아 들으라 주 우리의 하나님은 한 분이시라"는 쉐마(*Shema*)를 반복함으로 소정의 목적을 이루었다. 이는 적극적으로는

---

13) *S&T*, 79f.를 참고하라. 유일신론의 최초의 설교가로서의 아브라함은 이미 요세푸스의 Ant. i,155에도 나타난다. Tanhuma, *Lekh lekha* 6,63에 의하면 이방인이 나면서 유대인인 사람보다 하나님의 사랑을 더 받는데 그 이유는 이스라엘 백성들은 하나님의 현현과 관련된 엄청난 현상들의 결과로 시내산의 율법을 받아들였지만 이방인은 아무런 표적이나 이적 없이 하나님 나라를 받아들였기 때문이라고 했는데, 이는 주목해 볼 만한 흥미로운 것이다.

하나님의 주권을 인식함과 소극적으로는 우상숭배를 거부함을 의미한다(*Sifre on Num*.15.39[116]). 라반 가말리엘 2세(Raban Gamaliel II)는 결혼 첫날 신랑이 쉐마를 암송하는 것을 생략하도록 한 적이 있음에도 자신의 결혼식에서는 생략하기를 원치 않았다. 한순간이라도 하나님 나라를 옆으로 제쳐두지 않기 위해서였다(mBer 2.5).

하나님의 주권에 대한 인정은 종교적 행위의 우선되고 가장 중요한 것으로뿐만 아니라 율법의 각 개인에 대한 계명을 이루는 데 있어서도 논리적, 시간적 우선 순위를 차지하고 있었음을 주목해 볼 필요가 있다. 이 문제가 어떻게 타나임의 생각에서 작용했는가는 미쉬나의 같은 장에서 쉐마와 축복기도를 연결시킨 랍비 여호수아 벤 코라(Rabbi Joshua ben Qorhah)의 주장에서 살펴볼 수 있다.

"왜 '오 이스라엘아 들으라'는 구절이 '만일 너희가 나의 계명을 지키면'이라는 구절에 선행하는가? 이것은 사람이 먼저 천국의 멍에를 지고 그다음에 계명의 멍에를 지어야 할 순서를 보여주는 것이다"(mBer 2.2).[14]

같은 교훈이 십계명 중 제1계명에 대한 작자 미상의 타나이틱 주석

---

14) 또 다른 타나, 랍비 엘리에젤 벤 아자리아는 죄악을 피하는 것, 즉 계명을 지키는 것을 천국의 멍에를 지는 것과 동일시함으로 다른 입장을 제시하는 듯하다. Sifra (ed.Weiss) 93d를 참고하라.

에도 왕권에 관한 비유 형식으로 내포되어 있다.

"'나 외에는 다른 신들을 네게 두지 말라'(출 20:3). 왜 이런 말씀을 하셨을까? 주님은 말씀하시기를 '나는 너희의 하나님 여호와'(출 20:2)라고 하셨다. 어느 지역에 입성한 육체와 피를 가진 한 왕에 관한 비유를 들어보라. 그의 신하가 왕에게 말하기를 '그들(거주자들)을 위한 법령을 공포하소서'라고 하자 그는 거절하면서 말하기를, '그들이 나의 왕국을 받아들이면 그들에 관한 법령을 제정할 것이다. 만일 그들이 나의 왕국을 받아들이지 않는다면 어떻게 나의 법령을 지킬 수 있겠는가?'라고 했다. 그래서 하나님께서는 이스라엘에게, '나는 너희의 하나님 여호와니 나 외에 다른 신을 두지 말라. 너희가 애굽에서 영접한 왕국은 바로 나의 것이다'라고 말씀하셨다. 그들은 그렇게 하겠다고 대답했다. '이제 나의 왕국을 영접했으니 나의 계명도 받아들이라. 너희는 나 외에 다른 신을 두지 말지니라'"(Mekhilta on 출 20:3,II, 237f.).

(2) 회당에서의 예식

만일 랍비 문학이 사고에서 유대인들의 사상을 반영하고 있다면 예식은 기도에서 유대인들의 사상을 반영한다고 볼 수 있다. 따라서 고대 유대인의 예배에 있어서 왕으로서의 하나님과 그의 왕국에 관한 개념을 간단히라도 살펴보는 것이 타당하다. 대부분 예식문들은 작자 미상으로 전승되어 왔으므로 그 연대를 아는 것이 탈무드 문학의 연대를 알기 보다 훨씬 어렵다. 그런데도 하나님 나라에 관한 몇몇 문서들의 연대는 거의 정확히 알고 있다.

그중에 왕국과 관계된 성경 구절 열 개를 모아 엮은 "왕국들"(*malkhiyōt*, 또는 *malkhūyōt*)이라는 기도문은 주후 70년의 예루살렘 멸망 이전의 글일 가능성이 매우 높다. 이 분야에 가장 권위 있는 학자들인 아돌프 뷔흘러(Adolf Büchler)와 요셉 하이네만(Joseph Heinemann)은 그것이 성전에서 드려진 신년예배(로쉬 하-샤나[Rosh ha-Shanah])의 한 순서였다고 주장했다.[15]

신년행사 중 아미다(Amidah)라고 불리는 것의 한 순서였고 미쉬나(mR.Sh.4.5)에서 다루어진 적이 있었던 이 기도의 목적은 온 우주에 대한 하나님의 우월성을 예식을 통해 선포하는 것이었다. 현재 소유하고 있는 양식을 보면 율법서에서 세 구절(출 15:18; 민 23:21; 신 33:5), 시편에서 세 구절(22:29; 93:1; 24:7), 그리고 선지서에서 세 구절(사 44:6; 오 1:21; 슥 14:9)을 인용하여 세 부분으로 나뉘어 있고 예상할 수 있는 대로 쉐마(신 6:4)로 끝을 맺는다. 매년 창조를 기념하는 로쉬 하-샤나의 축제와의 관련은 하나님의 우주적 왕권이 기초를 둔 하늘과 땅의 창조주로서의 위치를 생각해 볼 때 매우 적절한 것이다.

"우리의 아버지, 우리의 왕"(*'Avinu malkenu*), 그리고 특히 카디쉬(Qaddish)와 같은 예식문들은 본질상 타나이틱으로 보이지만 주후 70

---

15) A. Büchler, *Types of Jewish Palestinian Piety* (1922), 236-40; J. Heinemann, *Prayer in the Talmud* (1977), 94, n.26,128.

년 이전의 것이라고 볼 필요는 없다(Heinemann, ibid. 24,150). 주기도문과 관련하여 다시 한번 다루게 되겠지만 아람어로 된 카디쉬는 왕국의 신속한 도래에 관한 간절한 간구로 시작되는데, 이것이 보편적인 경건에 의한 것이었는지 아니면 종말론적 행위에 의한 것인지 애석하게도 언급이 없다.

> 하나님의 나라가 당신의 삶과 생애, 그리고 이스라엘 모든 집의 삶에 속히 임하시기를 기원합니다.

마지막으로 "우주의 왕"(melekh ha-'ōlam)이라는 구절이 모든 예식문에서 축도 서문의 중요한 부분이라는 사실도 간과해서는 안 된다. "오 우리의 주 하나님, 우주의 왕이시여, 찬송을 받으소서." 따라서 주권자 하나님에 대한 신앙은 전통적인 유대인들의 경건의 핵심에 속했던 것처럼 보인다. 그런데도 1세기가 끝날 무렵에 개정되었다고 추정되는 아미다(Amidah:혹은 18번째 축도문)에 이 구절이 빠져있음은 제2성전 이후에 기록된 것임을 암시한다는 주장도 있다. 하지만 3세기경에 하나님 나라에 관한 언급이 없는 축도문은 참된 베라카(berakhah)로 인정되지 않았다(bBer.12a).[16]

---

16) Heinemann, op.cit., 92-94를 참고하라. 아미다(Amidah)의 팔레스타인 수정판에서는 왕이라는 용어가 하나님께 적용된 적이 한 번도 없지만, 바벨론 수정판에서는 여덟 번 나타난다는 사실도 매우 흥미롭다.

멜렉 하-올람(*melekh ha-'ōlam*: 우주의 왕 혹은 시대의 왕)이 1세기 예배 의식에 정기적으로 사용되었다는 데 의문을 제기한 하이네만의 이론에 반대해서, 문자적으로 멜렉 하 올라밈(*melekh ha-'ōlamim*), 혹은 아람어 멜렉 하알마야(*melek ha-'almayya*)의 헬라 동의어인 만국의 왕(*tōn aiōnōn*)이라는 표현이 1세기 후반의 글이라고 생각되는 신약 예식문에 세 번 사용된(딤전 1:17; 6:15; 계 15:3) 점을 주목해 볼 만 하다.

하나님 나라에 관한 이와 같은 객관적인 견해는 성경으로부터 타나임까지 비유적인 묘사의 역사적 발전사와 함께 변천되어 왔다. 이미 살펴본 대로 그 특징의 일부는 특정한 시대에만 국한되었지만, 다른 특징은 그 과정에서 다양한 모양으로 변천되면서 여러 시대 동안 지속되기도 했다. 오직 이러한 전체적인 윤곽에서 예수의 가르침은 유대교의 변천하는 종교적 이상주의의 일부로 바로 이해될 수 있다.

2. 하나님 나라에 대한 예수의 개념

지금까지 살펴본 문서에 의하면 신령한 왕과 왕국은 확실한 의미를 가진 "왕"과 "통치"에 더 무게가 실리기는 했지만 상호 연관된 개념으

약간 다른 선례를 Tob.13:1에서 찾아볼 수 있는데, 토빗의 기도는 다음과 같은 축원으로 시작한다. "영원히 사시는 하나님과 그의 나라에 영광이 있을지어다."

로 나타났다. 이미 언급한 대로 "왕국"이라는 추상명사는 매우 희귀하다. 그런데 복음서에서는, 심지어 신약 전체에 있어서도 그 반대를 보인다. 예수는 하나님을 왕으로 부른 적이 한 번도 없었고, 사실 이 칭호는 직접적인 인용이 아닌 다른 곳에서도 거의 언급되지 않았다. 유대인들의 일반적인 기도 용어인 "주님, 우주의 왕이시여"라는 구절도 후기 신약성경인 디모데전서 1장 17절, 6장 15절, 계시록 15장 3절의 예식문에는 나타나지만 예수가 직접 이 구절을 사용한 적은 한 번도 없었다.[17]

하나님을 왕으로 칭한 곳은 마태복음에 두 번 나오는데 첫 번째 경우는 산상수훈에서 예수가 그의 제자들에게 하나님의 이름 대신에 다른 것을 대치시켜서 하는 맹세조차도 하지 말라고 하신 경우이다.

"나는 너희에게 이르노니 도무지 맹세하지 말지니 하늘로도 하지 말라 이는 하나님의 보좌임이요 땅으로도 하지 말라…예루살렘으로도 하지 말라 이는 *큰 임금의 성임이요*"(마 5:34-35).

필기체로 된 부분은 그 말에 성경적인 권위를 부여하기 위해서 시편 48편 2절의 헬라어 번역을 인용한 것이기 때문에 예수가 원래 한 말이라기보다는 마태가 사용한 표현일 가능성이 높다.

---

17) 나중의 구절은 "만세의 왕" 그리고 "만국의 왕"이라는 두 형태로 입증된다.

두 번째 경우는 마지막 심판에 관한 비유에 나타나는데(마 25:31-46), 현재 보유하고 있는 양식에 의하면 그것은 그리스도의 재림이 가장 중요한 역할을 하는 재림에 관한 장면이다. 하지만 만일 이미 소개한 바 있는 해석을 받아들인다면(제4장) 이 비유의 원래 형태는 왕과 동일시된 심판자가 주관하는 종말론적 심판 과정을 암시하고 있다(마 25:24, 40).[18]

이 두 구절이 모두 예수의 교훈의 일부임이 확실하다고 할지라도 왕으로서의 하나님이 예수의 사상의 핵심이라고 주장하기는 어려울 것이다. 하지만 두 경우 모두 예수의 교훈임에 틀림이 없다는 확실한 증거가 없으므로 한 종교 지도자가 그 메시지는 하나님 나라를 중심으로 전하면서도 왕이라는 은유로 묘사하는 상당히 일반적이던 개념을 의도적으로 피하고, 심지어는 그런 개념이 지극히 자연스럽게 인용될 수 있는 기도에서조차도 회피하는 충격적인 상황을 맞게 된다. 이와 같은 관찰은 왕이라는 보조적인 상징이 없는 왕국의 구조에 대한 조사의 필요성을 불러일으킨다. 특히 이러한 현상은 예수가 자신을 "왕-메시야"와 동일시하기를 갈망하지 않았다는 『유대인 예수』(*Jesus the Jew*: pp.128-56)에 소개된 결론과 좋은 대조를 이룬다.

그러므로 복음서의 증거들을 다음의 세 가지 소제목 아래 자세하게

---

18) 마태가(그리고 교회가) 이 비유를 재구성했음은 이미 불트만이 지적한 바 있다(*HST* 124).

살펴볼까 한다. (1) 예수의 비유에 나타난 왕국, (2) 예언적 선포에 나타난 왕국, (3) 그의 교훈과 계명에 나타난 왕국.

1) 예수의 비유에 나타난 왕국

도드의 유명한 논문 「왕국의 비유들」에서 분명히 볼 수 있는 대로 "비유"와 "왕국"이라는 두 개념은 신약 해석가들에 의해서 종종 한데 묶어서 다루어지지만 본장에서의 분석은 "하늘의 왕국"(basileia of heaven)과 "하나님 나라"(basileia of God)의 실제적인 특징에 관한 표현에 나타난 문학적인 단위로 국한해서 다루게 될 것이다. 이미 전 장에서 비유의 여러 특징에 대해서 다루었기 때문에 여기서는 왕국에 관해서만 집중해서 다루고자 한다. 하지만 하나님 나라의 본질에 관해 정의한 비유가 하나도 없기 때문에 이 연구가 생각처럼 그리 쉬운 것은 아니다. 그렇다고 그리 놀랄 만한 것도 아니다. 왜냐하면 실존론적 교사였던 예수가 천국의 구조나 본질보다는 천국을 향한 인간의 행동과 태도에 더 깊은 관심을 가졌을 것이 당연하기 때문이다.

첫 번째 부류의 원문을 보면 일반적인 주제는 천국이 잠재상태에서 완전히 계시되는 상태까지의 진화라고 볼 수 있다.

몰래 자라는 씨의 비유에서(막 4:26-29) 왕국은 물론 들도 아니고 농부도 씨도 아니다. 오히려 농부가 씨를 뿌리고, 씨가 자라나고, 땅이 양분을 제공하는 세 가지 확실한 행동들 모두이다. 즉 이 세 가지 모두가 함께 자기의 때에 적나라하게 드러날 감추인 현실을 구성한다. 마찬가지로 땅에 묻혀 있다가 큰 나무로 자라는 겨자씨(막 4:30-32)도 역시 은밀하게 역설적인 성장을 엿보게 한다. 주부가 밀가루에 넣어 발효시키는 작은 누룩 조각도(마 13:33; 눅 13:20) 신기하게도 생명을 주는 빵이 되도록 만드는 힘이 있다.

이 세 비유 모두 이미 실존하지만, 미리 결정된 마지막을 향해 은밀히 뻗어나가는 천국 실현화의 신비적 성격을 강조한다. 하지만 이렇게 생동적으로 발전해가는 현실은 인간의 조력이 필요하다. 사람들에 의해 씨도 뿌려져야 하고 누룩도 밀가루에 섞여야 한다. 이에 요구되는 종교적, 윤리적 질(質)에 관해서는 여기에 나타나 있지 않지만 다른 문맥에서는 찾아볼 수 있다.

시간도 중요한 역할을 한다. 가라지와 그물의 비유는 미래와 대조된 현재의 천국을 강조한다. 좋은 씨앗과 가라지는 추수 때까지 공존하게 되고(마 13:24-30; 36-43) 어부가 잡은 고기 중 먹을 수 있는 고기와 먹지 못하는 고기도 배가 정박한 후에 가르게 되는데(마 13:47-50), 이 두 비유의 경우 모두에서 마태는 임박한 실존적 메시지 대신에 부차적인 종말론적 절정을 소개한다.

결혼잔치에 관한 두 비유는 임박한 종말을 소개하지만, 마지막 심판은 비유에 나오는 인물들의 획일적인 배역과 함께 아직 유보된 상태이다. 왕이 출현하는 매우 희귀한 천국 비유 중 하나인 마태복음 22장 2절의 왕가의 혼인식, 아들을 위한 주인의 결혼잔치로 소개한 누가의 혼인예식(눅 14:16,21), 그리고 신랑과 신부의 도착을 기다리는 열 처녀의 이야기(마 25:1-13)는 모두 무가치한 자들과 가치 있는 자들이 함께 포함된 천국을 강조한다.

하지만 여기에서도 천국의 때는 애매하다. 구체적으로 때를 언급한 유일한 경우는 그 잎이 여름의 임박 곧 천국의 임박을 알리는 것이라는(눅 21:29-31) 무화과나무의 비유에 대한 누가의 기록이다. 하지만 이 메시지는 이미 다른 대로(제4장) 표적을 구하는 사람들에 대한 예수의 부정적인 태도와 상충한다. 같은 내용을 기록한 마가복음 13장 28절과 마태복음 24장 32절에 "비유"와 "천국"이라는 단어가 빠져 있는 것은 우연이 아닌 듯싶다.

두 번째 부류의 비유들은 천국의 동역자들이 취해야 할 바른 자세에 초점을 맞추고 있는데, 이와 관련된 모든 비유가 다 마태복음에만 기록되어 있음도 주목할 만하다. 하지만 천국에 관한 주제와 직접 관련이 있게 표현되지 않았다 하더라도 그 사상이 복음서 전통 어디에서나 찾아볼 수 있는 일반적임은 분명한 사실이다.

가장 우선되고 중요한 도덕적인 요소는 맡은 사명에 대한 절대적인 헌신이며 그것을 이루기 위해서 모든 노력과 희생을 감수해야 할 것이 감추인 보화와 귀중한 진주의 비유에 잘 나타나 있다(마 13:44-46; 제4장). 종교적, 윤리적 덕에 관한 다른 분명한 언급들은 잔인한 종(마 18:23-35; 제4장 참고), 포도원 품꾼들(마 20:1-16; 제4장 참고)의 비유와 두 아들의 비유(마 21:28-32; 제4장 참고)에서도 찾아볼 수 있는데 첫 번째 비유는 자비를, 두 번째 비유는 관대함을 가지고 시기심을 버릴 것을, 그리고 세 번째 비유는 회개(*teshuvah*)를 강조하였다.

이처럼 바른 도덕적인 태도를 분명하게 언급한 비유들도 있지만 다른 많은 비유는 여러 다른 측면에서 바른 행동에 관해 은근히 암시하고 있는데 그중 가장 중요한 것이 하나님이 간섭하시리라는 온전한 확신, 즉 에무나(*emunah*)이다. 씨를 뿌린 농부나 그물을 던진 어부, 밀가루에 누룩을 넣은 여인 모두 하나님께서 그들의 모험이 좋은 결과를 가져올 것이라고 확실하게 믿고 의지해야 한다.[19]

2) 예언적 선포에 나타난 왕국

전 장(제4장)에서 다루었던 내용을 다시 상기시켜 보자면, 세례 요한과 예수의 설교의 정수는 하나님 나라의 임박이었다.

"회개하라 천국이 가까이 왔느니라"(마 3:2[요한]; 마 4:17[예수]).

"때가 찼고 하나님의 나라가 가까이 왔으니 회개하고 복음을 믿으라"(막 1:15).

마태와 마가가 사용한 "가까이 왔으니"(*engizein*)라는 동사는 성경의 예언에 있어서 종말론적인 단어 중 하나이다(사 50:8; 51:5; 겔 7:7[4]). 이 단어는 마가의 "때가 찼고"와 병행을 이루어 극적인 종말을 표현한

---

19) "하나님 나라 혹은 천국의 비밀(들)", 아니면 "천국의 말씀"이라는 표현은 비유들에 역행한다(막 4:11과 병행구절들; 마 13:19). 그리고 "천국을 위하여 훈련된 서기관들"도 우리들이 현재 다루고 있는 문제에는 별다른 기여를 하지 못한다.

다. 이미 살펴본 비유에서처럼 천국은 아직 완전히 임한 것이 아니지만 그렇다고 미래의 현실로 강조되지도 않았다. 신속한 도래는 잘 알려진 단어인 테슈바(*teshuvah*)에 의해 이루어질 것이다. 같은 임박성이 천국의 임함을 하나님의 도우심으로 귀신을 내쫓은 사건을 통해 묘사한 Q문서에는 더 명확하다. 논쟁의 여지가 있는 상황에서 예수는 담대히 주장하였다.

"그러나 내가 하나님의 성령(마태)[손(누가)]을 힘입어 귀신을 쫓아내는 것이면 하나님의 나라가 이미 너희에게 임하였느니라"(마 12:28; 눅 11:20).

불트만조차도 정통성을 인정한(*HST*, 162) 이 구절은 악령의 힘을 다스리는 카리스마적 능력을 하나님의 승리와 정복에 대한 계시, 이미 행동에 들어간 하나님 나라의 계시와 동일시했다.[20]

천국의 도래를 알리는 또 다른 예언적 말씀(마 11:12; 눅 16:16)이 Q문

---

[20] 복음서에서의 동사 *phthanein*은 강한 종말론적 의미를 함축하고 있는 아람어의 meta를 연상케 하는 것으로 이해된다. G. Dalman, Worte, 87f.; M. Black, *Aramaic Approach*, 211를 참고하라. 교회가 만든 이야기일지도 모르지만 예수가 70인의 제자들에게 준 가르침도 역시 천국의 도래와 카리스마적 신유를 연관시키는 같은 패턴을 따르고 있다(마 10:7; 눅 10:9). 신유를 종말론적 현상으로 본 것에 관해서는 1 QS4.6; 4Q521 (*JJS*. 43(1992), 303); Tg Neof, *Ps-Jon on Gen*.3:15, etc를 참고하라.

서에 의해 전승되었는데, 새로운 시대의 시점을 알리는 순간을 구체적으로 결정했다는 점에서 유명한 말씀이다.

"세례 요한의 때부터 지금까지 천국은 침노를 당하나니 침노하는 자는 빼앗느니라"(마 11:12).

"율법과 선지자는 요한의 때까지요 그 후부터는 하나님 나라의 복음이 전파되어 사람마다 그리로 침입하느니라"(눅 16:16).

대부분의 학자는 "침노"라는 말을 사탄과 인간의 원수들, 좀 더 구체적으로는 하나님의 왕적 통치를 방해하는 열심당원을 암시하는 조롱 섞인 말로 이해한다(cf. *TDNT* I, 609-14). 그들은 예수나 그 이전의 세례 요한이 천국의 도래에 관해 외친 것을 자신의 성공을 위한 것으로 잘못 이해한 것 같다. 유명한 설교가에게 나아가기 위해 밀고 밀치던 흥분한 유대 군중들이 예수에게는 정복하기 위해 앞으로 돌진하는 용사들을 연상시켰고, 그래서 세례 요한의 사역 이래로 특히 예수가 하나님 나라를 이미 임한 실체로 소개하는 것을 보게 된다(cf. *JWJ*, 157f.n.57).형상을 이용하지 않고 초자연적인 시간 제시를 부인한 채 같은 사상이 누가복음에만 보존된 선언에 강하게 나타난다.

"하나님의 나라는 볼 수 있게 임하는 것이 아니요 또 여기 있다 저기 있다고도 못하니 하나님의 나라는 너희 안에 있느니

라"(눅 17:20-21).[21]

예수는 하나님의 나라가 자신의 현재 즉 여기에 있음을, 그렇지 않으면 바로 문턱에 와 있음을 반복해서 확인했음은 의심할 여지가 없다. 만일 그렇다면 천국이 마치 먼 미래에 있는 것처럼 묘사된 구절들에 대해서는 어떻게 해야 하는가? 우선 마가복음 9장 1절과 그 병행 구절들은 천국의 나타남이 예수 당시 사람들의 생전에 임할 것으로 기대하는 반면 오직 그들 중에 몇 명만 볼 것이라고 말하므로 나머지는 보지 못할 것임을 역설한 바 있다.

"여기 서 있는 사람 중에는 죽기 전에 하나님의 나라가 권능으로 임하는 것을 볼 자들도 있느니라 하시니라"(막 9:1).

이 구절은 앞뒤와 연관이 없이, 문학적, 역사적 문맥 없이 그냥 전승되었다. 따라서 이 부분은 적어도 몇몇은 죽지 않고 오래 살아서 그날을 보게 되리라는 데 강조점을 둔, 재림의 지체를 인한 초대 기독교 교

---

[21] 마가복음 8:12, 13:21; 마태복음 24:23를 참고하라. 카리스마적 신유와 귀신을 쫓아내는 것 말고는 다른 표적이 없다는 이 교리에 반대해서, 하늘과 땅의 혼동을 가져다준 그리스도의 재림에 관한 묵시록적 묘사나 인자의 표적은 그와 상충되며 맞지 않는다(막 13:24; 마 24:29; 눅 21:25). 만일 예수와 관련된 재림의 형상이 신빙성이 없음을 입증하는 증거가 필요하다면, 이 정도로도 충분할 것이다.

인들의 위로의 말이라고 본 불트만의 견해가 옳다(*HST*, 121).

또한 마지막 만찬 때 예수가 말했다고 한, 하나님의 나라에서 마실 때까지는 포도주를 다시 마시지 못하리라는 구절도 볼트만의 용어를 다시 한번 빌리자면 비역사적인 "예배의식의 한 전설"로 독자들에게 충격을 준다(*HST*, 265).

마지막으로 유대인을 거부하고 대신에 이방인으로 대치시킨 심판 이후의 천국 건설, 즉 교회론(만일 그런 게 존재했다면)이 마태복음 8장 11절과 누가복음 13장 28절에서 확인되기도 했다.

> "동서로부터 많은 사람이 이르러…천국에 앉으려니와 그 나라의 본 자손들은 바깥 어두운 데 쫓겨나 거기서 울며 이를 갈게 되리라"(마 8:11-12).

적어도 이 구절이 예수가 직접 하신 말씀이라는 주장을 부인한다고 해서 예수의 사상 가운데 나타난 이방인들의 위치를 부인하는 것은 아니다. 우주적인 요소는 해를 악인과 선인에게 비추시며 비를 의로운 자와 불의한 자에게 내려주시는 하나님의 사랑(마 5:45; 눅 6:36)을 본받아 소위 비-유대인이라고 할 수 있는 원수를 사랑하라고 하신 말씀에서도 잘 드러난다. 비슷한 입장이 예수보다 앞 시대의 인물인 힐렐(Hillel)이 한 유명한 말에도 잘 나타나는데, 이스라엘에뿐만 아니라 모든 인간에게 동정을 보인 미쉬나에 보존되어 있다.

> "평화를 사랑하고 평화를 추구하며 인류(*ha-beriyōt*)를 사랑하고

그들을 율법 가까이로 인도한 아론의 제자가 되라"(mAb 1.12).

3) 예수의 교훈과 계명에 나타난 왕국

몇 가지 비유를 통해 이미 다룬 바 있는 주제인 천국에 대한 예수의 생각과 관련하여 복음서에 또 다른 부류의 구절들이 있다. 이 문제가 예수의 메시지의 핵심인 만큼 공관복음 기자들은 이 문제에 관한 예수의 교훈들을 상당히 많이 보존시켰다.

우선 살펴보아야 할 첫 번째 질문은 예수가 하나님 나라에 들어가는 것에 대해 어떻게 강조했는가 하는 것이다. 그중에 한 가지 조건은 세상의 재물과 관련이 있는데, 그것은 예수가 한 말이 분명하다고 생각되는 낙타가 바늘귀로 들어가는 것에 관한 구절(막 10:23-25; 제4장 참고)에서 분명하게 주장한 대로 부자가 천국에 들어가는 것은 거의 불가능하다. 그러므로 긍정적인 면에서 어떻게 보면 실제적인 가난이 절대 필요조건인 것처럼 보인다. 특히 누가의 기록에 의하면 첫 번째 복에서 예수는 그에게 가르침을 받은 가난한 자가 천국의 시민이라고 단호하게 증언했다.

"가난한 자는 복이 있나니 하나님의 나라가 너희 것임이요"(눅 6:20).

이에 반해서 이미 잘 알려진 대로 마태는 누가의 가난에 "심령"이라는 조건을 붙여서 직접적인 설교를 서술적인 형태로 바꾼 것 같다.

"심령이 가난한 자는 복이 있나니 천국이 그들의 것임이요"(마 5:3).

이러한 수정은 의심의 여지도 없이 의도적이라고 할 수밖에 없고, 따라서 문학적인 선례가 있었을는지도 모른다. 쿰란에 나타난 병행 어구들을 세밀히 살펴보면 전쟁문서(War Scroll: cf.*1QM* 14.7)에 나와 있는 심령이 가난한 자들은 바로 마지막 시대의 온유하고 겸손한 자들을 가리키는 말이다. 이와 똑같은 구절이 푸에크(E.Puech)에 의해서 재구성된 찬양문서의 단편들 속에서도 나타나는데 그것은 제4 동굴의 지혜 모음집에서와 함께 에세네파의 팔복에 대해서도 보여준다.

"마음이 청결한 자는…복이 있나니
    혀로 중상을 하지 않으며,
주님의 율법을 지키는 자는 복이 있나니
    악의 길에 서지 아니하며,
율법을 지키겠다고 서원하는 자는 복이 있나니
    미련한 자의 길로 달려가지 않으며,
깨끗한 손으로 율법을 찾는 자는 복이 있나니
    불신의 마음으로 찾지 아니하며,
지혜를 얻은 자는 복이 있나니
    지고자의 율법 안에서 행하느니라."[22]

---

22) E. Puech, 'Un Hymne essénien en partie retrouvé et les Béatitudes',

신약 주석가들이 종속절의 동사가 미래형으로 되어 있음을 지적하면서 (애통하는 자, 온유한 자, 굶주린 자는 위로를 받을 것임이요, 땅을 기업으로 받을 것임이요, 배부를 것임이라) 마태의 팔복에 종말론적인 의미를 부여하려고 하는 것도 주목해 볼 만하다.[23]

종합하면, "천국이 너희 것임이요"라는 누가의 표현은 임박성에 관한 예수의 태도를 제대로 반영하고 있고, 쿰란의 찬양은 마태의 미래지향적인 해석을 지지한다.

하나님의 주권에 승복하는 두 번째 중요한 조건은 마음의 내적 자세, 즉 어린아이와 같은 단순한 마음이다. 약간 다르게 세 공관복음서 모두 이에 관해 언급했는데 마가와 누가는 어린아이와 같은 태도를 진정으로 천국에 참여하기 위한 전제조건으로 역설했다.

Mémorial Jean Carminac, *RQ* 13, nos 49-52 (1988)를 참고하라. 마태복음과 4 QBeat의 근본적인 구조적 차이는 마태복음에는 매 복마다 그 보상이 언급된 반면, 4 QBeat는 일상적이고 대칭적인 병행법으로 구성되어 있다는 것이다. 또한마태복음(5:10)은 의를 위하여 박해를 받은 자를 천국을 소유한 자로 묘사한다.

23) 최근의 W. D. Davies and D. C. Allison, *The Gospel according to St Matthew I* (1988), 445f를 참고하라. 또한 마태복음 7:21, "나더러 주여 주여 하는 자마다 다 천국에 들어갈 것이 아니요"는 종말론적인 의미도 함축되어 있음을 주목해야 한다. Davies and Allison, op. cit.,711-14를 참고하라.

"내가 진실로 너희에게 이르노니 누구든지 하나님의 나라를 어린아이와 같이 받들지 않는 자는 결단코 그 곳에 들어가지 못하리라"(막 10:15; 눅 18:17).

이 구절은 "들어가다"라는 복음서의 용어와 같은 의미를 가진 "천국의 멍에를 받들다"라는 랍비들의 표현을 연상시키기 때문에 관심을 끈다. 대조적으로 마태복음 18장 3절은 "어린아이처럼 받들다"라는 표현 대신에 "돌이켜 어린아이처럼 되지 아니하면"이라는 좀 더 구체적인 표현을 사용했다. 하지만 핵심적인 메시지에는 변함이 없으니, 어린아이처럼 신뢰하는 것은 천국에 들어가는 절대 필수조건이라는 것이다.

만일 가난과 조건 없는 신뢰에 관한 비유를 액면 그대로 예수의 사고방식의 핵심으로 받아들인다면 율법의 지극히 작은 것이라도 소홀히 하면 천국에서는 지극히 낮은 자가 되리라고 한 마태복음 5장 19절에서 분명히 볼 수 있는 바와 같이, 천국에서 가장 큰 자와 작은 자를 구분하는 추상적인 구분은 후대 교회의 사상을 보여줄 뿐이다. 세례 요한에 대한 마태복음 11장 11절과 누가복음 7장 28절의 논리에 의하면 천국에서는 지극히 작은 자도 여자의 태에서 나온 자 중에 가장 큰 자인 세례 요한보다 크다.[24]

---

24) 마태 교회의 창조적인 활동은 야고보와 요한의 어머니가 예수의 나라에서 그녀의 아들들이 좋은 자리를 차지하게 해 달라고 요청한 구

마지막 범주의 말씀들은 천국 건설을 위해 일하기로 자원한 사람들에게 요구된 철저한 희생, 즉 마지막 때에 요구된 철저한 헌신인데 이는 예수의 가르침에서 쉽게 찾아볼 수 있는 내용이다. 이미 다루었던 "죽은 자들로 자기의 죽은 자들을 장사하게 하고 너는 가서 하나님의 나라를 전파하라"(눅 9:60; 마 8:22)는 명령을 다시 상기해 보면, 이 격언─만일 이것이 격언이라면─은 쟁기를 잡고 뒤를 돌아보지 말라는 말씀과 함께(눅 9:62) 하나님 나라를 위해 무조건적이고 즉각적이고 철저한 희생 없이는 아무도 가치 있는 동역자가 될 수 없음을 강조한다.

감추인 보화와 귀한 진주에 나타난 도덕적인 교훈도 천국에 들어가는 것이 다른 모든 것을 소유하는 것보다 더 가치가 있다는 것이다. 또한 하나님의 나라를 추구하는 자들에게 그들의 모든 물질적인 요구가 다 채워질 것을 재확인하는 말씀에도 같은 사상이 잘 나타나 있다(마 6:33; 눅 12:31). 마가복음 9장 47절에 명쾌하게 기록된 것을 보면 더욱 충격적이다.

"만일 네 눈이 너를 범죄하게 하거든 빼버리라 한 눈으로 하나님

절과(마 20:21), 바리새인과 서기관의 의보다 더 낫지 못하면 천국에 들어갈 수 없다는 구절(마 5:20) 등을 만들어 냈다. 이것은 마가복음 12:32-34에서 예수가 유대교를 쉐마 및 하나님과 이웃에 대한 사랑으로 요약한 서기관에게 하나님 나라가 멀지 않다고 선언한 내용과 눈에 띄는 대조를 이룬다.

의 나라에 들어가는 것이 두 눈을 가지고 지옥에 던져지는 것보다 나으니라."[25]

하지만 천국에 들어가는 것을 묘사하면서 성경에 금지된 사지를 자르는 행위(신 23:1)를 수단으로 묘사한 과장된 표현은 그보다 더 충격적이다. 음행의 경우에만 이혼이 합법적이라는 예수의 가르침에 제자들이 실망하자(마 19:1-10) 예수는 다음과 같은 대답을 덧붙였다.

"예수께서 이르시되 사람마다 이 말을 받지 못하고 오직 타고난 자라야 할지니라 어머니의 태로부터 된 고자도 있고 사람이 만든 고자도 있고 천국을 위하여 스스로 된 고자도 있도다"(마 19:11-12).

이 말씀은 문맥에 맞지 않는 것 같기에 독립적으로 다루는 것이 바람직할 듯하다. 만일 일반적인 설명대로 이 말씀의 참 의미가 종말론적인 시대에 참 헌신자들은 결혼을 포기해야 한다는 것이라면 복음서의 이 은유적 표현의 힘은 저자가 예수가 친히 하신 능력 있는 설교였음을 믿게 해준다. 그러나 이와는 대조적으로 랍비 시몬 벤 앗자이

---

25) 마태복음 18:9의 병행구절에서는 "나라"가 "생명"으로 대치되었고 마태복음 5:29에서는 모두 삭제되었다. 마태복음에 의하면 자기의 몸을 자르는 것은 지옥을 피하도록 하는 데 목적이 있다. 두말할 것도 없이 예수는 구원을 강조하기 위해서 수사학적인 과장법을 사용하고 있는 것이다.

(Simeon ben Azzai)는 "생육하고 번성하라"는 계명과 상충하는 비정통적인 자신의 삶에 대해서 다음과 같이 시적으로 변호를 했다.

> "나의 영혼은 율법과 사랑에 빠졌으니, 세상은 다른 사람들에 의해서도 돌아갈 수 있으리라"(bYeb.63b).

3. 진짜 예수의 진짜 메시지

이제 본장의 서론 부분에 제시했던 "하나님의 나라는 무엇인가?", "언제 임할 것인가?", "어떻게 들어갈 수 있는가" 하는 세 질문에 대한 대답 형식으로 간략하게 지금까지의 내용을 종합하겠다.

1) 예수의 "하나님 나라"는 무엇인가?

회고해 보건대, 예수가 어디에서도 천국의 개념에 관해 확실하게 언급한 적이 없었음은 굳이 언급할 필요가 없다. 심지어는 비유에 나타난 은유적인 언어들에서조차도 그의 입장은 모호하고 선명하지가 않다. 하나님 나라는 인간의 협조를 통해서만 얻을 수 있는 신비이다. 그 절정은 머지않아 갑작스럽게 예고 없이 하나님의 능력의 영광스러운 계시와 함께 임할 것이다.

예수의 마음에는 하나님 나라의 본질보다는 이 드라마의 배우들, 즉 자신과 그의 제자들의 역할이 더 중요하다. 철학자들의 "무엇"이란 질문은 선지자들과 지혜의 선생들에게는 "언제", "어떻게"라는 질문을 던지게 해 준다. 따라서 현재 남아 있는 자료가 천국에 들어가고자 하는 자들에게 요구된 종교적, 도덕적 자질과 그들이 직면한 사역의 긴박성과 주로 관련이 있다는 것은 그리 놀라울 것이 없다.

예수가 증언한 것이 확실하다고 생각되는 천국 교훈의 가장 역설적인 면은 아마도 성경의 하나님이나 랍비 문학, 그리고 신, 구약 중간 시대의 문학에서 볼 수 있는 하나님과는 달리 예수의 하나님이 위엄 있는 왕이 아니라 접근하기가 쉬운 작은 규모로 묘사되었다는 것이다. 다시 말해 하나님은 예수나 그의 청중들에게 익숙한 영향력 있는 사람, 즉 갈릴리 지방의 유복한 주인이나 가장(家長)으로 묘사되었다. 이미 다른 곳에서 주장한 대로, 예수의 교리의 주요 특징은 천국에 대해 전해 내려오던 형상의 비현실적인 요소들을 구체화했다는 것이다 (*JWJ* 36).

2) 예수는 언제 천국이 임할 것으로 기대했는가?

기독교 교리에 의하면 하나님 나라의 계시는, 처음에는 곧 임박한 것으로 믿어졌다가 점점 연기되어 마침내는 끝도 없는 미래의 일로 미루어진 예수의 재림과 동일시되기 때문에, 그와 같은 교리적 발전의 기원을 복음서 자체에서 찾아볼 수 있다고 생각하기도 한다.

복음서에서 그 흔적을 찾아볼 수는 있다. 예수는 천국에서 새것을 마시기까지는 포도주를 입에 대지 않는다고 했고(막 14:25), 그의 제자 중에 죽지 않고 천국을 볼 자도 있다고 했고(막 9:1), 또한 나중에 유대인들이 천국에 참여할 수 있는 타고난 권리를 포기한 후에 유대인들이 천국을 상속하게 될 것이기도 했다(눅 13:27-29; 마 8:11). 하지만 이것들은 기독교인들이 나중에 복음을 재구성한 것이다. 예수가 친히 가르친 것으로 추정되는 교훈들은 전혀 달랐다.

공공연한 설교에서 하나님 나라는 먼 현실이 아니라 세례 요한이 한 번 외친 적이 있는 대로 "가까이 있고"(막 1:15), "너희에게 임했고"(마 12:28), "너희 안에 있다"(눅 17:21)고 했다. 감추어져 있으나 활동하는 천국의 실존은 씨뿌리는 비유와 고기 잡는 비유, 부엌일에서의 비유에도 암시되어 있다. 종말론적 열정에 고취되어 예수는 자신과 그 시대가 이미 천국의 첫 단계에 속해 있는 것으로 보았고, 이 천국의 마지막 계시를 위해 정진할 것을 촉구했다. 원문의 메시지는 명확하고 확실한데, 기독교인이 이를 있는 그대로 받아들이기 어렵게 만드는 유일한 장애는 1,900년이 지난 지금까지 아직도 임하지 않았다는 것이다.

금세기의 유명한 신약 해석가들은 예수의 종말론적 교리를 천국과 연관시키는 매우 인상적인 견해를 발전시켜왔다. 알버트 슈바이처는 그것을 일관성 있는 종말론(consistent eschatology)이라고 불렀는데, 그의 이론에 의하면 천국이 예수의 사역 첫해에 임하는 것으로 주장했는데 첫해에 임하지 않자 가까운 미래에 임할 것으로 수정했다는 것이다.

도드는 천국이 예수의 생애에서 잠정적으로 완성되었다고 믿었기 때문에 실현된 종말론(realized eschatology)을 주장했다. 요아킴 예레미아스는 실현 과정에 있는 종말론을 제안함으로 타협안을 찾아보려 했는데, 그는 천국 건설을 편리하게 구분하여 일부는 예수의 생애 동안

에 임했고 일부는 미래(필요한 만큼 먼)에 속하게 되었다고 했다.[26]

하지만 슈바이처나 그의 동료들의 주장은 예수의 사상에 맞지 않는다(cf. *JWJ*, 38). 예수와 그의 제자들은 그들이 종말론적 시대에 들어왔음을 진심으로 알고 있었고, 미래가 없는 자신들의 때와 그 이전 시대는 근본적으로 다름을 인식하고 있었다. 예수가 회개를 촉구하는 세례 요한의 부름에 순종한 때부터 그의 시간은, 자신과 추종자들에게 새로운 삶의 길을 필요하게 만드는 결정적이고 번복할 수 없는 회개를 촉구하는 마지막 때였다.[27]

3) 예수는 어떻게 천국에 들어갈 수 있다고 이해했는가?

천국의 주제와 관련된 윤리적인 명령들을 살펴보면 부정적 혹은 긍정적으로 두드러지게 나타나는 특징들을 발견하게 된다. 재림이 아직

---

26) A. Schweizter, *The Quest for the Historical Jesus* (3rd ed.1954); C. H. Dodd, *The Parables of the Kingdom* (1935); J. Jeremias, *The Parables of Jesus* (2nd ed.1972)를 참고하라. 이들과 다른 학자들의 유익한 토론을 위해서는 Norman Perrin, *The Kingdom of God in the Teaching of Jesus* (1963)을 참고하라.

27) 내가 자료를 이해하기에 예수의 천국에 대한 개념을 분명히 이해하기는 불가능하다는 샌더스의 주장은(*Jesus and Judaism* [1985],123-56) 근거가 없는 것으로 보이며, 현존하고 있는 천국에 관한 모든 예수의 증거는 복음서 전통의 후기 산물로 보아야 한다는 Paula Fredriksen의 주장도(*From Jesus to Christ* [1988], 101) 받아들이기가 어렵다.

실현되지 않은 원시 기독교의 유리한 위치에서 볼 때 그것들 혹은 최소한 그것들의 과장된 도전을 재림과 함께 종결될 기간에 형성된 도덕—슈바이처의 용어를 빌리자면 주의 날 직전에 계속될 아주 짧은 기간 동안을 위한 중간윤리(Interimsethik)—과 동일시하는 것이 가능했다. 하지만 그러한 견해는 예수의 참모습에 대한 재구성과는 전혀 맞지 않는다. 그의 메시지가 그가 의도한 집합적인 의미에서는 객관적으로 실현되지 않은 채 남아있지만, 개인적인 차원에서는 모든 시대의 사람들에게 온전하게 적용될 수도 있다.

요약하면, 비유에서의 설교와 예언 그리고 교훈은 물질을 포기하고 하나님에 대해 무조건 순종하고 절대적으로 복종하는 것이 중요한 자격 조건임을 증언한다. 가정된 의무가 법적이라기보다는 윤리적으로 표현되었다는 사실 때문에 예수의 종말론적인 설교가 율법에 대한 그의 이해와 상충한다고 생각해서는 안 된다. 지혜 있는 서기관에게 하나님 나라에서 멀지 않다고 말한 것은 율법의 요약이 곧 하나님과 인간 사랑임을 입증하는 것이기 때문이다(막 12:34). 더 의미심장한 것은 주기도문에서 "나라가 임하시오며"가 "뜻이 이루어지이다"라는 기도 다음에 나온다는 것인데(한글 번역에는 순서가 바뀌어 있다: 역자 주), 어느 시대를 막론하고 유대교에 있어서 하나님의 뜻은 시내산에서 모세가 받은 계명에 나타나고 표현되었다고 이해되었다.

4. 예수와 유대인의 종말론에 있어서 천국 메시지

　예수가 전한 하나님 나라 사상과 유대인의 종말론적 사고의 일반적인 발전의 비교는 두 가지 긍정적인 기여를 제공하는데, 우선 몇 가지 예수의 가르침의 신빙성을 인정하게 해주고 또한 그의 메시지의 여러 면의 개성(개별성)이 현저하게 드러나게 해준다. 우선 첫 번째 부정적인 관찰은 성경 시대와 신, 구약 성경 중간 시대의 하나님 나라에 대한 교리의 특징 중 하나가 완전히 빠져 있다는 것이다. 즉 예수가 말한 이야기 중에는 용사이신 하나님이 인도하실 종말론적 혈전에 대한 내용이 하나도 없다. 또한 다니엘서나 모세의 승천, 그리고 특히 쿰란 전쟁 문서, 심지어는 신약의 계시록에도 생생하게 묘사된 마지막 전쟁 때의 천사나 천사장의 개입에 관한 부분조차도 찾아볼 수가 없다.

　반면에 예수의 교훈을 연상시키는 비폭력적인 사상들, 다시 말해 방종한 생활과는 일치할 수 없고 경건한 행동을 강조하는 천국 사상들이 주빌리서나 베냐민 전서에는 나타나지만, 예수의 사상과의 유사성은 매우 적다.

　실제적인 표현은 다르지만, 예수의 관점은 타나이틱 랍비들이 가지고 있던 천국 개념에 더 가깝다. 성경이나 신, 구약 중간 시대의 문서에 대한 그들의 우주적인 견해는 좀 더 개인적이고 다루기 편하도록 축소되었다. 그래서 아브라함은 하나님을 인정하고 전파함으로 이 땅에 천국을 세우는 중간 사역자로 묘사되었다. 또한 좀 더 민주적으로,

천국의 멍에를 지는 모든 유대인은 하나님의 주권에 자신을 온전히 맡기고 그 결과 계명을 지킴으로 자신들의 헌신을 실천했는데 예수도 같은 영적 자세를 강조한 듯하다.

가장 특기할 만한 공통점은 왕이신 하나님께 대한 순종을 다짐하는 행위로서의 쉐마 암송을 강조하고, 그다음에 계명의 멍에를 지는 것을 제1계명에 대한 요약으로 보았다는 것이다.

> "예수께서 대답하시되 첫째는 이것이니 이스라엘아 들으라 주 곧 우리 하나님은 유일한 주시라 네 마음을 다하고 목숨을 다하고 뜻을 다하고 힘을 다하여 주 너의 하나님을 사랑하라 하신 것이요 둘째는 이것이니 네 이웃을 네 자신과 같이 사랑하라 하신 것이라 이보다 더 큰 계명이 없느니라"(막 12:29-31).

미쉬나가 예수에 의존했다고 보는 것은 비합리적이고 말도 안 되는 주장이므로, 유일한 가능성은 이 둘이 모두 주후 1세기경에 이미 자리를 잡았던 일반적인 종교적 입장으로부터 유래한 것이 틀림없다.

하지만 천국에 관한 예수의 사고는 타나이틱의 사고와 차이점들도 있는데, 특히 복음서 중 신빙성 있는 모든 부분에 스며들어 있는 마지막 날에 대한 극단적인 열정이 바로 그것이다. 타나이틱과 예수 모두 당시 기존의 사상과 관계를 가지고 있었다. 그러나 하나님 나라에 대한 예수의 가르침은 은밀하게 감추어져 있으면서도 화려하게 절정에 이르는 개인적인 종말론의 특징을 지닌 훨씬 더 신선한 것이었다.

부록:

신약성경 다른 부분에 나타난 하나님의 나라

독자들이 예수의 가르침의 독특성을 온전히 이해하도록 하기 위해서는 공관복음에 나타난 하나님 나라의 개념과 공관복음만큼 현저하게 나타나지는 않지만, 신약성경 다른 부분에 나타난 개념을 비교해 보는 것이 유익할 것 같다.

제4 복음서에는 예수와 니고데모의 대화 장면에서 두 번 나오는 것 외에는 없는데(요 3:3, 5), 공관복음의 원래 용어인 회개를 초대 기독교의 세례를 상징하는 물과 성령에 의한 거듭남으로 재구성하였다.

사도행전의 저자도 천국을 부활하신 예수의 가르침의 주제로(행 1:3), 그리고 소아시아와 안디옥, 로마에서의 바울의(그리고 바나바의) 가르침의 주제로(행 14:22; 19:8; 28:23,31) 소개하는 전통적인 형태를(마 4:23; 9:35; 눅 4:43 등) 따른다. 데살로니가후서 1장 5절과 요한계시록 1장 9절에서와 같이 천국에 들어가는 것을 마태복음 5장 10절처럼 고난과 연관을 시킨 경우도 있지만 그 암시들이 상당히 모호하다. 골로새서 4장 11절에는 하나님의 나라를 위해 함께 역사하는 유대인들(할례파)에 대한 언급도 있다.

고린도교회에서의 카리스마적 활동은 바울이 "하나님의 나라는 말에 있지 아니하고 오직 능력(*dunamis*)에 있음이라"(고전 4:20)고 역설하게 했지만, 일반적으로 그는 천국을 도덕적인 문맥에서 소개한다. 하나님의 나라는 먹는 것과 마시는 것이 아니요 오직 의라고 했고(롬 14:17), 불의한 자는 하나님의 나라를 유업으로 받지 못한다고 했다(고전 6:9; 15:50; 살전 2:12). 첫 번째 복을 상기시키면서 야고보서 2장 5절은 가난한 자를 존경하라고 그의 교회를 권면한다.

> "내 사랑하는 형제들아 들을지어다 하나님이 세상에서 가난한 자를 택하사 믿음에 부요하게 하시고 또 자기를 사랑하는 자들에게 약속하신 나라를 상속으로 받게 하지 아니하셨느냐?"(약 2:5).

하지만 전반적으로 천국은 미래의 실체, 마지막 때의 궁극적인 천상의 실체로 나타난다.

> "그 후에는 마지막이니 그가 모든 통치와 모든 권위와 능력을 멸하시고 나라를 아버지 하나님께 바칠 때라"(고전 15:24).

> "하늘에 큰 음성들이 나서 이르되 세상 나라가 우리 주와 그의 그리스도의 나라가 되어 그가 세세토록 왕 노릇 하시리로다"(계 11:15).

예수의 참 메시지의 단편들이 위의 본문에 남아있기는 하지만 재림이 지체됨으로 말미암아 천국의 임박성과 긴박성은 점차적 사라져 갔다. 내 생각에는 사도들이 그리스도의 재림을 기다리다가 대신에 교회의 도래로 재림을 대치시켰음을 제일 먼저 관찰한 사람이 알프레드 로이지(Alfred Loisy)였다고 생각된다.

제6장

"아빠 아버지": 예수의 하나님

하나님 나라에 관해 다루면서 이미 살펴본 대로 하늘의 통치자에 대한 개념은 성경 시대와 신, 구약 성경 중간 시대, 그리고 랍비 시대의 유대인들에게는 기본적이었다. 하지만 아버지로서의 하나님에 대한 개념 또한 마찬가지였다. 이 두 명칭은, 탈무드 전통에 의하면 극심한 가뭄이 끝난 후에 회당의 언약궤 앞에서 랍비 아키바(Rabbi Akiba: 주후 135년 사망)의 간구에서 유래되었다는 유명한 예식기도인 아비누 말케누(Avinu Malkenu: 우리의 아버지 우리의 왕)에서 조화를 잘 이루고 있다.

"우리의 아버지 우리의 왕이시여, 우리가 주님 앞에 범죄하였나이다."

"우리의 아버지 우리의 왕이시여, 우리에게는 주님 말고는 왕이 없나이다."

"우리의 아버지 우리의 왕이시여, 우리에게 자비를 베푸소서."

이미 강조한 대로 공적인 설교나 기도에서 "왕"이라는 호칭이 고대 유대인들의 문학을 지배했던 반면, 예수의 가르침에는 충격적으로 하나도 없다. 대조적으로 공관복음에서 예수가 하나님을 아버지로 부른 경우는 약 60번 정도 찾아볼 수 있고, 적어도 한 번은 아람 호칭으로 "아빠"라고 부른 적도 있었다. 예수의 종교를 정확하게 이해하는 데 이 사상이 매우 중요하다는 것은 두말할 나위도 없고, 항상 그렇지만 그의 메시지를 생동감 있게 이해하기 위해서는 복음서의 증거들을 균형 있게 살펴보아야 할 것이다.

1. 예수의 가르침에 있어서 하늘에 계신 아버지

예수의 아버지, 그의 제자들의 아버지, 그리고 피조된 온 세계의 아버지로서의 하나님의 개념은 복음서에 깊이 뿌리를 내리고 있는데 여러 종류의 문학적 형태—비유, 교훈, 기도—에 나타나 있고 마가복음과 Q문서, 그리고 마태와 누가의 독자적인 전통 모두에 다 나타나 있다. 그 목적은 예상하는 대로 신비적이거나 신학적이기보다 실존적이고 실제적이다. 하나님을 돌보시는 아버지로 강조함으로 예수는 그의 제자들이 그런 하나님에 대한 합당한 태도를 갖도록 했으며, 아버지와 아들의 관계는 상호관계이므로 형제와 자매의 행동을 위한 모범을 제시하려고 했다.

1) 비유에 나타난 아버지

하늘 왕국의 주제에 비하면 아버지의 형상은 이 문학적 장르에서는 비교적 적은 편으로 두 아들의 비유와 탕자의 비유에만 나타난다. 우선, 마태복음 21장 28-32절, 좀 더 정확하게 28-31절에 보면 아들들의 역할에 비해서 아버지는 덜 중요한 인물로 단지 명령을 내릴 뿐이다. 그렇지만 중요한 아버지의 특징은 거역한 아들이 회개할 때 형식 없이 용서하는 것이다. 두 번째로 탕자의 비유에 보면(눅 15:11-32) 아버지는 본능적으로 아들이 잘못을 고백하기도 전에 미리 알고 달려가 그를 껴안고, 잃어버리고 죽었다가 다시 살아와서 찾은 바 된 아들을 위해 기쁨의 잔치를 배설한다.

이 비유의 내면에 깔려 있는 하나님의 모습은 진정으로 회개하는 자녀를 향한 사랑과 인내를 보여주며, 예수가 좋아하는 부류였던 세리와 죄인들의 영적인 갈망에 부응한다.

2) 교훈에 나타난 아버지

다른 예수의 교훈에서도 마찬가지이지만, 그 교훈들의 신빙성에 관한 문제는 문학적, 편집적, 사상적 특징에 대한 평가와 그의 메시지나 의미 전반과의 일치, 원래의 독자들인 갈릴리 청중에의 적합성 등을 종합적으로 살펴보아야 한다.

공통으로 Q문서에서 유출했든지 아니면 따로 그들의 특별한 자료에서 비롯된 것이든, 마태복음과 누가복음에는 마가복음보다 교리적인 내용이 월등히 많고 마태는 유일하게 많은 유대인적 요소들을 언급한 것을 염두에 둘 때 마가의 자료가 언제나 더 특별히 강조되게 된다. 또한 누가가 팔레스타인 유대인들의 문화적 감정의 미묘한 차이에 무디었던 것을 생각해서, 첫 번째 복음서 저자에게 편견이 있었다고 특별히 생각되지 않는 한 누가복음이 마태복음과 상충할 때는 마태복음을 선호하게 될 것이다.

마태의 메시지의 유대적인 것을 저자나 혹은 편집자가 의도적으로 원래 예수의 설교를 유대화한 것으로 보는 사람들에게는(그들은 그들의 입장이 널리 인정되고 있다고 보지만) 이러한 입장이 용납되지 않을 것이 자명한 일이다. 하지만 이 입장은 전혀 가능성이 없다. 우선은 마태가 예수 당시 유대인들의 종교적인 무리들에 대해서 상당히 비판적인 태도를 취하기 때문에 그 입장과 상충하고, 또한 이방인 교회에 의해 준비되고 전승된 문서에 유대인의 색채가 그대로 보존된다는 것이 불가능하기 때문이다. 일반적으로 볼 때 이 학설의 논리 전개는 모순된 점이 많고 비합리적이다. 결론적으로 마태에 의해 전승되었다는 소위 "유대화" 전통은 그대로 받아들여지지 않을 것이다.

(1) 용서하는 아버지

비유들의 가르침과 아울러 예수의 설교에서 두드러지게 나타나는 특징 중의 하나는 방황하는 자녀들을 용서하기 위한 하나님의 기다림이다. 우선 하나님을 아버지라고 부른 세 가지 기록 중 하나로, 가장 오래된 사본에서 찾아볼 수 있는(Sinaticus and Vaticanus) 마가복음 11

장 25절의 짧은 원문을 보면 다음과 같다.

"서서 기도할 때에 아무에게나 혐의가 있거든 용서하라 그리하여야 하늘에 계신 너희 아버지께서도 너희 허물을 사하여 주시리라"(막 11:25).[1]

마가복음 11장 26절(개역개정 성경에는 26절이 없지만, KJV에 의하면 "그러나 너희가 용서해 주지 않으면 하늘에 계신 너희 아버지께서도 너희 잘못을 용서해 주시지 않을 것이다"라고 되어 있다: 역자 주)에 따라 나오는 긴 원문은 주기도문의 관계된 구절 다음에 설명으로 붙은 마태복음 6장 14절의 모양을 따라 부정적인 양식을 포함하고 있다.

"너희가 사람의 잘못을 용서하면 너희 하늘 아버지께서도 너희 잘못을 용서하시려니와 너희가 사람의 잘못을 용서하지 아니하면 너희 아버지께서도 너희 잘못을 용서하지 아니하시리라"(마 6:14-15).[2]

---

1) 원래는 독립적이었던 것으로 보이지만 이 말이 마가복음 11:24에 나타나는 기도에 덧붙여졌다는 사실도 주목해 볼 만하다.

2) 부정적인 교훈도 악한 종의 비유의 요약으로 포함되어 있다(마 18:35). 심지어 성전에 예물을 드릴 때도 화해가 필요하다는 교훈은 용서하시는 하늘 아버지에 대한 언급 없이 마태복음 5:23에서도 강조되었다. 불트만의 의견에는 예루살렘에 제사 제도가 존재하고 있었음을 전제로 하기 때문에 원형에 가까운 것으로 본(*HST*, 132) 제단에 관한 암시는 오히려

어쨌든 용서의 개념이 예수의 아버지의 모습에서 중요한 요소 중 하나임은 틀림이 없다.

(2) 돌보시는 아버지

하늘에 계신 아버지의 또 다른 특징은 아버지로서의 염려인데, 이는 Q자료의 중심교리이며 마태만이 증언하고 있는 자료에서도 찾아볼 수 있는 교리이다. 다시 말하면 누가가 예수의 유대인적인 사고방식의 민감한 부분을 제대로 이해하지 못했음은 "아버지"라는 단어 대신에 "하나님"이라는 단어를 여러 번 사용한 것을 보아도 알 수 있다.

대부분 예를 보면 이와 같은 자상한 아버지상은 예수의 팔레스타인적 분위기와 관련이 있으며 그 당시 특수한 종교적 형태를 반영한다. 그래서 음식, 마실 것, 의복과 같은 필수적인 것을 위한 염려는 이방인들의 모습이라고 했다(마 6:32).[3]

성전에 관한 문제에 별로 관심이 없었던 예수보다는 마태에게서 비롯된 것으로 보인다.

3) 비슷한 진술이 비유대인의 기도-간구를 수다스러운 것으로 특징지은 마태복음 6장 7절에도 나타난다. "구하기 전에 너희에게 있어야 할 것을 하나님 너희 아버지께서 아시므로" 그럴 필요가 없다. 심지어는 지상에서의 하나님의 사역자, 기적을 행하는 자들도 간구하는 자의 필요를 미리 알 수 있는 능력을 부여받은 것으로 묘사된다. 예를 들면 Hanina ben Dosa and the envoys of Rabban Gamaliel in bBer 34b; *yBer* 9d; *JJ* 75; and below n.10을 참고하라.

산상수훈의 교훈에 예수는 계속해서 염려하는 그의 제자들을 확신시킨다. "공중의 새를 보라 심지도 않고 거두지도 않고 창고에 모아들이지도 아니하되 너희 하늘 아버지께서 기르시나니"(마 6:26; 눅 12:24). "들의 백합화가 어떻게 자라는가 생각하여 보라 수고도 아니하고 길쌈도 아니하느니라 그러나…솔로몬의 모든 영광으로도 입은 것이 이 꽃 하나만 같지 못하였느니라…"(마 6:28-29; 눅 12:27). 그러므로 염려하여 이르기를 무엇을 먹을까 무엇을 마실까 무엇을 입을까 하지 말라 이는 다 이방인들이 구하는 것이라 너희 하늘 아버지께서 이 모든 것이 너희에게 있어야 할 줄을 아시느니라"(마 6:31-32; 눅 12:29-30)고 했다.[4]

---

4) 번역은 마태를 따랐다. 누가복음의 수정된 부분은 한 군데를 제외하고는 그리 중요하지 않다. 12:30에서 마태복음의 "너희 하늘 아버지"를 "너희 아버지"로 대신했고 12:24에서는 "너희 하늘 아버지"를 "하나님"으로 대치했다(또한 마 10:29과 10:20과 비교해서 눅 12:6과 12:12을 참고하라). 예외는 마태의 셈어상의 "공중의 새"를 까마귀와 동일시한 것이다. 이 부분이 Q문서에서 비롯되었다는 주장은 가장 최근에는 W. D. Davies and D. C. Allison, *The Gospel According to St. Matthew* I (1988), 654에 의하면 그 가능성이 희박하다. 그 용어는 다른 신약성경 어디에서도 찾아볼 수 없고 결론 부분에서 누가도 더 이상 그 용어를 사용하지 않았다("너희는 많은 참새보다 더 귀하니라"). 더욱이 이 비유는 전반적으로 씨를 먹는 새들을 전제로 하는 듯하다. 마지막으로 대체로 썩은 고기를 먹는 새이기 때문에 부정한 동물인 까마귀는 갈릴리 시골 사람에게는 하나님이 돌보시는 동물의 예로 적합하지 않다. 물론 시편 147:9이나 욥기 38:41의 예가 종종 인용되기도 했지만 그것은 겨우 학

또 다른 강세 논법(*a fortiori* argument: 마 7:9-11; 눅 11:11-13)은 하나님의 본질적인 자비심을 육신의 부모의 태도와 비교하기도 했다. 과장되게 "악"이라고 묘사되기는 했지만 그들도 자식이 빵을 달라 하면 돌을 주지 않는데, "하물며 하늘에 계신 너희 아버지께서 구하는 자에게 좋은 것으로 주시지 않겠느냐!"(마 7:11; 눅 1:13)라고 말했다. 그들의 천사들이 하늘에서 아버지의 얼굴을 뵙는 소자에 대한 그의 돌보심은 마태복음 18장 10, 14절에서 하나님의 본질적이고 전형적인 태도로 소개되었다.5)

물론 이 모습에서 아버지는 특히 유대인의 문맥에서는 인간에게 적용되지만 여러 다른 말씀을 보면 식물과 동물에도 관심을 가지고 계신다. 하지만 적어도 예수가 그의 제자들에게 원수를 사랑하라고 한 명령에서는 온 인류를 향한 하나님의 부성애적인 사랑과 자비를 볼 수 있다.

"나는 너희에게 이르노니 너희 원수를 사랑하며 너희를 박해하는 자를 위하여 기도하라 이같이 한즉 하늘에 계신 너희 아버지의

식이 있는 사람들 사이에서만 행해졌을 뿐이다. 참새에 대한 하늘 아버지의 관심은 마태복음 10:29-31, 누가복음 12:6에서 다시 언급되었다.

5) 일반적으로 볼 때 반-바리새인 논쟁(마 15:13)이나 장래 제자들이 받을 박해(마 10:20)와 관련해서 말한 하늘에 계신 아버지에 대한 언급은 신빙성이 거의 없다.

아들이 되리니 이는 하나님이 그 해를 악인과 선인에게 비추시며 비를 의로운 자와 불의한 자에게 내려주심이라…또 너희가 너희 형제에게만 문안하면 남보다 더하는 것이 무엇이냐 이방인들도 이같이 아니하느냐"(마 5:44-47; 눅 6:27, 33, 35).

이 모델은 우주 보편적이며, "원수"라는 용어는 달리 정의되지 않은 경우 대체로 이스라엘 공동체 밖에 있는 사람을 가리킨다. 그러므로 예수의 시야가 유대인의 세계를 벗어나지 않는다고 흔히 말하는데, 하나님을 모든 생물의 아버지로 보는 세계적이고 거의 사회 생태학적이라고까지 할 수 있는 경향은 절대로 유대인들에게 생소한 것이 아니었다.

(3) 은밀한 것을 보시는 하나님

예수의 하나님 아버지는 내적이고 개인적인 종교심을 보신다. 지나치리만큼 이 주제에 대한 강조는 정통적인 설교의 핵심과 정확하게 일치한다. 결과적으로 모든 교훈이 마태가 보유하고 있던 자료에만 속한다는 사실을 정통성을 부인하게 만드는 증거로 해석해서는 안 된다.

간단히 말해, 유대인들의 경건의 주된 표현이라고 할 수 있는 구제, 기도, 금식은 과장됨이 없이 가능하면 고대 하시딤(Hasidim)의 정신을 본받아 은밀하게 해야 한다. 가난한 자를 향한 자비는 나팔을 불어서는 안 되며, 길 구석이나 심지어는 회당조차도 내적 기도를 위해서는 적합한 장소가 아니고, 금식을 통한 자기부인은 음울한 외모를 통해 드러나지 않도록 해야 한다(마 6:2-4; 6:5-8; 6:16-18). 그와 같은 공적인 표적들을 삼가는 자는 "은밀한 중에 보시는 너의 아버지께서 갚으시리라"(마 6:4, 6, 18)[6]는 말씀에 적합한 자이다.

(4) 아버지를 닮아서

Q문서와 마태는 모두 하나님을 특별히 본받아야 할 표상으로 대부분의 경우에는 간접적으로, 그리고 한 번은 공공연하게 묘사했다. 예수의 관심은 주로 설교하는 것이었기 때문에 그의 가르침의 신학적인 의도는 간접적이고 모호할 수 있다. 가령 예를 들면 마태복음 5장 9절은 화평하게 하는 자들을 복이 있다고 하면서 "하나님의 아들"이라 일컬음을 받을 것이라고 했는데 이 말은 "거룩한 자의 아들" 혹은 "너희 아버지의 아들"과 동의어로서(눅 6:35; 마 5:45), 평화(shalom)의 하늘의 근원을 본받는 자는 이 땅에서도 평화를 추구하게 되고 그래서 하나님의 아들이라 일컬음을 받기에 합당하다는 의미를 넌지시 밝힌다.

마찬가지로 자녀들을 향한 하늘 아버지의 자비를 보여주는 예수의 제자들의 "선행"은 하나님께 찬양을 더 하게 한다고 했다: "이같이 너희 빛이 사람 앞에 비치게 하여 그들로 너희 착한 행실을 보고 하늘에 계신 너희 아버지께 영광을 돌리게 하라"(마 5:16).

---

6) 문학적 대조를 위해서는 *JWJ* 164, n.33을 보라. 또한 W. D. Davies and D. A. *Allison, Matthew* (1988), 579를 참고하라.

그러나 예수가 제시한 "아버지 형상"의 교리에 대한 직접적이고 간결한 표현은 차후에 자세하게 다루게 될 "나 주 너희 하나님이 거룩하니 너희도 거룩하라"는 레위기 19장2절의 모형을 따르고 있다. 다음 두 경우에 그 예가 나와 있다. "하늘에 계신 너희 아버지의 온전하심과 같이 너희도 온전하라"(마 5:48), "너희 아버지의 자비로우심 같이 너희도 자비로운 자가 되라"(눅 6:36). 그러므로 예수와 랍비는 레위기 22장 28절의 아람어 의역에 인상적으로 나타난 대로 똑같은 말을 하고 있다. "나의 백성 이스라엘 자손들아 하늘에 계신 너희 아버지가 자비로운 것처럼 너희도 이 땅에서 자비하라"(탈굼 Ps.-요나단).[7]

이제 여기에서 예수의 교훈 중 다른 교리와 상충하는 듯이 보이는 한 교훈을 살펴보자. 이 교훈에 의하면 신성의 뛰어남은 절대적이고 무한해서 인간으로서는 흉내도 낼 수 없을 뿐만 아니라 "아버지"라는 명칭조차도 하나님의 특권이며, 그것을 인간에게 적용하는 것은 그 어떤 경우라도 월권 행위가 된다. "땅에 있는 자를 아버지라 하지 말라 너희의 아버지는 한 분이시니 곧 하늘에 계신 이시니라"(마 23:9). 이 말씀이 아바라는 별명을 지니고 있던 랍비 성현들을 비난하기 위한

---

[7] 이미 앞에서 율법의 "윤리화"라고 불렀던 것의 예 중에 이보다 더 좋은 예는 없을 것이다. 왜냐하면 히브리어 레위기의 본문은 "어미가 소이든 양이든 어미와 새끼를 같은 날 죽이지 말지니라"라고 기록된 반면, 탈굼은 이 규례를 보편적인 도덕적 명령으로 승격시킨다.

논쟁적인 의미를 가지고 있다는 제안은 설득력이 약하다.

서클-주창자(Circle-maker)인 호니의 손자 아바 힐기야와 그의 사촌으로 호니의 외손자인 하난과 같은 카리스마적 지도자들이 그런 별명을 가지고 있었던 듯하다. 그러나 후자의 경우 가뭄이 그치게 해달라는 요청을 받았을 때 비를 줄 수 있는 능력을 가진 하늘 아버지와 오직 하나님께 그렇게 하도록 요청할 수 있는 자신을 엄격하게 구분했었다. "땅에 있는 자를 아버지라 하지 말라"(마 23:9)는 말씀은 하늘 아버지께서 갈망하시는 바를 닮으라는 교리와 상충하지 않는다. 원래 하나님 고유의 속성을 인간에게 적용하는 것을 부인한 이 말씀은 예수를 "선한 선생"이라고 부른 부자 청년에게 하신 예수의 질문을 연상시킨다.

"네가 어찌하여 나를 선하다 일컫느냐 하나님 한 분 외에는 선한 이가 없느니라"(막 10:18; 눅 18:19).

이와 비슷하게 과장된 표현을 2세기 타나이틱 랍비였던 요세의 아들 이스마엘에게서도 찾아볼 수 있는데, 그는 다음과 같은 격언을 통해 한 사람에게 사법권이 주어지는 것을 부인했다. "혼자 재판하지 말라. 이는 한 분 밖에는 혼자 재판하실 이가 없음이라"(mAb 4.8). 하나님의 초월성을 강조하는 이 두 구절은 복음서의 메시지와 상충한다기보다는 오히려 하나님에 대한 예수의 소개를 균형 있게 해주는 데 도움이 된다.

(5) 묵시적 말씀에서의 아버지

우선 간단히 요약하자면 루돌프 불트만의 양식비평적인 기준에 의한 판단이든, 아니면 재림의 개념이 교회의 산물이라는 나의 역사-종교적 전제에 의한 판단이든 간에 이 단원에 나오는 구절들은 예수가 친히 한 말이라고 보기 어렵다. 마가복음 8장 38절과 마태복음 16장 27절, 누가복음 9장 26절의 묵시적 말씀들에 보면 "인자"는 "이 음란하고 죄 많은 세대에서" 그를 부끄러워하는 자들에게 아버지의 영광으로 거룩한 천사들과 함께 올 때에 그들을 부인할 것이라고 말한다. 같은 주제가 마태복음 10장 32절과 누가복음 12장 8절에서도 부인과 긍정의 형태로 거듭 다루어졌는데, 두말할 나위 없이 "아버지"의 형상이 문맥에서 적합하지 않게 취급되었다.

마찬가지로 "하늘에 계신 아버지" 혹은 "하늘 아버지"가 아닌 미래 종말론적인 왕국의 아버지와 연관된 "아버지"는 부자연스럽고 초대교회가 편집한 부분임을 보여준다. 따라서 "의인들은 자기 아버지 나라에서 해와 같이 빛나리라"는 마태복음 13장 43절의 말씀은 가라지의 비유에 대한 초대교회의 주해이다(불트만, *HST* 187). 또한 종말론적인 만찬석상에서 자리를 배정해 주는 것이 아버지의 책임이라는 마태복음 20장 23절도 편집상 첨부된 부분이다(*HST* 326). 아버지께 복받을 자들이 천국을 상속으로 받을 것이라는 기록도 역시 마태복음 25장 31-46절에 대한 초대 기독교의 편집 부분에 속한다(*HST*, 125). 최후의 만찬 때 "나의 아버지의 나라"에서 새 포도주를 마실 것이라고 예수가 언급했다는 내용도 "예식상의 전설"에 속하고(HST, 265), 예수가 잡히시던 순간에 만일 예수가 도움을 요청하면 아버지께서 열두 군단 더 되는 천사를 보낼 것이라고 한 기록도 초대교회에 의해서 마태복음 26장 53절에 소개된 "교리적 증명"으로 볼 수 있다(HST 284).[8]

마가복음 13장 32절과 마태복음 24장 36절에서 천국이 도래하는 그날과 시에 대해서는 천사들도, 아들도 모르고 오직 아버지만 아신다고 주장한 구절은 불트만이 주장하는 대로 기독교적으로 귀결된 유대인의 글일 뿐만 아니라, 자신의 특권을 심지어 아들로부터 조차 보호하려는 질투하는 아버지에 대한 사상은 전혀 맞지 않는다. 그와 같은 하나님은 예수의 하나님이 아니다.[9]

3) 예수의 기도에 나타난 아버지

공관복음서는 하나님을 항상 "아버지", "아빠", "우리의 아버지" 등

---

[8] 비슷한 문맥에서 누가가 아버지에 관해 언급한 세 번의 경우는(눅 12:32; 22:29; 24:49) 모두 교회가 만든 것으로 불트만에 의해 정확하게 분석되었다. 물론 마태복음을 끝내는(28:19) 초대교회 세례 때의 공식인 아버지와 아들과 성령의 삼위일체론적인 구절 역시 마찬가지이다.

[9] 하나님의 지식을 천사들도 모른다는 것은 종종 "천상의 가족"이라고 불렸던 천국의 천사들에게 하나님께서 항상 자문을 구했다는 기존의 유대인 전통과 분명히 상반된다. ySanh I, 18a; bSanh 38b; E. Urbach, *The Sages: Their Concepts and Beliefs* (1975), 179를 참고하라.

으로 부르는 다섯 번의 기도를 보존하고 있는데 이것들은 마가, Q, 그리고 누가만의 전통에 나타나 있다. 마태복음에 나오는 기도에 관한 구절 셋도 역시 어떤 특정한 공식 없이 예수의 가르침을 소개하고 있다. 이 구절은 겉치레를 경고하고(마 6:5), 골방에서의 기도를 강조하며(마 6:6), 이방인들이 실제로 그리했던 것처럼 상세한 쇼핑 목록과 같이 불필요하게 중언부언하는 것을 경고한다(6:7). 은밀한 중에 보시며 구하기 전에 있어야 할 것을 미리 아시는 아버지는 오직 합당한 내적 상태만을 요구하신다.[10]

---

10) 랍비 문학은 일반적으로 "제일 하시딤"(*hasidim rishōnīm*)이라고 언급된 특별히 헌신적인 유대인들의 행동과 관련하여 예수의 교훈과 직간접적으로 연관이 있는 유사한 내용들을 보존하고 있다. 은밀한 동기는 구제와 관련해서 언급되었다. 경건하고 죄를 두려워하는 자들은 그들의 헌금(*hashsha'īm*) 통에 넣어 은밀히 헌금하게 하므로 부끄럼 타는 "고통 중의 귀족들"(distressed gentlefolk; '*anityīm benē tōuīm*)이 후원자의 얼굴을 대면하지 않아도 되도록 만들었다(*mShek* 5.6). 은폐된 방으로 들어가라는 충고는 1세기경의 카리스마적 신유 치료자인 하니나 벤 도사에게서도 그 예를 찾아볼 수 있는데, 그가 다락방에 들어가 기도를 할 때 멀리 예루살렘에 있던 라반 가말리엘의 아들이 기적적으로 나음을 받았다고 한다(*yBer* 9d; *bBer* 34b). 탈무드의 이야기를 보면 하니나가 윗층에 올라가서는 다락방에 들어가 하나님께 기도했는데 가말리엘의 사자가 그에게 말을 하기도 전이었다고 한다. 즉 그는 그들이 그에게 무엇을 청할는지 미리 알았다는 것이다. 하늘에 계신 아버지와 같이(마 6:7), 카리스마적 지도자도 구하는 자의 필요를 미리 아는 예지의 능력을 지니고 있는 것으로 간주되었다.

마가복음 14장 36절에 재구성된 "아빠 아버지여 아버지께서는 모든 것이 가능하오니 이 잔을 내게서 옮기시옵소서…"라는 예수의 간구는 도움을 요청할 때 그가 하나님께 하던 기도의 양식을 그대로 보존한 것인 듯하다. 아람어의 이 양식은 전혀 그럴 수 없을 것 같음에도 초대 교회에서 심지어 헬라어를 사용하는 바울의 회중, 즉 이방인 교회에서조차도 사용되었었다(롬 8:15; 갈 4:6). 그중에 단지 마가복음의 구절과 주기도문만 예수의 것으로 보이는 다섯 번의 기도들은 하나님에 대한 예수의 실존적 이해를 엿보도록 해준다.

(1) 누가의 자료

문제를 간단하게 하기 위해서 신빙성이 거의 없는 누가의 두 인용은 그리 큰 비중을 두지 않고 지나갈 수 있을 것 같다. 십자가에서 죽으면서 예수가 한 기도 "아버지 저들을 사하여 주옵소서 자기들이 하는 것을 알지 못함이니이다"(눅 23:34)는 사도행전 3장 17절에서 분명하게 형성된 유대-기독교인의 선교 도구였다. 다시 말해 예수의 죽음에 직접적인 책임이 있는 권세자들을 포함한 예수 당시의 유대인들이 가지고 있었을 듯한 죄책감을 무지의 소치로 돌리려는 선교적 의도가 그 속에 포함되어 있다.[11]

---

11) 아주 오래된 사본들 중에는 이 구절이 삭제된 것도 있다(P. Bodmer XIV, Vaticanus, etc.). 그런데도 이 말들이 예수가 직접 한 말이었을 가

마태복음	누가복음
하늘에 계신 우리 아버지여	아버지여
이름이 거룩히 여김을 받으시오며	이름이 거룩히 여김을 받으시오며
나라가 임하시오며	나라가 임하시오며
뜻이 하늘에서 이루어진 것 같이 땅에서도 이루어지이다	
오늘 우리에게 일용할 양식을 주시옵고	우리에게 날마다 일용할 양식을 주시옵고
우리가 우리에게 죄 지은 자를 사하여 준 것 같이 우리 죄를 사하여 주시옵고	우리가 우리에게 죄 지은 모든 사람을 용서하오니 우리 죄도 사하여 주시옵고
우리를 시험에 들게 하지 마시옵고 다만 악에서 구하시옵소서	우리를 시험에 들게 하지 마시옵소서

　십자가 위에서의 예수의 부르짖음에 관해서 마가복음 15장 37절, 마태복음 27장 50절에서는 단지 "큰 소리"라고 묘사됐지만, 마가복음 15장 34절, 마태복음 27장 46절의 고통스러운 부르짖음인 "나의 하나님 어찌하여 나를 버리셨나이까"라는 기도를 신학적인 이유로 언급하지 않은 누가는 고난 받는 자의 생의 경건한 마침을 소개하며 어색하게도 시편 31편 6절을 인용했다.

능성은 없지만, 싫어하던 유대인들에 대한 하나님의 용서를 구하는 기도에 혐오감을 가지고 있던 초대교회가 삭제했을 가능성이 후세에 삽입했을 가능성보다 훨씬 높다.

"아버지 내 영혼을 아버지 손에 부탁하나이다"(눅 23:46).

(2) Q문서와 마태의 자료

예수의 감사의 기도는(마 11:25-27과 눅 10:21) 이미 앞장에서 다룬바 있지만, 이 구절의 핵심인 "아버지 외에는 아들을 아는 자가 없고 아들과 또 아들의 소원대로 계시를 받는 자 외에는 아버지를 아는 자가 없느니라"는 말씀은 일반적으로 교회에 의해서, 어쩌면 헬라파 교회에 의해서 편집된 내용일 것이라고 생각되어왔다. 하지만 기도 자체와 그의 자녀들에게 비밀을 보여주시는 하늘 아버지에 관한 내면의 사상은 쿰란의 사상과는 차이가 있어도 팔레스타인 유대인의 사상임에 틀림이 없다. 사실 이 구절이 신빙성이 있는가 하는 문제를 떠나서 계시를 받고 주는 것은 예수의 정통 가르침과는 맞지 않는 내용이다.[12]

---

12) 하나님이 의의 선생에게 주시고 그 분파의 무리들과 교통하신 계시된 지식은 사해문서 신학의 핵심을 이룬다. *1QpHab*2.2f는 하나님의 입으로부터 받은 메시지에 관해 언급했고 7:5에서는 그것을 그의 종 선지자들의 말씀의 신비에 관해 하나님이 주신 지식과 동일한 것으로 보았다. 1 QS는 모세의 율법의 계명들의 계시된 의미에 관해 언급한다 (5:9; 8:1). "정해진 때"에 관한 계시(1:9; 9:13)인 *CD* 15:13도 율법에 관한 계시들을 논했다. 이와 같은 계시들을 받는 부류의 사람들은 여러 군데서 마태복음 11:25과 누가복음 10:21에 나오는 헬라어 *nēpioi*와 동의어인 "단순한 자"(*peti'īm*)로 묘사되었다. *1QpHab* 12:4; 1QH 2:9; f15, 4를 참고하라. 또한 쿰란 공동체보다 후대의 것으로 추정되

물론 받는 자가 이번에는 자녀가 아니지만 계시하는 아버지에 관한 언급은 가이사랴 빌립보 지방에서의 베드로의 고백 사건에도 나타난다. "이를 네게 알게 한 이는 혈육이 아니요(예수에 대한 메시야적 신분) 하늘에 계신 내 아버지시니라"(마 16:17). 하지만 같은 사건에 대한 마가와 누가의 기록과 비교해 볼 때(막 8:29; 눅 9:20), 마태복음 16장 17-19절은 초대교회에서 비롯된 변증적인 요소가 두드러지게 나타나 있다.

"하늘에 계신 우리 아버지", 혹은 "아버지"로 시작되는 주기도문(마 6:9-13; 눅 11:2-4)은 본 주제 연구의 가장 중요한 자료로 간주한다. 예수에 의해 되어진 것이기는 하지만 예수 자신이 암송하기 위한 것이 아니라 "우리", "우리에게", "우리를"에서 볼 수 있듯이 제자들을 위한 기도였기 때문에 제목 자체는 오해를 불러일으킬 수도 있다. 누가복음의 것은 일부 사본에서 볼 수 있는 6장 13절의 영광에 관한 부분을 제외하고라도 편집되었음을 쉽게 볼 수 있는[13] 마태의 것과는 달리 많

는 *4Q381*,1f.의 비-정경 시편을 보라. 거기에서는 단순한 자들에게 전달된 심판, 교훈, 이해에 관해 언급했다(Eileen M. Schuller, *Non-Canonical Psalms from Qumran* [1986], 71,75,77를 참고하라).

13) 가장 오래된 사본과 누가복음에는 없는 송영은 그 내용에 있어서도 변동이 심하다. "나라와 권세와 영광이 아버지께 영원히 있사옵나이다 [아멘]", "권세와 영광이 아버지께 영원히 있사옵나이다 [아멘]," "나라와 영광이 아버지께 영원히 있사옵나이다 [아멘]". 내 생각에는 후기에 삽입된 예식적인 문구라고 보이는데 예레미아스는 예수가 한 말

은 헬라문서의 지지를 받고 있다(물론 그 중 어떤 것은 누가의 것을 마태의 것과 비슷하게 만들려고 시도하기도 했지만).

하지만 현재 우리의 관심은 주기도문이 하늘에 계신 아버지로서의 하나님에 대한 예수의 이해에 어떤 기여를 했는가 하는 것이므로 주기도문에 대해서 상세하게 논하는 것은 바람직하지 않을 것이다. 그런데도 언급해야 할 필요가 있는 몇 가지가 있는데, 마태의 것과 누가의 것의 관계에 대한 평가도 그 중 하나가 될 것이다.[14]

마태와 마가의 기록에 대한 관계에 있어서 그것들이 Q문서에서 기인한 것인지, 아니면 나름대로 의존한 자료(M문서와 L문서)가 있었는가에 상관없이 학자들의 의견은 짧은 누가의 것이 원문에 더 가깝고 (Davies-Allison, 592) 덧붙여진 것들은 마태의 작품이라는 쪽으로 기우는 경향이 있다.

그렇게 추측해 볼 때 정확하게 어떤 언어로 했는가 하는 데는 의견이 분분하지만, 주기도문은 실제로 예수가 가르친 것이라는 것이 다

이라고 주장한다(*The Prayers of Jesus* (1967), 106). M. Black, 'The Doxology of the Pater Noster with a Note on Matthew' 6.13B', in P. R. Davies and R. T. White, *A Tribute to Geza Vermes* (1990), 327-8를 참고하라.

14) 이 문제에 관한 최근의 연구는 W. D. Davies and D. C. Allison, *Matthew* I (1988), 590-615와 pp.621-24의 참고문헌들을 보라. 마태복음과 마가복음에 공통된 용어와 구절은 이탤릭체로 인쇄되었다.

수의 견해이다. 원칙적으로는 아람어가 더 선호되지만 장 칼미낙(Jean Carmignac, Recherches sur le Notre Père, 1969)과 같은 사람은 쿰란의 히브리어가 신빙성이 있다고 주장하기도 한다. 이 두 판(version)이 모두 만일 문자 그대로가 아니라면 적어도 그 의미상 신빙성이 있다는 논리는 단순히 그 내용이 예수의 메시지와 일치한다는 것 말고도 마지막 재림에 관한 언급 없이 천국의 도래에 관해 기도했다는 것이 초대 교회보다는 예수에게 더 어울린다는 사실로도 설득력이 있다.

"아버지"라는 누가의 표현이 "하늘에 계신 우리 아버지"라는 표현보다 더 신빙성이 있다는 논제는 나중으로 미루더라도, 마태복음에만 있는 내용 중에 예수가 한 말이라고 볼 수 없는 내용은 하나도 없음을 간과해서는 안 된다. 오히려 그다음에 "우리에게 빚진 자"라는 말이 따라 나오기는 하지만 셈족의 은유적 표현인 "우리의 빚"을 누가가 "우리의 죄"로 대치한 사실은 짧은 문장이 언제나 더 신빙성이 있다고 볼 필요가 없음을 제시해준다.

서론적인 언급의 마지막 부분으로 누가와 마가의 관계에 대한 암시 없이 그냥 기도 자체에 관해 생각해 보자. 우선 주기도문은 집합적이고("나"가 아닌 "우리") 공식적이며, 은밀한 곳에서 문을 닫고 하는(마 6:6) 개인의 기도와는 근본적으로 다르다. 후자는 틀에 짜인 원문 없는 하시드의 신유의 기도와 같은 즉흥적인 기도를 의미했을 것이다.[15]

---

15) mBer 5.5에 의하면, 하니나 벤 도사는 즉흥적이지만 유창하게 할 수

주기도문이 집단을 위한 것이었으며 공적 예배에서 사용되도록 하기 위한 것이었음을 보여주는 부분은 없지만 공적으로 암송되도록 하기 위한 의도에서 주어졌던 것 같다. 하지만 사본들이나 『디다케』혹은 『열두 사도의 가르침』, 그리고 초기 기독교 예문(주후 60년에서 150년 사이)들이 증언하는 대로 마지막 부분의 송영은 주기도문이 얼마 지나지 않아 예식적이고 규정된 기도가 되었음을 보여준다. 마태복음 6장 9절과 특히 누가복음 11장 1절의 편집된 서론은 이미 그와 같은 발전을 암시해준다.[16]

그러나 만일 그렇다면 한 가지 결과를 더 염두에 두어야 한다. 공관복음에 보존된 다섯 기도 중 주기도문을 제외한 모든 기도가 하나님을 아빠 아버지라고 부른 개인적인 기도에 속한다. 대중 기도에서는 "(하늘에 계신) 우리 아버지"라는 호칭이 더 적합해 보인다.[17] 이는 일

있으면 멀리서도 병든 자를 위한 그의 중보의 기도가 효과가 있다고 알았다. *PBJS*, 179f.를 참고하라. 랍비 문학은(*yBer* v,9c) 임기응변과 체계화된 양식을 구분한다.

16) "개인적이고 비-공식적인" 기도와 "공식적인" 기도의 본질에 관해서는 Joseph Heinemann, *Prayer in the Talmud: Forms and Patterns* (1977), chapters VII and IX를 보라. 하이네만은 주기도문이 "나"와 "우리"라는 양식을 취할 수 있는 유대인의 개인기도의 범주에 들어간다고 주장한다.

17) 유대인의 기도에 있어서 "우리의 아버지" 형태에 관해서는 앞의 하이

반적인 의견과는 달리 누가가 틀렸고 "하늘에 계신 우리 아버지"라는 마태가 더 원래의 형태에 가깝고 의미 있는 서론을 제시하는 것은 아닐까? 어쨌든 우리의 관심은 원래의 단어나 문자보다는 의미에 있으므로 예수의 아버지에 대한 개념을 연구함에 더 긴 원문을 사용한다고 해도 문제가 되지는 않을 것이다.

이 아버지에 대한 개념은 여러 간구를 분석함으로 세분화시킬 수 있다. 왜냐하면 아버지의 아버지 됨은 아버지가 해야 할 일에 대한 기대와 부합하기 때문이다. 마태와 누가 모두 첫 부분에서 친근한 인간적 형상보다는 초월적인 신성을 강조한다. 하나님의 이름을 예배자들이 거룩하게 함은 하늘의 성전에서 그룹들이 부르는 "거룩, 거룩" 찬송을 연상케 한다(사 6:3).

두 번째 기도인 "나라가 임하시오며"는 아버지를 주님이신 하나님과 관련시켜 이 두 개념 사이의 긴장감을 해소하고, 이 기도를 전반적으로 다가올 종말론의 질서에 대한 예수의 기대로 자리를 잡게 한다. 이 두 간구는 모두 고대 유대인들의 기도인 카디쉬(*Qaddish*)와 아주 유사하다.

짧은 원문에는 나와 있지 않지만 "뜻이 이루어지이다"라는 아버지의 뜻의 성취에 관한 부분은 부자 관계에 대한 예수의 실존적인 이해를 아주 잘 보여준다. 또한 그의 영적 가족에 속하는 것이 무엇보다

네만, 150-55, 189-91을 보라.

도 필요한 것이다. "누구든지 하늘에 계신 내 아버지의 뜻(마가복음에는 "하나님의 뜻")대로 하는 자가 내 형제요 자매요 어머니이니라"(마 12:50; 막 3:35). 순종과 천국 도래 사상의 연관은 이미 살펴본 대로 하나님께 대한 절대적인 순종이 필연적임을 제시한다. "나더러 주여 주여 하는 자마다 다 천국에 들어갈 것이 아니요 다만 하늘에 계신 내 아버지의 뜻대로 행하는 자라야 들어가리라"(마 7:21).

하늘의 순종과 지상의 순종 사이의 조화는 이 간구의 목적인데, 전자는 후자의 모형이 되며 "이 세상"과 "올 세상"은 아직 구별된 것임을 강조한다. 비슷한 형태를 토세프타에 있는 엘리에젤 랍비에게서도 찾아볼 수 있다.

> "하늘에서 주님의 뜻을 이루시고 땅에서 주님을 경외하는 자들에게 마음의 평안을 주소서"(tBer.3:11).[18]

---

[18] 유사한 형태를 4세기 초반 바벨론의 아모라(Amora R. Safra)가 했다고 하는 평화를 위한 기도에서도 찾아볼 수 있다. "오 주 우리의 하나님이시여, 높고 낮은 가정에 평화가 깃드는 것이 주님의 뜻이 되게 하소서!"(bBer.17a). 역사적 재림의 문맥에서 볼 때 사람들 앞에서 예수를 인정하는 것과 부인하는 것은 "하늘에 계신 아버지" 혹은 "하나님의 천사들" 앞에서 예수에 의해 인정받고 부인되는 것과 상호관계를 가지고 있다(마 10:32; 눅 12:8; 막 8:38; 마 16:27; 눅 9:26). 쿰란 공동체에서의 지상에서의 예배와 하늘에서의 예배 사이의 철저한 일치에 관해서는 G.Vermes, *GIP*, 175f.; *Carol Newsom, Songs of the Sabbath Sacrifice* (1985), 59-72를 보라. 또한 Beate Ego, *Studien*

하늘 아버지를 향한 나머지 세 간구들 즉 일상생활의 필요, 죄 사함, 위험으로부터의 보호는 하나님의 돌보심에 대한 표상으로 이미 예수의 비유와 가르침에 나타난 용서와 잘 조화가 되는데, 이것이 천국 도래 전날밤 제자들의 영적, 일시적 필요를 나타낼 경우 예외라고 보는 견해도 있다. 만일 아버지께 구한 바 된 양식의 수식어인 에피우시오스(*epiousios*)가 마태복음 6장 11절에 대해 현대 주해가들이 일반적으로 주장하는 대로 미래적인 의미를 함축하고 있다면 예외가 된다.[19]

헬라 단어를 가능한 셈어의 여러 원어와 연결하려는 가장 널리 인정받는 두 학설은 이것을 "날마다" 즉 오늘의 양식(아람어로는 *lahma déyōma* 혹은 *leyōma*)으로 해석하는 것과 내일의 양식(아람어로는 *lahma delimhar*)으로 해석하는 것이다. 후자의 경우는 문자적으로 가까운 미래를 가리킬 수도 있으나 요아킴 예레미아스나 그 외의 여러 학자는 "큰 내일, 마지막 종말"의 의미로 이해하기도 한다.[20] 내일에 대한 두

---

zum Verhältnis vom himmlischer und irdischer Welt im rabbinischen *Judentum* (1989)을 참고하라.

19) 여러 다양한 의미에 대한 자세한 연구를 위해서는 W. Foerster, Epiousios in *TDNT* II, 590-99를 보라. 또한 Davies and Allison, *Matthew* I, 607-9를 참고하라.

20) *Prayer*, 100를 참고하라. 같은 주해가 히브리 복음서(지금은 분실된)에 근거해서 제롬에 의해서도 되었을 것으로 예상된다(*Commentary on Matthew* 6.11): 'In evangelio quod appellatur secundum Hebraeos

의미 모두 아주 배제하기는 어렵지만 종말론적 열정이라는 상황에서 현재를 절정으로 강조하고 있다는 의미에서는 현재, 즉 "오늘"이 더 적합한 듯하다. 이와 같은 이해는 미래에 대해 염려하는 예수의 제자들을 경고하시며 하신 아주 유명한 말씀에 의해 지지를 받는다. "그러므로 내일 일을 위하여 염려하지 말라 내일 일은 내일이 염려할 것이요 한 날의 괴로움은 그 날로 족하니라"(마 6:34).[21]

4) 하늘에 계신 아버지의 아들

복음서에서의 하나님의 아버지상에 대한 연구를 마치기 위해서 예

---

pro supersubstantiali pane reperi *mahar*, quod dicitur crastinum, ut sit sensus, Panem nostrum crastinum, id est futurum, da nobis hodie.'("히브리복음서라 불리는 곳에서는 일용할 양식에 관해 '내일의'라는 의미의 *mahar*를 발견했다. 따라서 그 뜻은 '내일의 우리 양식' 즉 미래의 우리 양식을 오늘 달라는 것이다.")

21) 지나친 낙관주의에 대한 경고는 성경적 신중의 일부이며("너는 내일 일을 자랑하지 말라 하루 동안에 무슨 일이 일어날는지 네가 알 수 없음이니라," 잠27:1), 랍비 지혜문서에도 나타나 있다. "내일 일을 위하여 염려하지 말라. 이는 내일 무슨 일이 있을지 알지 못함이니라. 내일이 오겠지만 오지 않을런지도 모른다. 따라서 그는 자기의 날이 아닌 내일(다른 사본: 날)을 위해 염려하는 것이다"(bYeb 63b; bSanh 100b). 2인칭에서 3인칭으로 바꾼 것은 듣는 사람의 죽음에 관해 언급하기를 피하기 위해서이다.

수를 하나님의 아들로 묘사하는 공관복음서의 구절들을 간단하게 살펴볼 필요가 있다.[22] 그렇게 함에 있어 처음에는 간접적으로 그리고 직접적으로 예수 자신이 이 호칭을 사용했다고 주장한 유일한 증인들은 갈보리에서 비웃던 자들뿐이었음을 염두에 두어야 한다.

"하나님이 원하시면 이제 그를 구원하실지라 그의 말이 나는 하나님의 아들이라 하였도다"(마 27:43).

다른 모든 나머지 구절에서 그는 다른 사람들에 의해서 하나님의 아들이라 일컬음을 받았다. 따라서 그 내용들은 하늘에 계신 아버지에 대한 예수의 생각을 반영하고 있다기보다는 이 사상이 전승된 종교적 상황을 반영하고 있다고 본다. 예수의 죽음 당시에 로마 백부장이 한 말로 기록된 "이 사람은 진실로 하나님의 아들이었도다"(막 15:39)라는 교회적인 고백문을 시대착오적인 것으로 간주하더라도―마태에 의하면 그는 십자가의 죽음에 의해 벌어진 신기한 사건들, 즉 성전의 휘장이 갈라지고 지진이 있고 죽은 자들이 살아나는 기적들에 의해서 감동을 받았다―나머지 다른 구절들은 다음 세 개의 소단원으로 나누어 생각해 볼 수 있다. (1) 메시야적 선포, (2) 하늘의 음성에 의한 선포(bat qōl), (3) 귀신과 제자들에 의한 선포.

---

22) 초기의 분석에 관해서는 *JJ* 200-06, 263f.을 보라.

(1) 메시야―하나님의 아들

다윗의 아들 예수가 높으신 이의 아들이라고 한 천사의 예고 외에 (눅 1:31) 하나님의 아들이라는 호칭을 그리스도에게 붙인 유명한 복음서의 기록이 둘 있는데 그 중 하나는 가이사랴 빌립보 지방에서의 베드로의 고백이고, 또 다른 하나는 공회 앞에서 예수를 심문할 때 대제사장이 예수께 물어본 질문이다.

"시몬 베드로가 대답하여 이르되 주는 그리스도시요 살아 계신 하나님의 아들이시니이다"(마 16:16; 그리스도, 막 8:29; 하나님의 그리스도, 눅 9:20).

"네가 찬송 받을 이의 아들 그리스도냐?"(막 14:61; 하나님의 아들, 마 26:63).

하나님께서 이스라엘의 메시야적 왕을 "나의 아들"이라고 부른 시편 2편 7절에 분명히 나타나기는 하지만, 위의 어구 자체는 기독교 이전의 유대 문학에서는 찾아볼 수 없는 것이었다. 가장 오래된 증거는 에스라4서 7장 28-29절에서 찾아볼 수 있으나―"나의 아들 메시야": 시리아어로는 두 번, 그러나 라틴어로는 28절에서는 *"filius meus Iesus"*이고 29절에서는 *"filius meus Christus"*, 에디오피아어에서는 "나의 메시야"이고 알메니안에서는 "하나님의 메시야"이다―전승과

정에서 복사자들에 의해 변질되었을 가능성이 있다.[23]

시편 2편 7절을 통하여 왕적 메시야를 은유적인 하나님의 아들과 관련시킨 가장 분명한 랍비의 자료는 수카(bSukkah 52a)의 작자 미상의 타나이틱 교훈에 보존되어 있다.

> "우리의 랍비는 가르쳤다: 찬송을 받으실 거룩하신 이가 이제 우리의 때에 곧 나타날 다윗의 아들 메시야에게 말씀하셨으니 기록된 바, '내가 여호와의 명령을 전하노라 여호와께서 내게 이르시되 너는 내 아들이라 오늘 내가 너를 낳았도다'(시 2:7), '내게 구하라 내가 이방 나라를 네 유업으로 주리니 네 소유가 땅 끝까지 이르리로다'"(시 2:8).

간단히 말해 신약과 랍비 사상의 메시야적 문맥을 보면 하나님은 이스라엘의 택함 받은 구속자의 아버지와 보호자로 묘사되었다. 일반적인 유대인의 신분과 비교해서 메시야는 고차원적인 의미에서 하나님의 아들로 믿어졌고, 마찬가지로 하나님은 독특한 의미에서 그의

---

23) "메시야"에 대한 언급이 없는 "나의 아들"은 에스라 4서 12:32, 37, 52; 14:9에도 여러 번 나온다. 에녹 105:2에서도 나오는데 신빙성에는 의심이 간다. "나와 나의 아들"은 여기서 하나님과 메시야를 가리키는 것이 아니라 에녹과 므두셀라를 가리킬 수도 있다. M. Black-J.C. Vanderkam, *The Book of Enoch or I Enoch* (1985), 319을 참고하라.

아버지로 여겨졌다.[24]

---

24) 쿰란 동굴 4(4Q246, 전에는 4QpsDan d였다가 지금은 아람 묵시록인)에서 나온 "하나님의 아들", "지극히 높으신 이의 아들"이라는 용어를 포함하고 있는 소위 "하나님의 아들"이라고 불리는 원문은 누가복음 1:32, 35과 관련해서 핏츠마이어가 인용한 적이 있다(*A Wandering Aramean: Collected Aramaic Essays* [1979], 93). 대조적으로 David Flusser는 이 호칭을 적그리스도에게 적용시키고 있고(*Judaism and the Origins of Christianity* [1988], 207-13), 반면에 F. Garcia Martinez, *Qumran and Apocalyptic* (1992)은 천사, 멜기세덱이나 미가엘, 빛의 왕 등과 동일시한다. 이 모든 이론들은 부분적인 증거들에 근거해서 세워진 것이며, 파손된 것을 가상적으로 재생시킨 사본에 의존한 것들이다.

원본을 소유할 수 있다면 자신을 하나님의 아들이라고 부르거나 다른 사람에 의해서 하나님의 아들이라고 불리는 자는 이 호칭에 대한 월권행위가 된다. 그가 다스리는 왕국은 여러 나라들 간의 격전이 계속되는 특징이 있는데 그는 자신을 하나님으로 만드는 다니엘 11:36의 왕을 본보기로 삼았을 가능성이 높다. 평화는 "위대한 하나님"이 우주적인 능력과 영원한 통치를 허락한 하나님의 백성들의 출현을 통해서만 기대해 볼 수 있다. 간단히 말해 4Q246은 메시야/하나님의 아들 개념을 연구하는 데 적합하지 않다. 반면에 그것은 다니엘 7:13의 "인자 같은 이"에 대한 집합적인 이해를 위한 초기의 비-성경적 증거라고 볼 수는 있다. 이와 같은 형태의 주해는 성경의 다니엘서에서도 찾아볼 수 있다(7:27). G. Vermes, 'Qumran Forum Miscellanea I', *JJS*. 43 (1992), 301-3을 보라. 1992년에 또 다른 두 개의 논문도 이에 공헌한 바가 있다. Emilie Puech, 'Fragment d'une apocalypse en arameen (4Q246=pseudo-Dan d) et le "Royaume de Dieu", *RB* 99(1992), 98-

(2) 하늘의 음성에 의해 하나님의 아들로 선포된 예수

밧 콜(*bat qōl*) 혹은 하늘의 음성은 유대인들의 종교적 이해에 의하면 하나님이 인간에게 직접 말씀하시는 것뿐만 아니라 선지자들을 통한 계시도 대신해 주는 계시의 수단이다. 그 시초는 바벨론 포로 시대 직후 타나이틱 랍비들에게서 찾아볼 수 있다.

> "마지막 선지자들인 학개와 스가랴와 말라기의 죽음으로 성령은 이스라엘 가운데서 그쳤지만 그런데도 그들은 하늘의 음성을 통하여 선포를 들을 수 있었다"(tSdtah 13:2; bSotah 48b; bYoma 9a; bSanh 11a).

여기서 소개되는 대로 밧 콜이라는 수단을 통한 선포는 종종 한 개인에 대한 인정이나 랍비의 교훈을 인정하는 데 사용되었다. 그 선포는 일인칭으로 되었고 하나님의 음성이라고 가정되었다.

물론 그것이 예수만을 위한 것이었는지, 아니면 증인들을 위한 것이었는지에 대해서는 복음서 저자들이 의견을 달리하지만 복음서에 나와 있는 두 가지 예 모두 예수의 사역을 하늘에서 승인했다는 데 초점을 맞추고 있다.

---

131. 왕적, 메시야적 주해나 아니면 하나님의 아들을 안디오코tm 에피파네스와 동일시하는 제안을 한다. 또 다른 하나는 메시야적 해석을 택한 Robert Eisenman and Michael Wise, *The Dead Sea Scrolls Uncovered* (1992), 68-71이다.

요단 강에서 요한에 의해 세례를 받으실 때 들린 음성의 경우 주요 메시지는 분명하지만 그 양식이나 심지어는 단어에서도 차이가 있다. 마가복음 1장 10-11절에는 예수 혼자 하늘이 열리고 비둘기 같은 성령이 임하는 것을 보았고, 하늘 아버지에 의해 선택받았다는 음성을 혼자 들었다.

"하늘로부터 소리가 나기를 너는 내 사랑하는 아들이라 내가 너를 기뻐하노라 하시니라"(막 1:11).

누가복음 3장 21-22절에는 이상을 예수만 본 것이 아니었지만 메시지는 예수만 받았다.[25]

반면에 마태복음 3장 16-17절은 이상을 예수에게만 국한하고, 음성은 랍비 문학에서와 마찬가지로 삼인칭을 사용함으로 계시가 요한이나 다른 구경꾼들에게 임했음을 암시했다.

"하늘로부터 소리가 있어 말씀하시되 이는 내 사랑하는 아들이요 내 기뻐하는 자라 하시니라"(마 3:17).

---

25) 누가복음의 서방 사본들은(Codex Bezae, Old Latin, etc.) 여기 "너는 내 아들이라 오늘 내가 너를 낳았도다"라는 시편 2:7을 대치시킴으로 메시야적 인상을 강하게 한다. 또한 요한복음 1:32-33에 보면 세례 요한이 계시와 이상을 받은 유일한 인물인 것으로 보인다는 것도 주목할 만하다.

변화산 이야기도 음성에 관해 다시 언급하는데 이 경우는 음성이 구름으로부터 오며, 마가복음 9장 7절과 마태복음 17장 5절은 "이는 내 사랑하는 아들이라"는 말로 재구성했지만, 누가복음 9장 35절에서는 "사랑하는" 대신 "택함을 받은"이라는 표현을 사용했다. 세 공관복음서 모두 "그의 말을 들으라"는 어구를 삽입함으로 음성이 산에 있는 예수의 동행자들을 향했던 것임을 제시했다.[26]

다른 메시야적 구절들과 마찬가지로 세례와 변화산 사건은 모두 처음에는 낮아짐의 사건에서, 그리고 다음에는 존귀하게 될 것임을 예시하는 사건에서 그의 아들을 선택하고 이를 증언하는 사랑하시는 하늘 아버지의 모습을 그리고 있다. 이 기록들은 모두 당시 유대인들의 사상과 어휘로부터 영감을 받고 초대교회의 후기 신학적 사상에서 영향을 크게 입은 것들이다. 레위전서 18장 6-7절에 나타나 있는 제사장적 메시야의 출현을 묘사하는 장면도 복음서 내용의 특징을 포함하고 있는데 이 둘 중 어느 것이 어느 것을 의존했는가는 풀리지 않은 의문으로 남아있다. 하지만 어쨌든 18장 7절의 끝부분은 일반적으로 기독

---

[26] 이 구절은 성경에서 발췌한 것들을 모자이크한 것이다. "이는 내가 기뻐하는 내 사랑하는 아들이라"는 창세기 22:2("네가 사랑하는…너의 아들"―아브라함/이삭)과 이사야 42:1("내 마음에 기뻐하는 자 곧 내가 택한 사람을 보라"―하나님/주님의 종)을 합한 것이다. "그의 말을 들을지니라"는 신명기 18:15에서 발췌한 것이다(하나님/모세와 같은 선지자).

교인이 삽입한 것으로 평가되고 있다.

"하늘이 열릴 것이며 영광의 성전으로부터 아브라함이 이삭에게 하듯 아버지의 음성과 함께 거룩함이 그(새제사장)에게 임할 것이라. 또한 지극히 거룩한 자의 영광이 그에게 임할 것이며 성화와 지식의 영이 (물 가운데서) 그에게 임하리라."[27]

(3) 귀신을 쫓아내며 이적을 베푸는 자

마지막 부분은 카리스마적인 분위기와 관련이 있고, 하나님의 아들을 본래의 악한 힘과 악의 세력을 다스리는 하늘 아버지의 영역에의 동참자로서 소개한다. 가장 일반적인 구절은 귀신을 쫓아내는 이야기이다.

"더러운 귀신들도 어느 때든지 예수를 보면 그 앞에 엎드려 부르짖어 이르되 당신은 하나님의 아들이니이다 하니"(막 3:11; 눅 4:41).

"이에 그들이(가다라 지방의 두 귀신들린 자) 소리 질러 이르되 하나님의 아들이여 우리가 당신과 무슨 상관이 있나이까 때가 이르기 전에 우리를 괴롭게 하려고 여기 오셨나이까 하더니"(마

---

27) 마지막 말들은 예수의 세례의 이야기와 융화시키기 위해서 덧붙여졌다. 이 말들은 대부분의 사본에는 없다.

8:29).

"큰 소리로 부르짖어 이르되 지극히 높으신 하나님의 아들 예수여 나와 당신이 무슨 상관이 있나이까 원하건대 하나님 앞에 맹세하고 나를 괴롭히지 마옵소서 하니"(막 5:7; 눅 8:28).[28]

마지막으로 전설적인 일화 하나가 마태복음 14장 3절에 기록되어 있는데, 한 번은 갈릴리 호숫가에 폭풍이 일어났을 때 제자들은 예수가 도착함과 동시에 파도가 잔잔해지고 배에 있던 사람들을 구원했기 때문에 예수를 하나님의 아들, 즉 바람을 잠잠케 하는 하나님의 능력에 동참한 자로 받아들였다.

메시야의 하나님의 아들 됨, 하늘의 음성의 증거, 그리고 사람과 귀신들의 증거를 모두 종합해 볼 때 예수의 하나님과의 부자 관계는 공관복음의 전통을 만든 자들에 의해서 하나님의 일반적인 아버지상의 한 부분이 아닌 특별한 관심을 받을 만한 현상으로 묘사되었다.[29]

---

28) 사탄도 하나님을 알아본다는 것은 마태복음 4:3, 6과 누가복음 4:3, 9에 있는 시험받는 사건에서도 나타난다.

29) 예수의 아버지와의 구체적인 관계를 제자들과 하나님의 관계와 구분시키려는 경향은 "나의 아버지"와 "너희 아버지"라는 소유대명사의 사용을 통해 많은 기독교 신약학자들에게서 볼 수 있다. '우리의 아버지'는, 오직 마태복음 6:9에서만 나온다. 물론 문체상의 차이일 뿐이요, 교리적인 중요성은 거의 없는 것이 확실하다. 예수가 하나님을 실제로 "나의 아버지"라고 불렀을 가능성은 거의 없다. 이러한 공식은 마가

2. 고대 유대교 역사에서의
하늘 아버지에 대한 예수의 가르침

아버지이신 하나님에 대한 예수의 교훈은 한 편으로는 특히 예수 당대의 성경적 유대교의 종교적 사상을 보여주고, 다른 한 편으로는 개인적인 성향을 보여주기도 한다. 이런 다양한 요소들을 구별하기 위해서는 하늘 아버지 개념에 대한 역사와 이에 대한 예수의 기여를 바로 살펴볼 필요가 있다.

1) 성경에 나타난 하나님 아버지

아버지상을 성경에서 풍성하게 찾아볼 수 있는 것은 아니지만 내면에 깔린 친근감은 아브(Ab: 아버지)라는 요소를 지닌 하나님의 여러 다양한 이름들 가운데 현저하게 나타나 있다.[30] 그것들은 히브리어의 하나님에 대한 명칭인 YH(W)와 'EL을 사용하여 AbiYAH 혹은

복음에도 없고 Q문서나 누가복음에도 없다. 대조적으로, 마태복음과 요한복음의 편집된 부분에는 자주 언급된다. "내가 내 아버지 곧 너희 아버지, 내 하나님 곧 너희 하나님께로 올라간다"고 기록한 요한복음 20:17이 "나의"와 "너희"의 실제적인 차이를 명시한 유일한 복음서 구절이다. 하지만 이것도 상호관계를 강조하기 위한 것일 수 있다.

30) 성경에서 흔히 볼 수 있는 "하나님의 아들들"에 둘러싸인 "아버지-하나님"에 관한 신화적 형상은 원래의 의미를 많이 상실한 듯 보이고 여기서는 자세하게 살펴 볼 필요가 없다.

AbiYAHU(Yah 혹은 Yahu는 나의 아버지), 혹은 YoAB(Yo는 아버지)라는 복합명사를 이룬다.

마찬가지로 포로생활 전, 제2성전 때의 유대인의 이름 중에는 AbiEL과 ELIab(하나님은 아버지시다)라는 이름들이 있었다. 선조 시대로 거슬러 올라가서 아브람 혹은 아비람(존귀케 되신 아버지, 나의 아버지는 존귀하시다)도 같은 종류의 이름이다. "아버지"라는 용어의 정확한 뉘앙스는 알 길이 없지만 아버지와 이스라엘의 관계는 개인적인 차원에서도 가족적인 관점에서 이해되었다는 데는 의심의 여지가 없다.

이처럼 오래된 역사를 지닌 이해는 대개 유대인 국가의 국민들에게 적용되는 집합적인 의미로 사용되었는데 그들은 하나님을 그들의 아버지로 묘사했고, 하나님은 그들을 자녀로 취급했다. 가장 오래된 증거로는 전통에 의하면 모세가 바로에게 했다는 출애굽기 4장 22절의 유명한 구절을 들 수 있다.

"여호와의 말씀에 이스라엘은 내 아들 내 장자라"(출 4:22).

신명기에서도 모세의 노래는 다음과 같은 질문을 던진다.

"그는 네 아버지시요 너를 지으신 이가 아니시냐? 그가 너를 만드시고 너를 세우셨도다"(신 32:6).

신명기에 나오는 다른 예들을 더 보면 모세는 유대인들에게 "너희는 주 너희 하나님의 아들들이라"고 말하거나 아니면 비유를 통하여 같은 메시지를 전달하기도 한다.

"너는 사람이 그 아들을 징계함같이 네 하나님 여호와께서 너를 징계하시는 줄 마음에 생각하고"(신 8:5).

같은 모습이 시편에서도 경건한 자와 관련하여 사용되었다.

"아버지가 자식을 긍휼히 여김같이 여호와께서는 자기를 경외하는 자를 긍휼히 여기시나니"(시 103:13).

선지서에서는 하나님이 당신과 이스라엘의 관계를 아버지와 아들의 관계로 선포하시는 것으로 묘사했다.

"내가 자식을 양육하였거늘 그들이 나를 거역하였도다"(사 1:2).

"전에 그들에게 이르기를 너희는 내 백성이 아니라 한 그 곳에서 그들에게 이르기를 너희는 살아 계신 하나님의 아들들이라 할 것이라"(호 1:10).

"나는 이스라엘의 아버지요 에브라임은 나의 장자니라"(렘 31:9).

아버지와 아들의 관계를 개인에게 적용시킨 것은 다윗을 향한 나단 선지자의 예언과 시편에서 이스라엘의 왕과 하나님의 관계로 국한되었다. 전자의 경우 아들을 삼으리라는 하나님의 약속이 솔로몬에게 임했다.

"나는 그에게 아버지가 되고 그는 내게 아들이 되리니"(삼하 7:14).

시편에서는 하나님이 왕위에 오르는 순간 유대인들이 그의 아들이 될 것이라고 선언하는데 이는 유대인들의 정치적인 주권이 사라진 후 메시야적 중요성을 강조한 것이다.

"너는 내 아들이라 오늘 내가 너를 낳았도다"(시 2:7).

그런데도 하나님을 아버지라고 한 은유는 상당히 친숙한 개념이지만, 기도 중의 하나님을 "우리의 아버지"라고 대중적으로 부르는 것은 비교적 후기 시대인 포로생활 직후의 구절에 나타난다.

"주는 우리 아버지시라
아브라함은 우리를 모르고
이스라엘은 우리를 인정하지 아니할지라도
여호와여, 주는 우리의 아버지시라
옛날부터 주의 이름을 우리의 구속자라 하셨거늘"(사 63:16).

하나님을 아브라함과 병행시켰다는 것이 무엇보다도 중요하고, 아버지와 구속자를 연관시킨 것도 두드러진 내용이다.

"그러나 여호와여, 이제 주는 우리 아버지시니이다 우리는 진흙이요 주는 토기장이시니 우리는 다 주의 손으로 지으신 것이니이다"(사 64:8).

본문에서 볼 수 있는 대로 아버지와 토기장이는 서로 바꾸어 쓸 수 있다. 또한 동시에 간구하는 사람은 창조자의 전능함이 아니라 아버지의 사랑과 자비에 호소한다.

여전히 집합적이기는 하지만 국가적인 차원이 아닌 제사장적인 차원에서 말라기는 이렇게 기록했다.

"제사장들아 나 만군의 여호와가 너희에게 이르기를 아들은 그 아버지를, 종은 그 주인을 공경하나니 내가 아버지일진대 나를 공경함이 어디 있느냐"(말 1:6).

"우리는 한 아버지를 가지지 아니하였느냐 한 하나님께서 지으신 바가 아니냐"(말 2:10).

하나님이 다윗의 고백을 인용하시고 사랑으로 이에 대답하셨다고 기록한 시편 89편 26-28절에 분명히 나타난 대로, 성경에서는 개인이 하나님을 아버지라고 부른 것이 왕(메시야)에게 국한되어 있다.

"그가 내게 부르기를 주는 나의 아버지시요
나의 하나님이시요 나의 구원의 바위시라 하리로다
내가 또 그를 장자로 삼고 세상 왕들에게 지존자가 되게 하며
그를 위하여 나의 인자함을 영원히 지키고
그와 맺은 나의 언약을 굳게 세우며"(시 89:26-28).

2) 신, 구약 중간 시대 문학의 아버지

외경으로 가 보면 벤 시라(Ben Sira)의 지혜서에 하나님을 아버지라

고 부른 세 경우가 나타나는데, 한 번은 헬라어로 "오 주 나의 생명의 아버지시며 주관자시여"라고 했고, 또 한 번은 히브리어로, "오 나의 하나님 나의 구원이시여 내가 주를 찬양하리이다 나의 아버지 나의 하나님이시여 내가 감사하리이다"라고 기록했고, 그리고 마지막으로 헬라어와 히브리어로 "내가 주를 높였으니 주는 나의 아버지시니이다"(51:10)라고 했다. "하나님, 아버지, 통치자"라는 어구는 *Ant.* v.93에서 요세푸스가 재구성한 유대인을 향한 여호수아의 연설 서두에도 나온다.

위경 중에는 보존된 증거는 적지만 언약문서들이 아버지의 상징을 선호한 듯하다. 유다전서 24장 2절에 보면 하늘이 열리고 "거룩하신 아버지의 영"이 메시야에게 부어졌는데, 여기서 메시야는 야곱에게서 올라오는 별과 의의 태양으로 묘사되었다. 욥전서(*Testament of Job*: III, 552-5)는 아버지의 오른손에서 비롯된 욥의 보좌의 영광에 대해 언급하고(33:3), 아버지의 병거 중에 있는 "그의 나라"에 관해 묘사했다(33:9). 그의 찬송 역시 "아버지"를 향하고 있다(40:2). 끝으로 헬라어 아브라함 전서(Greek Testament of Abraham: recension A; cf. *HJP* III, 761-7) 기도 중에 아버지와 하나님을 세 번 연관지어 묘사했다.

잠깐 짚고 넘어가야 할 것은 필로가 주기적으로 "아버지 개념"을 확실한 유대 성격을 띤 문맥에 삽입시키는데 그의 하나님-아버지(God-pater)개념은 단순히 헬라의 첫 번째 원인으로만 아니라 "그의 자녀에

대한 사랑스러운 보호자와 조력자"로 소개되었다.[31]

쿰란 문서 가운데에서도 아버지상은 명확하게 입증되지 못한다. 제4 동굴에서 발견된 마지막 날에 대한 미드라시나 플로리레기움은 "마지막 때에 시온에서 다스릴 토라의 해석가와 함께 나타날 다윗의 뿌리"를 지적하면서 사무엘하 7장 14절을 메시야적 문맥에서 재사용하였다(4Q174 1.11f.). 위의 사본과 하나님을 아비누(avīnū; 4Q502 39 3,511 127 1)[32]라고 두 번 부른 제4 동굴에서 발견된 현자의 노래(Song of the Sage)의 단편문서들과, 4Q 요셉 아포크리폰(4Q Joseph Apocryphon: 4Q372)에 나와 있는 "나의 하나님 나의 아버지"라는 기원을 포함하고 있는 구절을 제외하고는 유일하게 감사의 찬송에서만 중요한 예를 찾아볼 수 있다(1QH 9.34f.).

"내가 늙을 때까지 주께서는 나를 돌보시리니;
나의 아버지가 나를 몰랐으며,
나의 어머니가 나를 주께 맡겼음이니이다.
주는 당신의 진리의 모든 자녀들의
아버지시니이다."

---

31) E. R. Goodenough, *An Introduction to Philo Judaeus* (1962), 38, 85f. Moses. ii, 238-41; *Opif.*81, 171을 보라.

32) Eileen M. Schuller, 'The Psalm of 4Q372 1 within the Context of Second Temple Prayer', *CBQ* 54/1 (1992), 67-79를 참고하라.

이 시인은 그의 육신의 아버지의 무자비함을 하나님의 사랑과 돌보심과 비교한 듯하다. 아버지로서의 하나님에 대한 이 묘사에서 가장 중요한 요소는 이 찬송이 계속되면서 부모의 사랑, 특히 어머니의 사랑의 탁월함을 강조했다는 것이다. "여자가 그의 아기를 따뜻이 사랑하듯이 주님도 그들을 즐거워하나이다"(1QH 9.35f.).[33]

3) 랍비 문서에서의 아버지

이제 미쉬나, 미드라시, 그리고 탈무드의 성현들이 하나님께 아버지란 개념을 적용시킨 경우를 간단하게 살펴볼 것인데, 우선은 "하늘에 계신 아버지"에 대한 기록들을 생각해 보고 두 번째로는 하시딕(*hasidic*:신비주의적)과 카리스마적인 개념, 그리고 "하늘의 음성"이라는 개념을 다루고 있는 몇 가지 예들을 보게 될 것이다. 여러 다양한 소유대명사와 함께 "하늘에 계신 아버지"라는 말은 타나이틱 문학에서 상당히 일반적인 용어이고 주로 기도와 연관이 있는데 여기 몇 가

---

33) 이와 비슷한 형상을 출애굽기 15:2에 대한 단편적 탈굼(Vatican 440)에서도 찾아볼 수 있다. "엄마의 가슴에서 아기는 아빠를 가리키면서 말하기를 '이는 반석에서 나온 꿀로 나를 먹이고 단단한 돌로부터 기름을 먹여 키운 나의 아버지라'라고 한다." Michael Klein, 'The Talgumic Tosefta to Exodus 15.2', *JJS* 26(1975), 61-67; *The Fragment-Targums of the Pentateuch according to their Extant Sources* (1980), in loc를 참고하라.

지 예를 소개한다.

"이스라엘 백성들이 그들의 생각을 위로 향하게 하고 그들의 마음을 하늘에 계신 아버지께 복종시킬 때마다 그들은 극복했고… 치료함을 받았다"(mR Sh 3.8).

"우리가 누구를 의지하리요? 하늘에 계신 아버지를 의지할 것이니이다"(mSot 9.15).

"유다 벤 테마는 말하기를: '하늘에 계신 아버지의 뜻을 행함에 표범과 같이 강하고 독수리와 같이 민첩하며, 영양(羚羊)과 같이 빠르며 사자와 같이 용감하라'고 했다"(mAb 5.20).

"하늘에 계신 나의 아버지"라는 표현은 미드라시에서도 거의 자동으로 일인칭으로 된 말씀에 나타난다. 그래서 하드리안의 박해 때의 유대인 순교자들을 가리키면서 "나를 사랑하고 나의 계명을 지키는 자들"이라는 출애굽기 20장 6절에 대한 유명한 주해의 끝부분에서 2세기 초반의 나단 랍비는 스가랴 13장 6절을 인용한 후 이렇게 끝을 맺었다.

"이 상처들은 나로 하여금 하늘에 계신 나의 아버지로부터 사랑을 받게 만들었다"(Mekh on 출 20:6, Lauterbach II, 247).

또 다른 충격적인 한 예가 레위기에 대한 시프라(Sifra; ed. Weiss 93d)에 나와 있다.

"엘리에셀 벤 아자랴 랍비는 말하기를 '아무도 나는 돼지고기나 금지된 성관계를 원하지 않는다고 선언하지 못하게 하라. 다만 이렇게 말해야 할지니 내가 그것들을 원해도 하늘에 계신 내 아버지께서 그와 같은 계명을 주셨으니 내가 어찌할까 하라'고 했다."[34]

끝으로 타나임(Tannaim) 시대에 존재했고 주기도문의 서론과 그 사상면에서 비슷한 고대 아람 기도인 카디쉬에 대해 언급하지 않을 수 없다. 다음이 바로 그 부분이다.

"그의 높으신 이름이 높임을 받고 거룩히 여김을 받으며…
너희의 생전에 주께서 주의 나라를 세우시고…
모든 이스라엘의 기도와 간구가
하늘에 계신 그들의 아버지께 상달되기를 원하나이다…."

『유대인 예수』(Jesus the Jew; pp. 206-10)에서 이미 다룬 바 있지만 거룩한 사람들의 전통이라는 문맥에서 아버지와 아들의 관계를 살펴볼 때 그 관계는 신약의 세례 및 변화산 사건에서와 마찬가지로 하늘의 음성을 통하여 표현되었다. 아모리인들의 전통에 의하면 3세기 초반 랍(Rab)의 글이라고 하지만 1세기 열정주의자인 하니나 벤 도사

---

[34] Joseph Heinemann에 의하면 개인적인 기도를 드릴 때 개인은 자신을 아들로, 하나님을 "우리의 아버지", "우리의 아버지, 우리의 왕", "자비로우신 아버지" 등으로 불렀다(*Prayer in the Talmud* (1977), 189f.).

(Hanina ben Dosa)와 관련이 있는 한 탈무드의 이야기는 복음서의 갈릴리 상황에 정확하게 들어맞는다.

"날마다 하늘의 음성(bat qōl)이 호렙산에서 들리기를(bBer 17b), '온 세상이 단지 나의 아들 하니나 때문에 지속되고 있음에도 나의 아들 하니나를 위해서는 안식일 저녁부터 다음날까지 한 주먹의 콩이면 충분하다'고 했다"(bTaan 24b/bHul 86a).[35]

인간적인 관점에서 기도에 나타난 교훈을 보면 미쉬나에서는 사람들이 거의 자동적으로 하나님을 아버지로 생각하고 있는 것으로 표현했다.

"고대 하시디즘(유대교 신비주의)은 그들의 마음을 하늘에 계신 아버지에게 집중시키기 위해서 기도하기 전에 한 시간쯤 기다렸다"(mBer).

좀더 구체적으로, 카리스마적인 인물로 비를 만드는 자였던 호니의 손자 하난과 관계된 한 아람 이야기를 보면 하나님과 거룩한 자를 향한 "아빠"에 대한 양식이 기도의 문맥 속에 포함되어 있는 것을 볼 수

---

35) 하니나 벤 도사는 기적적인 방법으로 가뭄을 멈추게 하는, 인류를 위한 조력자로 묘사되었다. bHag 14a에 보면 그의 세대는 하늘에 의해 편애를 받았다고 했다. 간단히 말하면 음성은 하나님의 음성이며, 호렙산에 대한 언급은 bBer 17b와 bHul 86a에 포함되어 있다.

있다.

"이 세상에 비가 필요했을 때 우리의 랍비들은 어린이들을 그(하 난)에게 보내곤 했는데, 그러면 아이들은 하난의 옷자락을 붙들 고는 '아빠 아빠 우리에게 비를 주세요'라고 졸랐다. 그러면 그는 그에게(하나님) 기도했다. 세상의 주님이시여, 비를 주는 아빠와 비를 주지 않는 아빠도 구분하지 못하는 저들을 위해 무언가 해 주소서."[36]

4) 하늘 아버지에 대해 예수의 교리에 나타난 전통적이고 개인적인 요소들

예수의 설교에서 쉽게 찾아볼 수 있는 하늘 아버지로서의 하나님에 대한 이해가 유대인들의 종교적인 사상의 발전 가운데서 기대되는 곳에 나타난 것은 그리 놀라운 일이 아니다. 성경으로부터 랍비까지를 도식(圖式)적인 윤곽에서 살펴보면 하늘 아버지에 대한 사상은 집합적인 차원에서 유대인들의(인류 중에서) 창조주로부터 가족의 개인에 대한 사랑스럽고 인자한 보호자로 옮겨간다. 이와 같은 변화는 아버지-창조주-주님을 상용하는 주전 2세기 이후의 위경과 외경에서부터 시작된다.

주후 2세기경의 타나이틱 성현들의 시대에 이미 하늘 아버지는 왕-

---

[36] bTaan 23b. *JJ* 211를 참고하라.

심판자-통치자로서의 하나님과는 거리가 먼 섭리의 하나님으로 바뀌었고, 아버지로서의 모습은 하시딕-카리스마의 시대에 사람들에게 매우 익숙한 것이었다. 예루살렘 성전의 장엄한 예식에서는 전능하시고 의로우신 우주의 주님에 대한 개념이 절정을 이룬다. 예수의 교훈을 유대교의 종교적 역사 안에서 이해하려고 하면 예수의 교훈이 얼마나 쿰란 공동체보다는 고대 하시디즘이나 심지어 미쉬나 시대의 랍비들의 사상과 더 가까웠는지를 발견할 수 있다.

이미 살펴본 대로 사랑하시는 하나님에 대한 단 한 가지 예를 제외하고는 사해문서에서 하늘 아버지에 대한 사상을 직접적으로 표현한 문서를 거의 찾아볼 수가 없다. 대부분이 개인적인 기도임에도 쿰란의 찬송 중에는 아버지에게 드린 것이 없고 모두 하나의 공식처럼 "주님, 내가 주님께 감사를 드립니다"로 시작한다. 아직도 쿰란이 예수의 메시지를 연구하는 데 있어서 가장 중요한 비교 자료라고 주장하는 학자들은 하나님의 개념에 대한 이 결정적인 문제를 다시 한번 생각해 보아야 한다.

앞에서 반복해서 강조해 왔지만 하나님에 대한 예수의 소개에서 부정적이지만 중요한 특징은 왕으로서의 묘사가 전혀 없다는 것과 이에 따른 하나님 앞에서의 굴복과 자기비하가 없다는 것이다. 반면에 고대 하시디즘과 마찬가지로 예수가 전하고 실천한 경건은 단순한 신뢰와 기대로 그 특징을 이룬다. 하늘의 심판자의 놀라운 위엄이 주의 날과 함께 나타나기 이전에 예수와 그의 동역자들은 천국을 세우면서 도움과 영감과 능력을 위해 하늘의 아빠를 먼저 찾았다.

"두말할 나위 없이, 사랑하시고 염려하시는 아버지의 모습은 불의하고 잔인하고 삭막한 이 세상 사람들의 경험과 부합하지 않는다. 지금과 마찬가지로 그때도 어린 새들이 둥지에서 떨어지고 어린 자들이 죽임을 당하고 예수가 경험한 대로 무죄한 자가 고난을 받았다. 그가 그의 제자들에게 감성적으로 하나님을 인간적인 형상으로서 소개했다고 생각하는 것은 오해이다. 그의 직관의 핵심은, 그리고 그의 이상을 신선하고 개인적인 것으로 만들어 주는 교훈의 요지는 영원하고 멀리 계시며 다스리시는 놀라우신 창조주가 동시에 접근할 수 있을 만큼 가까이 계시다는 것이다."

부록:

아바는 "아빠"가 아니다![37]

『예수님의 기도』(*The Prayer of Jesus*, 1967)라는 제목으로 출판된 『아바: 신약신학과 역사의 연구』(*Abba. Studien zur neutestamentlichen Theologie und Zeitgeschichte*)에서 요아킴 예레미아스는 지난 4반세기 동안의 신약학 연구에 대단히 심오한 영향을 미친 몇 가지 혁신적인 제안을 했다. 제임스 바(James Barr)에 따르면 그의 논리는 상당히 복잡하고 일관성이 없는 부분들도 있지만 요약하자면 다음과 같다.

(1) 아람어로 "아바"는 "아버지!"와 같은 순전한 감탄문이고 영어에서의 정관사와 함께 사용하는(the Father) 강세형이 아니다(『예수님의 기도』, 58).
(2) 이 용어는 어린 아기들의 옹알이에서 비롯되었다. 압-바(ab-ba)라는 중복어는 어린 아기들이 자주 하는 음-마(*im-ma*)라는 말을 모델로 한 것이다(ibid.).

---

37) 이 제목의 단어들은 *JTS* 39(1988), 28-47에서 James Barr가 쓴 우수한 논문의 빈정되는 제목으로 재사용되었다.

(3) 이러한 형태의 기원은 너무 친근감이 있기 때문에 하나님에게 사용하는 것은 아람어를 사용하는 일반적인 유대인들에게 "불경스러운" 것으로 충격을 주었을 것이다. 따라서 유대인의 기도문학에는 아바를 하나님에게 적용시킨 경우가 없다.

(4) 예수님의 사용은 새롭고 획기적인 것이었다.

(5) 팔레스타인 아람어에서는 아바가 모든 목적에 사용되는 단어였다. "아버지", "아버지!(감탄어)"와 같은 헬라어 복음서의 표현이나 "나의 아버지", "우리의 아버지"(소유대명사를 접미사로 한) 등도 모두 예수의 "아바"와 같은 유래를 가지고 있다.

이 이론, 특히 어린 아기의 옹알이에서 비롯되었다는 주장이 예레미아스 자신은 다른 망설임이 있었음에도 최근 현대 신약학자들에게는 상당한 영향을 미쳤다.[38]

1979년부터 1991년 사이에 출판된 책들을 대충 훑어보면 "아바"에 대한 다음과 같은 설명들을 발견하게 된다. 아이가 육신의 아버지

---

38) 사람들은 종종(나 자신도 한때는 그렇게 생각했지만) 예수가 그의 하늘에 계신 아버지께 기도할 때 어린아이의 재잘거림과 같이 기도하는 것으로 생각한다. 그러나 그렇게 가정하는 것은 도저히 용납될 수 없는 철없음을 의미하는 듯하다. 그런데도 pp.59, 109를 보면 그는 이렇게 기록한다. "아바가 어린아이의 언어에서 비롯되었음은 잊힌 적이 없었다.…그것은 호격이며 나중에는 일반적으로 사용이 되었지만 원래는 어린아이의 단순함을 나타낸다. …원래의 겸손함은 잊은 적이 없지만."

를 부르는 친근감 있는 호칭(C. Rowland). "사랑하는 아버지"라는 의미가 내포되어 있음(I. M. Zeitlin). "나의 사랑하는 아버지"(J. P. Meier). 예수의 "아바"는 친근한 아빠라는 의미가 함축되어 있다(찰스워즈: J. H. Charlesworth). 아바(Abba)는 파파(Papa)이다(C. Perrot).[39]

만일 예레미아스가 옳다면, 예수께서 하나님께 기도할 때의 언어습관은 너무 특이하고 생소하기 때문에 이는 매우 중요한 의미를 지니게 된다. 즉 역사비평적인 관점에서 볼 때 유대인의 교리적인 전통은 복음서에 아무런 영향도 주지 못했다는 말이 된다.

좀더 정밀하게 연구해 보면 예레미아스가 분명히 틀렸으며 증거들을 잘못 해석했다고 말할 수 있다. 요약 형식으로 이미 주장한 바 있지만(*JWJ*, 42) 유대인의 "아바"라는 용어는 어린아이들이 사용하는 용어일 뿐만 아니라 분노한 유다가 아버지(아바)의 생명을 걸어 모든 애굽인을 죽이겠다고 맹세하는 창세기 44장 18절에 대한 탈굼 네오피티(Targum Neofiti)에 나와 있는 예나, 창세기 19장 34절에 대한 탈굼 네

---

[39] C. Rowland, *Christian Origins; An Account of the Setting and Character of the most important Messianic Sect of Judaism* (1985), 255; I. Zeitlin, *Jesus and the Judaism of His Time* (1988), 62; John P. Meier, *A Marginal Jew: Rethinking the Historical Jesus* (1991), 175; J. H. Charlesworth, *Jesus within Judaism: New Light from Exciting Archeological Discoveries* (1989), 134; C. Perrot, *Jésus et l'histoire* (1979), 280를 참고하라. 개역된 루터성경은 아바를 독일어로 'Lieber Vater'(사랑하는 아버지)라고 했다.

오피티에 따르면 아버지와의 근친상간을 계획하는 딸들의 음란한 대화와 같이 엄숙한 종교적 서약의 문맥에서도 사용된 바 있다.

> "이튿날 큰 딸이 작은 딸에게 이르되 어제 밤에는 내가 우리 아버지와 동침하였으니 오늘 밤에도 우리가 아버지에게 술을 마시게 하고 네가 들어가 동침하고 우리가 아버지로 말미암아 후손을 이어가자"(창 19:34).

위의 경향과는 독립적으로 제임스 바는 그의 매우 진솔한 철학적 탐구를 통해 기본적으로 같은 결론에 이르렀다. 그는 "아바"를 어린아이와 연관시키는 예레미아스의 이론이 예수를 약 천 년쯤 앞당긴 시대의 상황으로 몰아넣었다고 주장한다. "신약 시대의 '아바'(abbā)에 있어서 어린 아기의 옹알이라는 주장은 터무니없다"라고 주장한다.[40]

바의 예레미아스에 대한 두 번째 논증은 예수의 제자들의 증거를 볼 때 하나님에 대한 예수의 호칭에서 전혀 이상한 것을 느끼지 못했다는 사실이다. 일반적으로 헬라어 성경에서는 파터(pater), 즉 아버지라는 단어를 쓰지 축소형인 파파스(Papas 혹은 Pappas: 아빠)를 사용한 적이 없다. 그와 같은 단어는 신약성경에서 성경적인 문제로는 결코

---

40) 그들의 이야기 비유들을 구체화할 때 탈무드의 랍비들이 예수의 것을 복사했다는 것과 비슷한 입장을 예레미아스는 그의 논문에서 취한다. *The Parables of Jesus* (1972), 12를 참고하라

적합하지 않았기 때문이다.

세 번째로, "아바"는 호격 기능을 가지고 있어서 "아버지" 혹은 "내 아버지"라는 의미라는 예레미아스의 주장—위의 (5)—도 역시 잘못된 것이다. 아람어가 상용된 신약성경 세 구절과(막 14:36; 롬 8:15; 갈 4:6) 이에 대한 헬라어 번역을 보면 언제나 정관사와 함께 사용된 주격으로서의 아버지(hō patēr)였지 헬라어 호격인 아버지(papa, 또는 pappas)였던 적은 한 번도 없다.

마지막으로 예레미아스 자신도 "하늘에 계신 우리 아버지"라는 어구가 주후 1세기경에 상용되고 있었음을 인정하고 있으므로 예수 이전에는 하나님을 아버지라고 부른 경우가 극히 드물었다는 그의 강력한 주장은 자기모순에 빠지고 만다. 결론적으로 바는 기록하기를, "예레미아스는 '아바'라는 용어의 사용에 대한 포기를 변증학적인 문제로 만들었다는 느낌을 벗어버릴 수가 없다"고 했다.

요약하면, 지금까지 상당한 인기를 누리고 있는 예레미아스의 이론은 철학적인 근거가 없는 이론이다. 예수 이전에는 유대인들이 하나님을 "아바"라고 부르지 않았다는 그의 문학-역사적 결론은 입증되지도 않았을 뿐더러 가능성도 매우 희박하다.

제7장

종교인 예수

"우리는…예수를 종교의 대상으로 만드는 데 너무 익숙해 있어서 우리가 가지고 있는 고전에는 예수가 종교의 대상으로가 아니라 한 종교인으로 묘사되어 있다는 사실을 잊곤 한다"(토마스 월터 만슨, 『예수의 교훈』(*The Teaching of Jesus*[1935], 101).

영국 신약학자의 이와 같은 충격적인 발언은 예수가 전하고 실천한 종교에 접근하는 각도를 결정해 주는 데 많은 도움을 준다.

이 종교의 중요한 요소들은 이미 앞에서 분석하고 살펴보았다. 이제 남은 일은 불필요한 중복 없이 이것들을 여러 종류의 실로 잘 엮어서 필요할 때에 적절히 사용하여 예수의 핵심적인 영감과 그의 행동과 교훈에 두드러지게 나타난 경향을 들춰내는 것이다. 예수의 종교는 확실히 유대교이다. 그런데도 그의 유대교는 한 편으로는 그가 살던 당시의 종말론적, 묵시적 정신에 기인한 특징들과 또 다른 한 편으로는 주관적인 차원에서 예수 자신의 사고방식의 특징들을 보여준다. 그 차이들이 가능한 한 분명하게 부각되도록 하기 위해서 변화된 환경에 따른(예: 예루살렘 성전의 멸망) 후기 랍비의 종교와 관련이 있고,

쿰란 혹은 에세네파 공동체의 종말론적 사상과 밀접한 관계를 가지고 있는 1세기의 주류 유대교를 간단하게 살펴보도록 한다.

1. 후기 제2성전 시대의 유대교는 아마도 사독의 후손이자 대제사장이었던 시몬 2세를 지칭하는 듯한 의인 시몬에 관한 글에 아주 간결하게 요약되어 있다(c.200 B.C.). 그는 성현 예수 벤 시라(Jesus Ben Sira)에 의해 칭송을 받았고 필케 아봇(Pirke Abot)에서 에스라와 느헤미야로부터 주전 2세기경의 원 바리새인을 연결하는 사슬의 마지막 고리라고 정의되기도 했다. 시몬에 의하면 이 세상이 서 있는 기둥들은 토라와 예식과 구제행위인데(mAb 1.2), 바꾸어 말하면 삼단계로 된 하나님의 계명에 대한 순종, 성전 예식의 실천, 자비로 요약된 도덕적 행위가 그것이다.

성전 예배가 의인 시므온이나 그의 동료들같이 제사장으로서의 권위를 가지고 있는 사람들에 의하면 가장 거룩한 종교적 열망이었음에도 일반 유대인들에게는 예루살렘에서 멀리 떨어져 사는 것이 그리 심각한 일이 아니었다. 이론적으로 성지의 거주민들은 일년에 세 번 (매번 일주일간 체류) 성전을 방문해야 했다. 많은 사람에게 예루살렘으로의 여행이 직장과 일터로부터의 시간을 많이 빼앗은 것을 감안할 때 실제로 몇 명이나 참석할 수 있었는지는 알 수가 없다.

또한 대부분의 사람이 타국에 흩어져서 살았고 그들에게는 성전 예배 참석의 의무가 면제되었기 때문에 아마도 평생에 한 번이라도 참석할 수 있었으면 하는 것이 그들의 꿈이었는지 모른다. 이는 예수가 성전 예배에 그리 큰 관심이 없었다는 사실과도 밀접한 관계가 있으며, 한 걸음 더 나아가서 1세기 후반과 2세기 초반의 유대인들은 성전의 멸망과 함께 그 부담을 더욱 완화시킬 수 있었다.[1]

이와 같은 시기 초반에 살았고 따라서 광범위하게는 예수 및 그의 제자들과 동시대의 사람들이라고 할 수 있는 필로나 요세푸스와 같은 유대 저술가들은 그들의 종교를 역사적인 현상으로 이해했다. 그들은 그들의 종교를 시내산에서 모세에게 계시되기 이전 믿음의 조상들에게 예시된 것으로 보았다. 성경적인 과거에 뿌리를 두고 있는 것으로 강조된 상태에서 이 세상의 현시대 동안 계속될 것으로 기대되었다. 그러다가 그들이 그것을 간단하게 묘사하고자 했을 때 그들은 하나님께서 제정하고 전승시킨 하나님과 인간들을 향한 행동규범으로 요약하여 문자화했다.

개인과 사회 모두를 위한 것으로 이 토라, 교훈과 노모스(*Nomos*)/율법은 모든 종교 제도 중에 가장 훌륭한, 유대교의 핵심으로 인정되었다. 이상적으로 하나님의 율법에 대한 그와 같은 지식과 순종은 유대인들의 후천적 본성을 이루도록 했다.

그래서 요세푸스는 기록하기를,

---

[1] 여기서 나는 성전의 역할을 지나치게 과대평가한 샌더스의 *Jesus and Judaism*과 *Judaism: Practice and Belief*에 의해 발전된 주제에 강력하게 반대한다.

"이 율법들이 그들의 마음에 새겨지고 그들의 기억 속에 저장되어서 절대로 지워지지 않는 것이 유익하다. …당신의 자녀들도 축복의 근원이요 가장 아름다운 교훈인 율법을 배우면서 자라게 하라"(*Ant*. iv.210f.).

"무엇보다도 우리는…우리의 율법을 준수하는 것과 이에 준한 경건한 훈련을 생의 가장 중요한 과제로 생각한다"(*C.Ap*. i.60).

요세푸스는 율법과의 친밀감이 너무 깊어서 마치 모든 이스라엘 백성들의 마음에 새겨진 것 같고, 따라서 이에 따른 종교적인 행동은 거의 본능적이라고 주장한다.

"만일 우리 백성 중 누구에게 율법에 관해 질문한다면 그는 그의 이름보다 더 확실하게 그것들을 암송할 준비를 갖추고 있을 것이다. 따라서 지성이 시작되는 순간부터 이 율법에 뿌리를 두게 한 결과 마치 처음부터 존재하던 것처럼 우리의 영혼에 율법들이 새겨지게 되었다는 것이다"(*C.Ap*. ii.178).

똑같은 사상을 필로도 거의 비슷하게 표현한 바 있다.

"율법들이 하나님께서 맡기신 계시라고 믿고 어린 시절부터 이 교리 가운데 교육을 받은 그들(유대인들)은 그들의 영혼 속에 소중히 간직된 계명들의 형상을 지니고 다닌다"(*Legat*. xxxi. 210).

이 두 저자는 유대인의 전인적인 삶이 요람에서 무덤에까지 하나님의 계명에 대한 변함없는 순종의 종교적 행위임을 강조한다(*Legat*.

xvi.115).[2]

하나님의 율법에 대한 이러한 끊임없는 관심은, 다소의 바울에게는 실례이지만 단순히 율법에 대한 행위의 실천으로만 이해되지 않았음을 분명히 보여준다. 요세푸스는 모든 계명에 종교적, 도덕적 내용을 주입시켰고,[3] 이미 잘 알려진 대로 필로는 가장 무미건조한 율법에서도 심오한 영적 신비를 발견하곤 했다. 그런데도 우화적 해석의 선봉이라고 할 수 있는 그는 초월적인 진리를 추구하면서도 토라의 가장 단순한 의미를 준수하는 유대교의 실천을 강조했다. 아주 까다로운 문체로 알렉산드리아의 한 성현은 유대 종교의 이중적 실존을 다음과 같이 피력했다.

"율법을 지성에 속하는 사물의 상징이라는 측면에서 본 문자적인 의미로 보면서 전자에 관해서는 지나치게 엄격하면서도 후자

---

[2] 요세푸스는 자신의 조숙한 학업을 자랑한 적이 있다. "아직 14세밖에 되지 않은 소년이었을 때 나는 글을 사랑함으로 많은 사람에게 칭찬을 들었고 대제사장과 도시의 유지들이 내게 찾아와 우리의 규례 중 특별한 것에 대한 정확한 정보를 요청하기도 했다"(Life 9). 이에 비교한다면 열두 살 된 예수가 성전에서 선생들 사이에 앉아 그들을 가르치고 질문을 받고, 그의 이해와 대답에 선생들이 놀랐다는 전설은(눅 2:46) 부드럽게 표현되기는 했지만 약간 진부해 보인다.

[3] G. Vermes, 'The Summary of the Law by Flavius Josephus', *NT* 24 (1982), 289-303를 참고하라.

에 관해서는 거의 무시하는 경향을 보이는 사람들이 있다. 내가 보기에는 그들이 너무 쉽고 즉흥적으로 이 문제를 다루기 때문인 것 같다. 그들은 이 두 측면 모두에 좀 더 세심한 관심을 보여야 하며 보이지 않는 것에 대해서는 철저하고 정확한 연구가 필요하고, 보이는 것에 대해서는 비난 없이 청지기의 역할을 해야 할 것이다"(*Migr.* xvi. 89).

갈릴리 지방의 품꾼들이나 어부들에게서는 볼 수 없고, 주로 예루살렘이나 알렉산드리아에서나 볼 수 있는 도시 교육의 전제를 떠나서 예수의 종교적 이상과 구분할 수 있는 종말론적 관점의 부재이다. 주후 70년 이후의 랍비들을 소개하는 필로와 요세푸스의 유대교는 주로 공동 사회적인 측면에서 관찰되었고, 따라서 성전보다는 율법에 근거를 둔 율법 중심적 경건에 의해 구분이 된다.[4]

2. 유대교 중 쿰란 혹은 에세네파의 경우 그 본질은 공동체적이고 율법 중심적이었지만, 또한 종말론적 기대에 의한 정신이 스며들어 있고 결과적으로 율법에 대한 태도가 특이한 양상을 띠게 된다. 따라서 모세의 메시지가 하나님께로 인도하는 유일한 길이었고(*1 QS* 1:1-3),

---

[4] 요세푸스는 분명히 제사장의 후손이었고, 필로도 제사장의 후손이었을 가능성이 크기 때문에 율법이 성전보다 우월하다는 것은 더욱 경이할 만하다. Josephus, Life 1; Jerome, *De viris illustribus*, 11: 'Philon... de genre sacerdotum'를 참고하라. 또한 *HJP* III, 814f.를 보라.

공동체로 들어오기 위해서는 모세의 율법으로의 철저한 귀환이 요구조건이며(*1 QS* 5:8), 의도적으로든 혹은 부주의에 의해서든 율법의 한 가지라도 어기면 어김없이 추방을 당해야 한다고(*1 QS* 8:21-23) 믿었던 열심당원들은 또한 율법에 대한 진정한 순종이 오직 사독의 후손들인 제사장이나(*1 QS* 5:9) 회중(*4 QSd*)에 의해 받아서 전승된 마지막 때에 대한 계시의 수단을 통해서만 가능하다고 믿었다.5)

율법이라는 완성된 책을 위한, 특히 종교적 달력에 대한 종말론적 열쇠가 없이는 그 어떤 순종도 외양만 갖춘 것에 불과하고 계몽되지 않은 유대인을 잡기 위해 의로운 것으로 가장해서 놓은 사탄의 올무일 뿐이다(*CD* 4:15-17). 사해문서들은 내적 경건의 필요성에 대해 분명히 언급하지만, 동시에 바리새인들이나 정통 랍비들처럼 예식적 기원을 가지고 있는 의식(儀式)상의 정결과 관련된 문제도 상당히 강조하고 있다. 요약하면, 공동체는 천국으로 이르는 유일한 경건이 일반적으로 알려진 율법에 더해서 의의 선생(Teacher of Righteousness)과 다른 카리스마적 에세네파 지도자들에게 주어진 하나님의 계시에 의해 영감을 받은 경건이라고 가르쳤다. 사해문서에 두드러지게 나타나는 예언적인 요소들은 쿰란 유대교의 모세의 핵심 교훈을 강화하고 풍성하게 하는 데 사용되었다.

---

5) G. Vermes, 'Preliminary Remarks…', *JJS* 42 (1991), 250-55; 'Qumran Forum Miscellanea I', *JJS* 43 (1992), 300f.를 참고하라.

끝으로, 현 세상의 궁극적인(종말론적) 시대가 도래하기 전에 한 파벌과 예루살렘 성전 사이에 일시적인 벽을 만든 역사적인 상황으로 인해 제2성전 종교의 핵심이었던 제물을 통한 제사가 상징적으로 "입술의 제사"(*1 QS* 8-9)인 기도로 대치되었고, 주후 70년 이후 랍비와 후기 유대교에서도 이러한 현상을 볼 수 있다는 사실에 주목해야 한다.

1. 예수의 종말론적 유대교

제2장에서 다룬 질문은 그의 교훈과 순종에서 예수가 원칙적으로 율법에 대해 적대감을 가지고 있거나 율법을 실천하기를 거절하고 서로 상충하는 계명 사이에서 필요하면 둘 중의 하나를 택하려 하지도 않았을뿐더러 모세의 율법을 그의 유대교의 기초로 인정했음을 설명했다. 하지만 이러한 일반적인 태도는 그의 관심이 주류 유대인의 사상과 실천, 혹은 쿰란 에센주의와 일치했음을 암시하지 않는다. 그는 특별한 사상이나 그들의 구체적인 틀에 제한되지 않았고, 전통적이고 이성적이고 성경적인 혹은 계시를 근거로 한 해석학에 몰두하지도 않았다. 오히려 그의 관심은 개인의 경건에 대한 토라의 전반적인 영향에 있었다.

용어의 문제에 있어서 율법이라는 단어는 신약성경 전체에 195회 나오는 데 반해 공관복음의 경우 마가복음에는 1회도 나오지 않고, Q 문서에는 2회(마 5:17; 11:13; 눅 16:16,17), 마태복음에는 6회, 그리고 탄생 이야기에 나온 5회를 제외하고는 2회 나온다. 대부분의 자료는 소위 바울서신이라고 불리는 곳에 나오고(히브리서까지 포함하면 135회), 사도행전에 18회, 요한복음에 15회, 그리고 야고보서에 10회 순으로 나온다. 위의 분포도를 볼 때 율법의 역할이 주후 70년 이후 바리새인들이 주도한 유대교와 토라를 공유하고 있던 유대-기독교와 함께 바울의 교회 교리적 논쟁에서 핵심이 되기는 했지만, 임박한 왕국에 관한 예수의 종말론적 이해에서는 전혀 다른 기능을 가지고 있었음을 알 수 있다.

이와 같은 관점의 차이는 원인의 연관성에서 기인할 수도 있지만, 종말론적 이상이 주요 원인인 것 같다. 유대교와 같은 종교는 사회적인 측면이 중심이 되며, 모임과 개인을 위해 계속 미래를 강조함으로 그들로 하여금 잘못된 것을 시정하고 무한정하지만 하나님이 정하신 길을 따라 완전을 추구하도록 만들어 준다. 실제적인 종말론적 분위기에서는 변화가 모든 것이다. 모든 목적과 의도의 미래는 임박성과 긴박성, 그리고 즉각성에 의해 대치되고 사라진다. 그렇게 됨으로 집합적인 것은 구성 요소로 단편화되고, 사회의 발전과 성장 대신에 개개인 남녀는 궁극적인 결단과 결정을 위해 즉각 선택을 해야만 한다.

하나님 나라가 임박했음을 믿는 사람에게 두 번째 기회란 없다. 위기와 격동의 마지막 시대에는 고요한 낙관주의란 설 자리가 없다. 평화란 속임수이고 마지막 전쟁 직전의 고요함일 뿐이다. 종말론적 열정6)은 종말이 지연될 때 불가피하게 그 긴장감을 잃게 된다. 하나님의 계획이 미루어짐에 대한 해석은 사람들의 인내심과 참을성을 시험하기 위한 기간이라는 것이거나 아니면 회개를 위해 좀 더 시간을 준 자비의 행위라는 것이다. 따라서 하박국 선지자에 대한 쿰란 분파의 주해가는 마지막 때의 지연을 모든 예언적 기대의 절정을 위한 것으로 묘사하면서 공동체 회원에게 진리를 섬기며, 하나님의 지혜의 비밀 가운데 결정하신 모든 하나님의 때가 정하신 시간에 이루어 질 것이라는 확실한 지식을 가지고 나태하지 말라고 권면한다(1 QpHab 7:7-14). 이러한 에세네파의 침묵은 후기 신약 시대의 수정된 소망에 대한 실망을 예견하는데, 베드로후서 3장에 잘 묘사되어 있다.

> "먼저 이것을 알지니 말세에 조롱하는 자들이 와서 자기의 정욕을 따라 행하며 조롱하여 이르되 주께서 강림하신다는 약속이 어디 있느냐 조상들이 잔 후로부터 만물이 처음 창조될 때와 같이 그냥 있다 하니 이는 하늘이 옛적부터 있는 것과 땅이 물에서 나와 물로 성립된 것도 하나님의 말씀으로 된 것을 그들이 일부러 잊으려 함이로다 이로 말미암아 그 때에 세상은 물이 넘침으로

---

6) 이 문구는 *Zwei Glaubensweise* (1950) in *Werke* I (1962, p 707)에서 마틴 부버가 처음 사용한 것으로 그의 종말론적 현존에 대한 열정을 그대로 보여준다. 그것은 Norman P. Goldhawk의 영어로는 종말론적 실제에 대한 열정이라고 번역이 되었다. *Two Types of Faith: A Study of the Interpretation of Judaism and Christianity* (1961), 76를 참고하라.

멸망하였으되 이제 하늘과 땅은 그 동일한 말씀으로 불사르기 위하여 보호하신 바 되어 경건하지 아니한 사람들의 심판과 멸망의 날까지 보존하여 두신 것이니라 사랑하는 자들아 주께는 하루가 천 년 같고 천 년이 하루 같다는 이 한 가지를 잊지 말라 주의 약속은 어떤 이들이 더디다고 생각하는 것 같이 더딘 것이 아니라 오직 주께서는 너희를 대하여 오래 참으사 아무도 멸망하지 아니하고 다 회개하기에 이르기를 원하시느니라"(벧후 3:3-9).

그 이후로 주의 날이 아직도 실현되지 않았기 때문에 기대의 불꽃은 점점 사그라지고 이론적으로만 하나님의 현존을 아직 기다릴 뿐 종말론적인 신앙은 입술의 것이 되었다. 실제로 생활은 다시 정상적으로 돌아갔고 종교는 안전한 사회적 현실로 탈바꿈하였다. 교회적인 기독교는 바로 이러한 진화의 마지막 상태를 대변한다. 유대인 예수의 종교는 보기 드물고 특이하게 희석되지 않은 종말론적 열정을 보여주고 있다. 그의 사역이 삼 년 혹은 이 년, 혹은 일 년 동안 지속하였다고 해도 세상일에 결정적으로 간섭하시는 하나님의 임박성에 관한 의심이 발전되기에는 너무 짧은 시간이었다.

2. 예수의 종말론적 열정의 결과

만일 예수가 정말로 천국이 임박했다고 믿었다면, 그리고 모든 소유한 증거들이 그가 그러한 생각에 대해 머뭇거리지 않았음을 보여주고 있다면, 사람들이 그들의 생활방식을 바꾸고 하나님 나라를 추구하는데 철저하게 헌신해야 할 시간이 얼마 남지 않았다는 그의 확신이 그의 모든 행동에 스며들었고 그가 설명하려고 했던 경건의 구체적인 본질을 정의했을 것이다. 미래가 보장된 것으로 보고 견고하게 자리를 잡은 사회적 무리의 상황에서 삶을 강조하는 종교와는 달리 종말론적인 열정은 과거로부터의 완전한 절연과 전적으로 현재의 순간에만 집중할 것을 요구하며, 이를 집단적이기보다는 개인적인 측면에서 강조한다.

1) 종말론적 개인주의

본질적으로 개인적이고 순수한 종말론적 종교는 본질적이고 결정적인 개인의 행동인 회개로부터 시작된다. 유대인 예수의 셈민족적 사고방식대로라면 회개란 헬라어 복음서가 제시하는 메타노이아(*metanoia*)와 같은 마음의 변화를 의미하는 것이 아니라 히브리 동사인 슈브(*Shub*), 혹은 명사인 테슈바(*teshuvah*)에 함축되어 있는 것과 같이 성경적인 그리고 성경 이후 히브리어의 이중적인 개념인 "멀리 돌아서는" 혹은 "되돌아가는"과 일치하는, 죄로부터 완전히 돌아서는 것을 의미한다.

요단 강가에서 본인이 직접 세례를 주었든지, 아니면 제자들이 세례를 주었든지 간에 모든 참된 종교적 행위의 선제조건은 종종 언급된 테슈바, 즉 하나님 중심이 아닌 모든 추구로부터의 귀환과 하나님 나라로의 회심이다. 예수는 테슈바의 본질이나 조건, 결과에 관해 언급한 적이 한 번도 없다. 성전문제에는 그리 익숙하지 않았으므로 하나님의 용서가 죄를 위한 속죄제사 이후에 임하는 것인지, 아니면 이전에 임하는 것인지에 관해 그가 설명했으리라고는 기대하기 어렵다. 예수의 세계관에 따르면 그와 같이 구체적이고 특별한 것들은 아무런 의미가 없었다.[7]

언약을 새롭게 하는 쿰란의 예식과 같은 의식에서 중요한 부분을 차지하고 있는 집단적인 회개 행위와는 달리 요한에게 세례를 받을 때 예수가 소개한 테슈바는 개인적인 것이었다.[8] 또한 회개를 향한 예

---

7) 그의 부름에 순종했던 시골의 평범한 사람들이나 요한을 따라다니던 사람이 본능적으로 무엇을 해야 할지 알았고, 그래서 그에 따라 행동했다고 당연하게 생각할 수도 있다. 회개와 죄 사함의 관계에 관한 질문이 그들을 그렇게 괴롭히지는 않았다. 그들을 의아하게 한 것은 예수가 속죄제물을 드리는 것은 고사하고라도 회개 없이도 죄 사함을 받을 수 있다고 함으로 정통적인 길에서 벗어났다는 것이지만, 사실 성전의 제사장들은 계급적인 연대감이나 자신의 관심 때문에라도 후자를 강조했겠지만(그와 같은 제사들은 그들의 중요한 수입원이었다. HJP II, 260를 참고하라), 예수의 갈릴리 제자들에게 그 문제는 실제로 중요한 문제가 아닌 형식적인 문제에 불과했다.

8) 에세네파의 죄 고백은 일인칭 복수로 되어 있다. "우리가 범죄하였나이다. 우리가 불순종하였나이다. 우리와 우리의 조상들이 주님 앞에서 의와 진리의 길을 벗어나 악의 길을 걸었나이다"(*1 QS* 1:24-26). 하지만 새로운 회원이 모세의 율법으로 돌아오기를 맹세하는 형식으로 되어 있는 쿰란의 언약에 가입하는 것이나 이와 함께 행한 일종의 에세네파의 세례는 본래 가톨릭의 confiteor와 같이 공중 예식의 형식 가운데 행해진 개인적인 헌신이었음을 주목해야 한다.

수의 호소 역시 마찬가지였다. 성경의 예언을 따른 복음서에 나타난 대로, 만일 필요하다면 사회단체나 심지어는 가족간의 마찰을 감수하고도 순종할 것을 요구함으로 반-공동체 운동으로 보이기조차 했다(마 10:21, 34-37; 눅 12:51-53, 14:26; 미 7:6). 내면에 깔린 예수의 메시지는 전심을 다해 하나님의 나라를 추구하는 데 헌신한 사람은 본질적으로 외롭다는 것이다.

테슈바가 개인적인 것처럼 죄에 대한 용서 역시 개인적이었다. 이 문제에 있어서 그의 역할, 즉 하나님께서 자신에게 죄를 사하는 권위를 주셨다는 그의 주장은 적대감을 가지고 있던 갈릴리 출신 서기관들과 모든 시대의 경건한 신학자들과 같은 그의 동료들에 의해 오해되어 왔다. 서기관들은 그를 모독 하는 말을 했다고 비난했지만, 동료들은 예수의 신성에 관한 그들의 주장을 지지하기 위해 예수의 그 말을 인용했다. 하지만 이 문제 때문에 많은 시간을 할애할 필요는 없으리라고 생각한다. 공관복음에 나와 있는 적절한 구절인 가버나움에서 중풍병자를 고치신 사건의 기록은 예수를 용서하는 자로 묘사하기보다는 병든 자의 죄가 용서받았다는 사실을 강조한다.

주어 없이 수동으로 기록된 것은 당시 셈족의 사상에 의하면 자동으로 하나님을 가리키는 것이었으므로 예수가 자신이 하나님이라고 자랑했던 것은 분명히 아니다. 카리스마적 치유자로서의 그의 역할을 염두에 두고 생각해 볼 때 그는 치유받은 원인을 중풍병자의 믿음으로 돌렸다. 오랫동안 움직이지 못하던 그가 갑자기 걸을 수 있게 된 것

은 그의 죄가 사함을 받았다는(하나님에 의해) 증거가 되는 것이다.[9]

2) 종말론적 긴박성

진정한 종말론적 열정에 고무된 종교에서 시간은 현재에 초점을 맞추게 된다. 물론 종말론적 문서들이 앞에 다가올 일들을 결정하는 데 초점을 맞춘 상상과 이상들로 가득 찬 것도 사실이다. 다니엘서 9장은 그의 독자들이 이 세상 끝날의 72주 중에 마지막 주(즉 7년 기간)에 속하며 예루살렘 성전에 멸망의 가증한 것이 서는 사건을 통해 그 시작이 공공연히 밝혀질 것이라고 주장한다(막 13:14; 마 24:15). 데살로니가후서 2장 3-8절에 소개된 바울의 종말론적 이상은 더욱 상세하다. 하지만 예수의 참 메시지로 보이는 것들은 표적이 해롭다고 한다(눅 17:20). 예수의 메시지는 부자인 농부가 풍년을 기대하며 계획을 세우는 것이 무의미하다고 선언하며(눅 12:16-21), 오늘의 필요한 것에만 집

---

[9] 이 구절(막 2:1-12; 마 9:1-8; 눅 5:17-26; 눅 7:47 참조)과 이와 아주 유사한 쿰란문서의 내용으로 유대인 귀신 쫓는 자가 왕의 죄를 용서해 주고 그래서 그를 오랜 지병으로부터 놓임을 받게 했다는 나보니두스(Nabonidus)의 기도는 신, 구약 중간 시대 카리스마적 유대교에서의 마귀, 죄, 병과 치유자, 귀신쫓는 자, 용서, 치료의 관계를 다루면서 JJ 67-69에서 살펴보았다. 중풍병자와 죄인이었던 도시의 여인(눅 7:37)에 관한 복음서의 이야기에서 그들의 죄가 사함 받았다는 예수의 선언이 당시 전통적인 유대인들을 분개시켰음을 주목하라.

중하고 먼저 하나님의 나라를 구하라고 한다(마 6:33; 눅 12:31). 지금이 가장 신성하게 여겨지는 세상에서 태만은 용납될 수 없다. 하나님 나라와 관계된 의무는 즉시 행해야 할 것이요, 죽은 자는 죽은 자들이 장사하게 내버려두어야 한다(마 8:22; 눅 9:60). 구도자의 눈은 항상 앞을 내다보고 있어야 한다.

"손에 쟁기를 잡고 뒤를 돌아보는 자는 하나님의 나라에 합당하지 아니하니라"(눅 9:62).

3) 종말론적 절대성

예수의 종말론적 헌신은 절대적이고 무제한적이고 결정적이다. 귀중한 진주와 들에 감추인 보물에 관한 비유를 다루면서 언급한 대로(마 13:44)[10] 그것들은 지체 없이 구입해야 할 뿐만 아니라 어떤 값을 치르더라도 구입해야 한다. 그것들을 발견한 사람은 그가 가진 모든 것을 주고라도 사야 한다. 그와 같은 절대적인 헌신은 예수께서 소개하신 적이 있는, 자기가 가진 모든 것을 하나님께 드린 가난한 과부에게서 잘 찾아볼 수 있다(막 12:41-44; 눅 21:1-4). 그의 제자들을 떠오르는 하

---

10) 쿰란의 카퍼 문서(Copper Scroll: 3Q15)는 금, 은, 그리고 다른 귀중품들이 묻혀있는 장소 64군데를 열거했는데, 랍비의 규례에 의하면 이미 1세기에 밭과 그 안에 있는 모든 것을 산 사람은(mBB 4.9) 그와 같은 보물단지의 합법적인 주인이 된다.

나님 나라로 인도하면서 예수는 그들의 모든 관심을 다 버리고 궁극적인 목표를 이루기 위해 생명까지도 버릴 준비를 하고 있으라고 명한다(막 8:34~9:1; 마 16:24-28; 눅 9:23-27).

3. 예수의 종말론적인 종교 행위

이와 같은 긴박성과 철저한 헌신으로부터 종교 행위의 종말론적 특징이 따라나온다. 제2장에서 분명하게 설명한 대로 예수는 토라를 제한하거나 혹은 중단시키려는 시도를 한 적이 없다. 오히려 그는 유대교의 틀로 토라를 이해하고 수용하려고 했다. 우리가 강조하려고 했던 것은 하나님 나라에 헌신한 개인의 내적 경건이었다. 간단히 말하면 그는 일반 사람들의 유대교에 마음의 종교의 예언적 가르침을 소개하고 주입하려고 했다(사 29:13).

서론적으로 약간 다른 이야기를 하자면, 바울을 본받아서—2천 년의 기독교도 마찬가지로—소개된 유대교는 사랑과 자비를 강조하는 예수의 예언적 종교와 대조해서 행위를 강조한 율법적인 종교라는 주장은 한마디로 웃기는 것이고 형편없는 것이다.

이는 관찰자의 시야가 얼마나 좁은가에 달려있다. 율법을 준수함에서 영적인 부요함을 찾으려는 유대인들이 있다 하지만 마찬가지로, 기독교인 중에도 경건을 합법적인 것과 불법적인 것 사이에 정확한 경계를 긋는 일에 대한 꾸준한 관심으로 이해하는 사람들이 있다. 전통적인 가톨릭 신자들, 특히 수녀와 수도사들 그리고 안식일을 강조하는 개신교인들은 모두 엄격한 정통 유대인들과 다를 바 없이 할라카(halakhah:유대교 관례법규)에 따라 생활한다.

더욱이 고대 종교제도의 본질에 대한 정의는 진단과 비평을 위해 어떤 문학적 자료를 선택했는가에 크게 좌우한다. 만일 유대교가 미쉬나, 탈무드, 혹은 슐한 아루크(Shulhan Arukh)와 같이 율법적이거나 아니면 거의 율법적인 문서들에만 근거해서 묘사한다면 영적이라기보다는 율법적으로 보일 것이다. 하지만 여러 교회의 윤리신학 안내서나 회개 강령, 혹은 정경의 율법에 나타난 규례들만 일방적으로 본다면 기독교도 다를 바 없다. 제2성전 유대교의 아주 엄격한 분파조차도 사해문서를 보면 체계화된 종교의 지상에서의 실천과 훨씬 고양된 거룩함이 조화를 이루고 있고 윤리와 지혜가 섞여 조화를 이루고 있다. 선생들은 한 편으로는 예식상의 목욕을 유효하게 하기 위한 물의 최소량에도 민감한 반응을 보이는 반면, 동시에 내적으로 새로워지지 않으면 정결케 하는 예식이 아무 소용이 없음도 주장했다. "그들이 그들의 악에서 돌아서지 않는 한 그들은 깨끗하게 될 수 없다"(*1 QS* 5.13f.).

율법의 정신과 문자를 모두 강조했던 랍비나 에세네파 선생들과는 달리 예수는 이스라엘의 위대한 선지자들의 발걸음을 좇아 종교적 행위의 내적인 면과 가장 기본적인 원인을 지나치다 싶을 만큼 중요하게 다루고, 개인의 종말론적 열정을 조성할 정도로 내적인 것에 깊이 빠져 있었다. 택함 받은 공동체 안에서의 질서 있는 사회적, 도덕적, 예식적인 삶의 지침들을 제시하는 대신에 그는 그들의 내적이고 영적인 인격을 완전하게 하기를 추구했다.

그가 형식적인 예배나 틀에 박힌 기도를 반대했다고 전제해야 할 이유는 없다. 그런데도 그는 그의 제자들로 하여금 마음에 관심을 쏟도록 함으로 예배에 참석하여 축복기도를 외우기 전에 하나님에게 초점을 맞추고, 그러기 위해 사람들의 눈을 피해 하늘 아버지와 단 둘이서 대화를 나눌 수 있는 골방으로 들어가 기도할 것을 권하였다(마 6:6). 이미 제2장에서 살펴본 대로 예배를 위해 정해진 시간에 계속 성전을 찾았던 사도들의 행동과는 아주 대조적으로(행 2:46; 3:1; 22:17), 예수는 조용한 기도의 사람으로 묘사되었다.[11]

똑같은 순수함이 구제와 금식에도 처방되었다. 그 둘 모두 은밀한 곳에서 하나님만 보시게 할 것이나, 이는 단순히 경건을 다른 사람들 앞에서 과시하려는 유혹을 물리치기 위해서뿐만 아니라(이는 랍비들도 가르친 바이다) 동시에 구제와 자기부인을 천국을 향한 걸음으로 승화

---

11) 랍비 문학에 보면 카리스마적인 호니의 손자 아바 힐키아나 하나나 벤 도사와 같은 고대 경건주의자들은 집의 평평한 지붕이나 다락방에 올라가서 기도를 한 것으로 묘사되었다(bTaan 23b; yBer v, 9d; bBer 34b). 이와 같은 묘사는 종말론적 요소가 결여되어 있다. 마찬가지로 필로에 의하면 테라퓨테(Therapeutae)나 에세네의 명상가들도 성전이나 골방에서 기도의 시간을 가졌다. mBer 5.1에 의하면 경건한 자들은 기도에 온 정신을 집중시켰으므로 왕이 인사를 하거나 발목에 뱀이 감겨 있어도 미쳐 깨닫지를 못할 정도였다. *JWJ* 164f.를 참고하라.

시키기 위한 목적도 있다.[12]

4. 예수의 종교의 근원

어느 정도 이론적일 수밖에 없기는 하지만 예수의 종말론적 유대교에 대한 그와 같은 묘사는 하나님과 인간을 향한 그의 태도의 실존적 현실에서 비롯된 외침이다. 누누이 강조했지만, 지혜의 상아탑을 쌓는다는지, 신학의 전당을 만들자는 것이 그의 목적이 아니었다. 오히려 하나님과 하나님 나라를 확장하고자 하는 것이 그의 목적이었고, 그의 열정으로 그의 제자들의 가슴과 마음에 불을 붙이거나 적어도 심어주고자 하는 것이었다. 하지만 그의 마음을 이해하기 위해서는

---

[12] 구제는 예수 벤 시라에 의해서도 높이 평가되었고, 구제를 목적으로 회원들에게 공공연하게 세금을 징수했던 다마스커스 문서가 대변하는 에세네의 한 분파도 역시 구제를 높이 평가했다(CD 14.10-16). 하지만 은밀한 구제는 욥 언약서(Testament of Job)와 mShek 5.6에도 나타난다. 이 두 경우 모두 부끄러움을 타는 가난한 자들을 위한 것이었는데 그들을 구제하는 자를 대면하지 않고도 구제를 받을 수 있도록 했다. 공적인 금식의 경우 미쉬나(Taan 1.6)는 회개를 외적으로도 표현하여 씻지도 말고 기름을 바르지도 말고 신도 신지 못하게 했으나 (또한 성적인 관계도 허락되지 않았다), 대조적으로 천국을 세우는 자들은 깨끗하고 말쑥한 차림으로 금식하는 것을 감추어야 한다고 예수는 권한다(마 6:17).

그의 종교의 근원을 규명하려는 시도가 있어야 한다.

1) 믿음

만일 하나님의 용서에 대한 의존과 함께 회개(*teshuvah*)가 불가피한 필요조건이라면, 자신을 하나님께 완전히 맡기는 믿음(*emunah*)은 생명의 피라고 할 수 있다. 예수의 비유와 교훈과 함께 치유의 사건 기록에도 현저히 나타나는 대로, 믿음은 예수가 그의 제자들에게 권하고 또 소유했을 때는 칭찬했던 확실한 기대로서 복음서의 메시지 전반에 침투되어 있다.

그가 하는 모든 일은 믿음에 의해 움직여졌다. 치유자요 귀신을 쫓아내는 자로서의 그의 사역의 핵심을, 그는 간질병에 걸린 자기의 아들을 제자들이 고치지 못했다고 호소하며 절망의 낭떠러지에 서 있는 남자를 향한 대답에서 예리하게 표현했다(막 9:14-27; 마 17:14-18; 눅 9:37-43). "그러나 무엇을 하실 수 있거든 우리를 불쌍히 여기사 도와 주옵소서"(막 9:22). 간구하는 자와 카리스마적인 지도자를 모두 포함한 대답은 예수의 종교의 핵심적인 원칙 하나를 보여주는데, 즉 중재자나 구원자의 필요성을 배제하는 듯한 것이다.

"믿는 자에게는 능히 하지 못할 일이 없느니라"(막 9:23).

그런데도 예수의 측근에 있던 제자들은 종종 이 믿음에 실패해서 "믿음이 작은 자들"이라는 책망을 받았다. 하지만 예수가 치료했다고 기록된, 지역 회당에서 선행하던 가버나움의 로마 백부장의 중풍병 걸린 하인이나(마 8:5-13; 눅 7:1-10) 두로와 시돈 지방에서 귀신들린 딸을 데리고 온 여인(막 7:24-30; 마 15:21-28)과 같은 극소수의 이방인들에게 존재했던 믿음은 그의 안타까운 승인을 유발했다.

> "내가 진실로 너희에게 이르노니 이스라엘 중 아무에게서도 이만한 믿음을 보지 못하였노라"(마 8:10; 눅 7:9).

> "여자여 네 믿음이 크도다"(마 15:28; 막 7:29).[13]

예수가 전한 종교에서는 확신이 흘러나온다. 사람들은 끊임없이 구하고 찾고 문을 두드린다(마 7:7; 눅 11:9). 그는 계속해서 믿음의 능력과 중요성을 강조하기 위해서 과장된 표현을 사용한다. 아마도 가장 작은 물질이라고 할 수 있는 겨자씨만한 믿음이 산을 옮길 수 있고(마 17:20), 더 나아가서는 그것을 들어 바다에 던질 수도 있다(막 11:23; 마 21:21).[14] 또한 특별히 필요한 경우에 하나님이 간구를 들어주신다는 믿음은 하나님을 성가시게 하는 기도를 정당화시키고 고무시킨다(눅

---

13) 예수가 처음에는 그녀를 무시했기 때문에 그 여자의 신뢰는 더욱 존경할 만하다. "자녀의 떡을 취하여 개들에게 던짐이 마땅치 아니하니라"(막 7:27).

14) 또다시 누가(눅 17:6)는 은유를 섞어서 믿음으로 바다에 심긴 뽕나무에 관해 말한다.

11:5-8).[15]

믿음은 목숨이 위태한 순간에도 하나님께 자신을 완전히 헌신할 것을 요구한다. 두 주인을 섬기는 것은 자기모순에 빠지는 것이니 하나님이든지 재물이든지 둘 중의 하나를 택해야 한다(마 6:24; 눅 16:13). 달란트의 비유에서처럼(마 25:14-30; 눅 19:12-27) 주인을 섬기는 데 돈의 사용이 수반될 때에라도 모험을 건 확신이 요구된다. 모험을 피해 미련하게도 보호하려고 처음 받은 달란트를 감추어 둔 것은 사업을 망쳤을 뿐만 아니라 경건의 부재의 절정을 보여주는 것이다.

이와 비슷하게 망설임이 없는 모험의 수용은 감추인 보화와 귀한 진주를 취득함에 관한 비유에서도 강조되었고(마 13:44-46), 한 마리의 잃어버린 양을 찾아 아흔아홉 마리를 지키지 않고 위험 가운데 내버려둔 목자의 비유에서는 더욱 두드러지게 표현되었다(마 18:12; 눅 15:4-7). 참으로 궁극적인 가치가 위험에 처했을 때는 이미 살펴본 바 있는 대로 과장되게 표현해서 손과 발, 눈까지라도 희생할 각오가 되어 있어야 한다고 예수는 권한다(막 9:43-48; 마 5:29, 18:8).

---

15) 하지만 이것은 자신의 주변에 원을 그려놓고 가뭄이 그치기 전까지는 움직이지 않겠다고 하나님께 말했던, 주전 1세기경에 열정적인 호니나 요세푸스에 의해 의인 오니아스라 불린 이의 성급한 위협에는 못미친다. *mTaan* 3:8를 참고하라. 요세푸스의 이야기는 *Ant.* xiv:22에 나온다. 또한 *JWJ* 49과 p.108을 보라.

"한 눈으로 하나님의 나라에 들어가는 것이 두 눈을 가지고 지옥에 던져지는 것보다 나으니라"(막 9:47).

마지막 때가 가까울수록 자신을 부인해야 함에 대한 상징이 더욱 극적으로 묘사된 적도 있었다.

"천국을 위하여 스스로 된 고자도 있도다"(마 19:12).[16]

메시지에 힘을 주기 위해서 과장된 표현을 쓰는 것은, 이미 여러 번 언급한 바 있지만 그의 대중적인 수사학의 중요한 구성 요소였다. 위에 인용된 구절 말고도 현존하는 계급이 뒤바뀔 것에 관한 구절들이 많이 있는데 그중에는 먼저 된 자가 나중 된다는 것(막 10:31; 마 19:30, 20:16; 눅 13:30), 높이는 자는 낮아지고 낮추는 자는 높아지리라는 것(마 18:4, 23:12; 눅 14:11, 18:14), 크고자 하는 자는 섬기는 자가 되리라는 것(막 10:43; 마 20:26; 눅 22:26) 등을 들 수 있다. 같은 논리가 음란한 마음(혹은 이혼)을 간음과, 분노를 살인과 동일시한 등식에서도 나타난다(마 5:27-30; 막 10:2-12; 마 19:3-10; 마 5:32; 마 5:21-22). 서기관이 과부를 착취했다는 주장(막 12:40; 눅 20:47), 구제하는 자는 오른손이 하는 것을 왼손이 모르도록 하라는 명령(마 6:3), 다른 뺨을 내놓고(마 5:39; 눅 6:29), 원수를 사랑

---

16) 이 말씀의 분명한 은유적 표현은 초대교회의 가장 훌륭한 성경학자였던 오리겐으로 하여금 3세기 초의 지나친 금욕적 열정주의에 사로잡혔던 자신에게 문자적으로 적용하도록 만들었다.

하라는 말씀(마 5:39-48; 눅 6:20-23) 등은 모두 예수의 잘 알려진 과장된 표현들이다.

믿음의 반대는 염려, 신중하게 앞일을 생각하는 것, 조심성, 미래를 위한 계획된 준비 등이다. 그렇게 질서 있는 사회와 가정생활의 요소들은 종말론적 열정에 타오르는 세계에서는 설 곳이 없다. 따라서 예수가 전한 종교를 실천하는 사람은 단지 그날에 필요한 것을 위해서만 기도한다(마 6:11; 눅 11:3). 만일 하나님께서 새와 들의 꽃들도 돌보신다면 하물며 믿음을 가진 사람들이야 오죽하시겠는가!(마 6:25-33; 눅 12:22-31). 현대인들의 지혜와는 대조적으로 예수는 사람이 염려해도 그 생명을 한 치도 연장할 수 없음을 강조한다(마 6:27; 눅 12:25). 그러므로 예수는 이렇게 말한다.

> "내일 일을 위하여 염려하지 말라 내일 일은 내일이 염려할 것이요 한 날의 괴로움은 그 날로 족하니라"(마 6:34).

믿음에 관한 예수의 개념을 엿볼 수 있는 또 다른 복음서의 기록은 믿음이 있는 자는 어린아이와 같아서, 물론 육신의 어머니가 아닌 하늘에 계신 아버지께 철저히 의존해야 할 것을 주장한다. 마치 갈릴리 호숫가에 사는 갈릴리 사람들처럼 하나님도 생선을 달라고 하는 아들이나 딸에게 뱀을 주지 않을 것이기 때문이다(마 7:10; 눅 11:11). 앞에서 언급했듯이 오랫동안 비가 오지 않자 비가 오게 해 달라고 요청한 어린아이에게 기도는 다른 아빠(하늘에 계신)에게 해야 한다고 말했던, 아마도 아바 하난(Abba Hanan)이라고 여겨지는 카리스마적 지도자 하난처럼 예수가 소개한 진정으로 어린아이와 같은 영성은 하나님을 사랑하고 돌보시는 아버지로 이해한 것과 밀접한 관계가 있다. 그의 종교는 결국 하나의 큰 덩어리로서 그와 그의 제자들이 하나님을 아빠라고 부르도록 하는 것이다. 하늘의 놀라우신 주님, 영광의 왕은 도래할 왕국의 새 시대에 속하는, 가까이할 수 없는 그의 이상 너머에 있을 뿐이다.

2) 하나님의 형상

1981년 뉴캐슬 대학에서의 나의 마지막 리델 기념 연설(Riddell Memorial Lecture)에서 나는 지금 우리가 다루어야 할 질문을 던진 적이 있었다. "하늘에 계신 아버지의 자녀로서 말세에 온전하게 살 수 있도록 만들었던, 예수가 강조하고 제자들에게 영향을 미쳤던 가장 중요한 원칙이 있다면 무엇이겠는가?"[17]

그때 제시한 대답이 아직도 유효하다는 것이 나를 놀라게 한다. 회개로 시작해서 믿음으로 양육되는 예수의 종교는 하나님을 모델로 따라가는, 즉 하나님의 형상을 닮고자 하는 부단한 노력이라고 요약할 수 있다. 이 교리는 성경 시대와 신, 구약 중간 시대, 그리고 랍비 유대주의 한 흐름의 중요한 부분으로서 유대인 예수의 종교를 묘사함에 절정이라고 말할 수 있다. 하나님에 의해 세워진 규범에 따라 사람의

---

17) *The Gospel of Jesus the Jew*(1981), 43; *JWJ* 52.

행동을 결정하려는 이 개념은 받아들이기가 쉽고도 어려웠기 때문에, 다시 살펴보겠지만 랍비들 사이에 마찰을 불러일으켰다.[18] 이 교리는 두 가지 성경적 근거가 있는데 첫 번째는 사람이 하나님의 형상대로 지음을 받았고 결과적으로 하나님과 같은 행동을 할 수 있다는 창조 이야기에서 찾아볼 수 있다(창 1:27). 그리고 두 번째는 하나님을 대신하여 모세가 선포한 명령에 나타난다. "너희는 거룩하라 이는 나 여호와 너희 하나님이 거룩함이니라"(레 19:2). 이와 같은 고고한 사상은 "하나님을 사랑하고", "그의 길에 행함으로"(신 11:22) 이룰 수 있다.

2세기의 타나이틱 성현들도 형상을 닮는 문제에 지대한 관심을 보였는데,[19] 그들의 긍정적인 입장은 예수의 경건에서 비롯된 것과 매

---

18) S. Schechter, *Some Aspects of Rabbinic Theology* (1909), 199-218 ('Law of Holiness and Law of Goodness'); A.Marmorstein, 'The Iimitation of God(Imitatio Dei) in the Haggadah', *Jeschurun* 14 (1927), reprinted in *Studies in Jewish Theology* (1950), 106-21; G. F. Moore, *Judaism in First Centuries of the Christian Era*(1930) I, 441; II, 109-11; M. Buber, 'Imitatio Dei', Israel and the World (1963), 66-77; *Encyclopaedia Judaica* 8 (1971), 1292f.; E. E. Urbach, *The Sages: Their Concepts and Beliefs* (1975), 383-5; Pamela Vermes, *Buber on God and the Perfect Man* (1980), 141-44.

19) Solomon Schechter는 그들이 종종 하나님에 의한 *imitatio hominis*를 제공했음을 적절하게 지적했다. 'God and the World', in op.cit. [in the previous note]. p.37를 참고하라.

우 흡사하다. 이 교리는 "너희는 거룩하라 이는 나 여호와 너희 하나님이 거룩함이니라"는 레위기 19장 2절에 뿌리를 두고 있는데, 2세기 초반의 랍비인 아바 사울(Abba Sha'ul)은 시프라(Sifra)에서 그 구절에 관해 이렇게 기록했다.

"왕의 가족들의 의무는 무엇인가? 왕의 발자취를 따르는 것이 아닌가?"

역시 같은 아바 사울이 출애굽기 15장 2절에 나오는 모세의 노래를 해석하면서 똑같은 가르침을 전한 적이 있다. "그는 나의 하나님이시니." 일반적인 해석의 전통을 따라 "내가 그를 찬송할 것이요"라는 의미로 그 히브리 단어 anwehu를 이해하는 대신 "이는 나의 하나님이라. 나와 그"(ani wa-hu)라고 이해했는데, 마지막 부분의 어설픈 문구는 나중의 하나님의 형상을 닮는 방향으로 발전시켜 설명했다.

"그를 닮으라! 그가 자비로우시고 은혜로우신 것처럼 너희도 자비롭고 은혜스러워야 한다"(Mekh. on 출 15:2[Lauterbach II, 25]).

"그의 모든 도를 행하여"라는 신명기 11장 22절에 대한 미드라시 시프라(Misdrash Sifra)에서 무명의 타나이틱 선생은 좀 더 직접적이고 구체적으로 이 교리를 설명했다.

"이것이 자비로우시고 은혜로우신 주 하나님의 길이다(출 34:6). 기록되기를 '누구든지 여호와의 이름을 부르는 자는 구원을 얻으리니'(욜 2:32)라고 했다. 하지만 어떻게 사람이 하나님의 이름으로 불림을 받을 수 있는가? 하나님이 자비로우시다고 불림을 받은 것처럼 자비로우면 된다. 영광을 받으실 거룩하신 이는 또한 은혜로우시다고 불림을 받았으니 너희도 그렇게 불려야 할 것이니 기록된 바 '여호와는 은혜로우시며 긍휼이 많으시며…'(시 145:8), 선물을 거저 주신다고 했다. '여호와는 의로우사 의로운 일을 좋아하시나니'(시 11:7)라고 기록된 대로 하나님은 의로우시다고 했으니 너희도 의롭다 불림을 받아야 한다. '나는 긍휼(hasid)이 있는 자라 노를 한없이 품지 아니하느니라 여호와의 말씀이니라'(렘 3:12)는 기록대로 하나님은 긍휼이 있는 자라고 불림을 받았으니 너희도 긍휼이 있는 자가 되어야 한다. 그래서 '누구든지 주의 이름으로 불리는 자는 구원을 얻으리라'(욜 2:32)고 했다."[20]

하나님의 형상에 관한 히브리어에서의 완전한 묘사는 팔레스타인의 해석가인 랍비 하니나의 아들 랍비 하마(Hama)에게서 찾아볼 수 있다. "주 너희 하나님을 따르라"는 신명기 13장 4절을 주해하면서 그는 이렇게 가르쳤다.

"사람이 쉐키나를 따르는 것이 가능한가? '네 하나님 여호와는 소

---

20) (Sifre on *Deut*.11:22[49], ed. L. Finkelstein, 114). 하나님께서는 그렇게 불리셨지만 사람은 자비롭고 은혜스러워야 한다는 것의 정교한 차이를 주목하라.

멸하는 불이시요'(신 4:24)라고 기록되지 않았는가? 거룩하신 자의 성품을 닮은 자는 복이 있도다. '여호와 하나님이 아담과 그의 아내를 위하여 가죽옷을 지어 입히시니라'(창 3:21)는 기록대로 그는 벌거벗은 자를 입히시니 너희도 벌거벗은 자를 입혀야 한다. 또한 주님께서 아브라함이 할례를 받은 후에 마므레 상수리나무들이 있는 곳에 그를 찾아오신 것처럼(창 18:1) 너희도 병든 자를 돌아보아야 한다. 영광을 받으실 거룩하신 주님께서는 '아브라함이 죽은 후에 하나님이 그의 아들 이삭에게 복을 주셨고'(창 25:11)라는 말씀대로 애통하는 자를 위로하셨으니 너희도 애통하는 자를 위로할지니라. 또한 영광을 받으실 거룩하신 주님께서 죽은 자(모세)를 골짜기에 장사하심같이(신 34:6) 너희도 죽은 자를 장사해야 할지니라"(bSotah 14a).

이스라엘 백성들에게 하나님의 길을 가르침에 있어서 아람어에도 또한 못지않게 상세하게 기록되어 있으니, 모세의 죽음에 관한 글인 신명기 34장 6절에 관하여 위서 요나단 탈굼을 보면 알 수 있다. 중복되는 부분들이 많기는 하지만 탈굼의 기록이 하마의 교훈을 그대로 반복한 것은 아니다.

"그의 바른 길을 가르치신 이 세상의 주님의 이름에 찬양을 돌릴지어다. 그는 그가 아담과 하와에게 입히신 옷으로 헐벗은 자들을 입히라고 가르치셨고 하와가 아담과 하나가 되듯이 신랑과 신부가 함께 하라고 가르치셨다. 또한 아브라함이 아팠을 때 말씀(Memra)의 이상을 통해 아브라함에게 나타나심으로 병든 자를 방문할 것을 가르치셨다. 그는 또한 야곱이 바단(Padan)에서 돌아오는 길에 그의 어머니가 죽은 곳에서 그를 만나신 것 같이 애통하는 자를 위로할 것을 가르치신다. 이스라엘 자손들을 위해 하늘로부터 만나를 내리심으로 가난한 자를 먹이라고 가르치셨고, 모세에게 말씀(Memra)으로 나타나시고 섬기는 천사들과 동행케 하심으로 죽은 자를 장사하도록 가르치셨다."[21]

끝으로 두 번에 걸쳐서 요나단 위서는 아주 간결하게 하나님의 형상에 관한 법을 한 번은 하나님 스스로, 또 한 번은 모세가 제정한 것으로 묘사한 바 있는데 브라이언 월튼(Brian Walton)의 런던 폴리글롯 성경(Ployglot Bible: 1654-57)에 레위기 22장 28절에 관한 부분에 나타나 있는 첫 번째 예는 다음과 같다.

---

[21] 랍비 목록을 예표하는 선조 요셉을 향한 하나님의 사랑과 자비의 행위의 결과는 하나님의 행위가 요셉의 형제들의 불의와 비교된 요셉언약서(Testament of Joseph) 1:4-7에 나타난다. "나의 이 형제들은 나를 미워했지만 주님은 나를 사랑하셨다. 그들은 나를 죽이려 했지만 나의 조상의 하나님은 나를 안전하게 지키셨다. 그들은 나를 구덩이에 집어넣었지만 높으신 이는 나를 건져 올리셨다. 내가 노예로 팔려 갔지만 하나님은 나를 자유케 하셨고 내가 포로로 갔혔을 때 그의 강한 팔이 나를 붙들어 주었다. 내가 굶주릴 때 주님께서 친히 나를 먹이셨고 내가 외로울 때 하나님께서는 내게 위로를 주셨다. 내가 아팠으나 지극히 높으신 이가 나를 도우셨고 내가 감옥에 있었으나 구세주는 나의 편이 되셨다. 묶여 있을 때 나를 놓아 주셨고 멸시를 당할 때 나의 억울함을 보셨으며 애굽인들에게 욕을 당할 때 나를 건지셨다."

"나의 백성, 이스라엘의 자녀들이여. 우리의 아버지가 하늘에서 자비로우심같이 너희도 땅에서 자비로울지니라."

두 번째 예는 같은 구절에 관한 영국 도서관 사본(British Library manuscript: Add. 27031)에 나타나 있다.

"나의 백성 이스라엘 자녀들이여. 내가 하늘에서 자비로움같이 너희도 땅에서 자비로울지니라."

이 모든 사본은 계속해서 거룩하고 자비로우신 분으로 묘사된 신령한 모델에 대해 긍정적인 면들을 강조하는 데 같은 입장을 취한다. 실제적인 경험은 언제나 그렇게 보이지 않더라도. 부정적인 면들은 아주 가끔 언급되는데 가령 하나님은 도둑질을 싫어하시니 도둑질을 하지 말라는 것 등이다(bSuk 30a). 하지만 그와 같은 부정적인 것들이 분명히 하나님의 속성보다 더 매력적이지는 못하다. 더욱이 사람이 원수 갚는 것은 말할 것도 없고 의를 행하는 하나님의 특권을 인간이 추구할 수 있다고 제안한 적이 한 번도 없었다.

반면에 아모라익 시대의(Amoraic Period: 성경해석 시대) 랍비 중에는 하나님을 닮는다는 사상이 하나님의 초월성에 문제를 야기하는 것이므로 매우 위험하다고 생각하고 경고를 한 사람들도 있다. 그들은 인간의 모방이 원래에 대한 빈약한 그림자에 불과함을 강조하는 데 주저하지 않는다. "너희가 나처럼 거룩할 수 있다고 생각하느냐?"(LevR 24:9). 심지어 다른 곳에서는 창조를 모방할 수 있는 자만이 진정한 의미에서 창조주를 닮은 자가 될 수 있다고 주장하면서 하나님을 닮는 것이 불가능함을 제시한 적도 있다(*Tanh.B.iii.*111).

두말할 것도 없이 "아버지"라는 호칭이 하나님에게만 적합하다는 마태복음 23장 9절의 가능한 예외 말고 복음서 전반의 증거는 예수가 그와 같은 신학적인 걱정을 했다는 표시가 전혀 없고, 더욱이 종말론적인 열정에 사로잡힌 대중적인 선생이 그와 같은 신학적인 정교함에 관심을 가졌으리라고 보기도 어렵다. 죽음의 고통이 한창이었다고 믿어지는 시대에 자비로 강조된 하나님에 대한 신뢰는 매우 그럴듯할 뿐만 아니라 가장 그럴듯한 제안이었다.

하나님의 사랑과 자비에 대한 모방과 그의 길을 따라 행해야 할 의무에 대한 유대인의 가르침의 핵심은 예수의 종교의 정수(精髓)를 형성하며, 단 하나의 계명으로 요약될 수 있다(모세의 613개의 계명과 같이).

"하늘에 계신 너희 아버지의 온전하심과 같이 너희도 온전하라"(마 5:48).

그런데도 "온전"에 관한 이 계명도 너무 추상적으로 보일 수 있다. 그래서 같은 가르침을 확실하게 묘사함으로 아바 사울과 팔레스타인의 탈굼의 말들을 예상케 하는 누가의 기록이 더 신빙성이 있다.

"너희 아버지의 자비로우심같이 너희도 자비로운 자가 되라"(눅 6:36).

따라서 예수의 종교의 핵심은 토라가 전혀 배제된 것도 아니고, 내적 영성을 촉진시킬 수 있음에도 토라 자체를 지키는 것이 아니다. 또한 예식상의 그리고 도덕적인 순결을 추구함도 아니다. 성전이나 회당에서의 예배와 기도 생활의 형식으로 나타나는 자기 성화도 아니다. 또한 자신의 유익을 위해 하나님을 추구하는 것도 아닌 듯하다. 오히려 그의 형제들을 향한 헌신을 통해 자비로우신 하늘 아버지를 닮아가는 것이다. 심지어는 마지막 심판날에 하늘의 왕의 유일한 기준은 그가 사랑의 행위를 통해 그분을 본받는 생활을 했는가 하는 것이라고까지 주장한다. 심판에 관한 원래의 비유에 보면 구원의 상은 변장한 하나님에게 자비의 행위를 한 자들에게 주어지게 된다.

> 내가 주릴 때에 너희가 먹을 것을 주었고 목마를 때에 마시게 하였고 나그네 되었을 때에 영접하였고 벗었을 때에 옷을 입혔고 병들었을 때에 돌보았고 옥에 갇혔을 때에 와서 보았느니라(마 25:35-36).

언제 하나님이 그런 친절을 경험했느냐는 질문에 대해 하나도 중요하지 않은 지극히 작은 자에게 한 것이 곧 하나님께 한 것이라는 것이 그 대답이었다(마 25:40). 이 이야기에서 하나님을 닮는 것을 하나님께 자비를 베푸는 것으로 본 것이나 사랑의 손길을 약한 사람에게 뻗은 것으로 본 것은 모두 전형적인 예수의 종교적 형태와 교수 방식이다.

이 "작은 자들"은 또한 갚을 수 없는 자들이다. 예수께서 그의 제자들을 병 고치고 귀신을 쫓아내도록 보냈을 때 그들이 성공적으로 잘

하자 헌금을 한 사람들이 있었는데 그는 아무것도 받지 못하도록 했다. "너희가 거저 받았으니(카리스마적 능력을) 거저 주라"(마 10:8). 또한 아주 잘 알려진 비유에 의하면, 보답의 초청을 받음으로 더럽히지 않는 참된 사랑과 자비는 오직 가난한 자와 저는 자, 소경 된 자들을—구체적으로 회중을 위한 쿰란의 규범에 의하면 메시야적 회중에 끼일 수 없는 자들이다. 그 목록에 언급되지 않은 가난한 자들은 제외하고는(1 QSa 2.5f.)—초청할 경우만 가능하다(눅 14:12-14).

　마지막으로, 선에 대한 예수의 진정한 이상을 소개하는 데는 이웃을 사랑하라는 성경의 계명에 원수까지 포함시킨 과장된 표현만큼 좋은 것이 없다. 마태복음 5장 39-45절과 누가복음 6장 27-35절에 대해 다시 설명하지 않더라도, 그것은 애타주의의 가장 순수한 형태이며 해를 의인과 악인에게 비추시고 비를 악인과 의인에게 내리시는 하나님에게서 그 본을 볼 수 있다(마 5:46). 좀 더 확실하게 하나님을 닮아감에 관한 예수의 교리는 세리와 같은, 그리고 간접적으로는 의인의 원수로 여겨졌던 이방인과 같은(마 5:45; 눅 6:32-34) 하나님의 원수들을 사랑으로 포용하는 데서 그 절정을 이룬다.

　예수는 성경의 선지자들도 권했던 힘없고 병들고 불행한 사람들에게만 사랑을 가진 것이 아니라, 사고력이 있고 존경받는 사람들이 피했던 사회의 천민들과 부랑자들에게까지 사랑을 베풀었다. 복음서는 예수가 불결한 자들, 즉 전염병을 가지고 있던 사람들과 주기적으로 접촉을 가졌고, 귀신을 쫓아내고 병든 자를 고치는 자로서 피할 수 없었던 귀신들린 자들과도 접촉을 가졌을 뿐만 아니라, 그가 친구가 되

없다고 비난을 받았던 사회적, 정치적, 도덕적으로 소외된 계층의 사람들 즉 죄인들이나 세리들과도 접촉을 가졌다(마 11:19; 눅 7:34). 그는 그의 가르침에 그들이 참석하는 것을 환영했을 뿐만 아니라(눅 15:1) 세리, 좀 더 엄밀히는 관세청 직원이었던 레위-마태를 그의 사도 중 한 사람으로 선택했고 그의 집에서 레위의 동료들과 다른 죄인들에 둘러싸여 식사를 하기도 했다(막 2:14; 마 9:9; 눅 5:27-29).

아마도 다른 복음서들을 고치려고 애를 많이 쓴 것으로 보이는 누가는(19:1-6) 여리고의 세리장이었던 키 작은 삭개오의 집에 초청받은 예수를 소개한 적도 있다. 유대 땅의 로마 사람, 아니면 갈릴리에서 헤롯 안티파스에 의해 고용되어 종종 착취를 일삼던 관리들이[22] 복음서에서는 계속해서 죄인으로 언급되었다. 그래서 또한 아마도 사실에 근거해서 누가가 만들어 낸 이야기로 보이는 한 일화에서 회개한 후에 감동을 받아 예수의 발을 눈물로 씻은 도시의 한 여인은 창녀인 것으로 알려지기도 했다.

어긋난 길을 걷고 있는 사람들을 찾아 나설 목회자와 헌신한 의원을 요구하는 마지막 날에 도움이 필요한 사람들을 위해 준비된 상태에 있지 않았던 부르주아 유대인들에게 있어서 그들을 영접하려는 예수의 준비 상태는 충격이었다(막 2:17). 건강하고 관습상 선한 사람들은

---

22) *HJP* I, 374-76를 참고하라. 또한 E. Badian, *Publicans and Sinners* (1972)을 보라.

예수의 관심 대상이 아니었다. 누가의 말을 빌리면, "죄인 한 사람이 회개하면 하늘에서는 회개할 것 없는 의인 아흔아홉으로 말미암아 기뻐하는 것보다 더하리라"(눅 15:7).

5. 거룩한 자 예수

여기 간략한 요약 속에 유대인 예수의 종교가 있다.

"육체적으로 정신적으로 병든 자들을 위한 능력 있는 치유자요 죄인의 친구였던 그는 구원이 필요한 자에게 조건 없이 전하며 공동체가 아닌 도움이 필요한 개인에게 율법의 핵심을 전하는 정열적인 설교가였다.
 그는 언제나 하나님만이 아시는 마지막 때가 다가옴을 느끼고 있었고, 온 세상의 주님이시며 두렵고 의로운 심판자이시고 곧 자신을 계시하실 하늘에 계신 아버지이신 하나님의 내재적인 간섭을 늘 인식하고 있었다."

예수가 임박했다고 믿었던 하나님 나라는 그의 생전에 임하지 않았다. 그는 만왕의 왕께 영광을 돌리고 그에게 환영받기 위해서 높은 자리를 취하지 않았고, 오히려 로마 사람들의 십자가 위에서 몇 사람의 여자들을 제외한 소심한 제자들에게 배신을 당한 채 고통 중에 죽어 갔다. 그는 또한 잔인하고 아무 생각도 없는 관중들의 조롱을 받아야 했다.

"그가 남은 구원하였으되 자기는 구원할 수 없도다…그가 하나님을 신뢰하니 하나님이 원하시면 이제 그를 구원하실지라"(마 27:42-43; 막 15:31; 눅 23:35).

죽어 가는 예수는 골고다로 가는 길에도, 십자가까지라도 그가 하나님이 자신을 버린 것을 보고 부르짖었던 끔찍한 순간까지 그의 믿음을 견고히 붙들고 있었다고 해도 과히 틀리지 않을 것이다.

"엘리 엘리 라마 사박다니 하시니 이를 번역하면 나의 하나님, 나의 하나님 어찌하여 나를 버리셨나이까 하는 뜻이라"(막 15:34).

믿음의 사람의 상처받은 심령에서 울부짖은 절망의 부르짖음과 함께 그는 마지막 숨을 거두었다(막 15:37). 그의 처형과 함께 충격적인 타격을 받았음에도 그의 제자들은 예수가 죽지 않고 살았다고 확신했다. 왜냐하면 그들은 바로 그의 이름을 가지고 치유자로서, 설교가로서 그리고 귀신을 쫓아내는 자로서 성공했기 때문이었다. 그의 종말론적인 메시지가 아직도 살아 있었기 때문에 영광 중에 그가 재림하기를 기다리며 다소의 천재 바울의 도움을 받아 그들은 예수의 사역이라고 믿었던 그것을 계속해서 열정을 다해 실천했고, 원래 예수의 복음이기는 했지만 그들의 복음을 전했고 기독교라고 알려진 종교를 이루었다.

제8장

예수의 종교와 기독교

사도들과 예수의 제자들에 의해 전파된 가르침을 믿는 신자들은 주후 40년경 신자들의 공동체에서뿐만 아니라 외부 사람들에게도 "그리스도인"이라고 알려지기 시작했다(행 11:26). 내가 믿는 대로 만일 요세푸스의 Testimonium의 일부가 맞다면, 1세기 90년경 유대인들의 고대에 관한 글들이 아직 사라지기 이전에 그가 "기독교 족속"이라고 한 말이 아마도 신약성경 말고는 가장 오래된 증거라고 볼 수 있다.

안디옥의 감독이었던 이그나시우스는 그가 속한 종교, 자기의 목숨을 바쳤던 종교를 크리스티아니스모스(Christianismos)라고 불렀다. 2세기 이후로 이 새로운 신앙은 유대교의 영역을 벗어나 전부는 아니지만, 대부분의 경우에 지중해 연안의 학대받은 사람들과 노예들 사이에 점점 넓게 퍼져 나갔다. 거의 2세기에 걸쳐 로마제국의 박해를 받았던 기독교는 4세기 이후부터는 처음에는 압도적인 그러다가 나중에는 공식적인 제국의 국교가 되었고, 이제 20세기에 예수의 혹은 그리스도의 여러 다양한 교회들은 실제적이 아니면 이름뿐인 상당한 숫자의 신자들을 확보하고 있다. 첫 번째 이름에서 두 번째 이름까지의 여정, 즉 신약에 나오는 그리스도론적 형상의 발전과정은 파울라

프레드릭센(Paula Fredriksen)의 『예수에서 그리스도까지』(*From Jesus to Christ*: 1988)라는 책에 아주 예리하게 분석되었고 훌륭하게 요약되었다.

거의 2천 년 동안 발전되어 오면서 복잡한 현실 속에서도 오늘날 기독교는 권위적인 신조에 의해 형성되어 있다. 동방교회와 서방교회가 아직도 그들의 예배의식 중에 거의 끝도 없어 보이는 신앙고백을 암송하기 때문에 아래에 정통교회에 대한 간단한 표현으로서 4세기에 작성되어 5세기에 수정된 니케아-콘스탄티노플 신경을 소개한다. 다음은 성공회에서 번역된 것을 기재한다.

우리는 믿나이다.
한 분이시며 전능하신 하느님 아버지,
하늘과 땅과 유형무형한 만물의 창조주를 믿나이다.

오직 한 분이신 주 예수 그리스도를 믿나니,
모든 세계에 앞서 성부께 나신 하느님의 외아들이시며,
하느님에게서 나신 하느님이시요,
빛에서 나신 빛이시요,
참 하느님에게서 나신 참 하느님으로서 창조되지 않고 나시어,
성부와 일체시며,
만물이 다 이분으로 말미암아 창조되었으며,
우리 인간을 위하여,
우리의 구원을 위하여,
하늘에서 내려오시어,

성령으로 동정녀 마리아에게 혈육을 취하시고 사람이 되셨으며,
본티오 빌라도 치하에서 우리를 위하여 고난을 받으시고,
십자가에 못 박히시고 묻히셨으며,
성서 말씀대로 사흘 만에 부활하시고,
하늘에 올라 성부 오른편에 앉아 계시며,
산 이와 죽은 이를 심판하러, 영광 속에 다시 오시리니
그분의 나라는 끝이 없으리이다.

주님이시며 생명을 주시는 성령을 믿나니,
성령은 성부와 성자로부터 나오시며,
성부와 성자로 더불어 같은 경배와 영광을 받으시며,
예언자들을 통하여 말씀하셨나이다.

하나이요 거룩하고 사도로부터 이어오는 공교회와
죄를 용서하는 하나의 세례를 믿으며,
죽은 이들의 부활과,
후세의 영생을 믿고 기다리나이다.
아멘.

유대인 예수, 역사적 예수는 이 기독교 신경의 처음 세 줄과 마지막 두 줄에 대해서는 친숙하게 느낄 것이고, 신학적인 사고를 갖지는 않았지만, 그것들에 동의하는 데 그리 큰 어려움이 없을 것이다. 하지만 나머지 24줄에서는 그가 당황해서 얼떨떨해 할 것은 의심의 여지가 없다. 그것들은 예수가 실천하고 전한 종교와는 별로 상관이 없어 보인다. 그런데도 그들이 전한 교리들, 곧 그리스도의 영원한 신성, 성육

신, 그의 십자가 죽음을 통한 인류의 구원과 그에 따른 그의 승귀, 또한 성부, 성자, 성령 하나님의 삼위일체 등은 그가 건축자라고 불리는 신앙의 근거를 형성한다.

지난 세기와 마찬가지로 오늘날도 신앙 있는 기독교인은 신약에서 주된 신앙의 근거를 마가, 마태, 누가, 그리고 그들이 충분하게 소개한 지상의 예수가 아닌 오랜 시간 동안 교회에 의해 심사숙고된 영원한 말씀이 육신이 되었다는 요한의 신학적 복음서와 더 나아가서는 죽음과 속죄, 부활로 이어지는 바울서신에 두고 있다.

주님의 사라짐은 예수의 제자들이 자신에게 그리고 그들의 청중들에게 십자가와 부활의 중요성을 설명해야 했던 골고다로부터 수년 수십 년이 흐르는 동안에 극단적인 재사고와 재인식을 요구했다. 유대인으로서 그리고 처음에는 유대인들을 대상으로 하면서 그들은 유대 종교적 혁신자들의 일반적인 설명을 답습해서 이러한 사건들이 모두 하나님에 의해 예정된 것이요, 성경의 예언 완성이라고 주장했다. 그러나 이미 『유대인 예수』라는 책에서 요약한 대로 그들의 일이 그리 쉬운 것은 아니었다. 왜냐하면 고난받고 죽어 가는 메시야, 처형을 당했다가 마지막 심판 전에 부활하는 메시야의 열망을 뒷받침할 만한 증거가 당시에는 하나도 없었기 때문이었다. 예수의 죽은 자 가운데서의 부활을 시편 16편 8-11절[헬라어 성경에는 15:8-11]에서 추론하려던 베드로의 수고는 그리 큰 비중을 차지하지 못했고, 그래서 바울은 상세한 자료제공을 회피한 채 어쨌든 별로 상관이 없는 고린도의 이방인 신자들을 위해 책이나 장이나 절도 제시하지 않은 채 성경에 의하면(*kata tas graphas*: 고전 15:3) 그리스도는 사람의 죄를 위하여 죽었다가 제 삼일에 다시 살아났다고 확신시켰다.

그러나 기다려야 할 메시야가 아닌, 다른 어느 문맥에서도 예수를 강조할 수 없었던 1세기 기독교인들은 이스라엘의 구속자, 하나님의 기름부음을 받은 자에 대한 개념을 부활 후에 잠시 신비스러운 모습으로 지상에 있다가 하늘로 승천한, 죽었다가 살아난 그리스도인 예수의 생애를 통해 재해석했다.[1] 유대와 갈릴리에 있던 유대인들에게는 이런 종류의 메시야가 생소하고 비전통적이고 끌리는 인물이 아니

---

1) 사해문서 단편이 처형을 당한 메시야를 암시한다는 주장은 근거가 희박하다. 이는 최근에 R. Eisenman and M. Wise, *The Dead Sea Scroll Uncovered* (1992), 24-29에 의해서 신중하게 발전되었다. 승리의 메시야적 해석을 선호하는 주장을 위해서는 G. Vermes, 'Seminar on the Rule of War from Qumran Cave 4'(4Q285), *JJS* 43(1992), 85-90을 참고하라. 부활한 메시야에 관한 개념은 현존하는 고대 유대인 문학에서는 찾아보기 힘들다. 따라서 전통적인 기대에는 아무 문제가 없고 만일 예수가 자신의 죽음과 부활에 관해 계속해서 예견한 것이 사실이라면 십자가 처형 전후로 그의 가장 가까운 동료들이 혼란에 빠졌다는 사실은 설명이 필요하다. 더욱이 만일 부활한 주님이 그를 믿는 자들에게만 나타나시고 그가 자신을 드러낼 때까지는 아무도 알아볼 수 없도록 이상하게 위장을 하고 있었다면 그의 육체의 부활에 대한 주장이 그의 영적 생존에 대한 믿음에 어떤 의미를 더 부여했겠는가! 대조적으로 성경에서는 에녹이나 엘리야를 통해서, 성경 이후에는 모세와 이사야를 통해서 예견된 별로 강조되지 않은 예수의 승천에 관한 교리는 1세기 유대인들의 귀에 낯설지 않은 익숙한 이야기였다.

었다. 따라서 디아스포라에 흩어진 많은 이민자가 몰려있던 예루살렘을 제외한 다른 팔레스타인 지방에서는 이 새로운 운동이 전혀 진전이 없었다는 것이 그리 놀라운 일이 아니다.

예수의 종교의 또 다른 중요한 요소, 즉 주님의 날, 그의 왕국의 도래에 관한 교훈도 다시 한번 짚고 넘어가야 할 필요가 있다. 앞에서 자주 강조한 대로 예수가 생존하는 동안에 일어나리라고 생각했던 큰 사건은 실제로 일어나지 않았지만 1세기 기독교인들은 여전히 종말론적 열정에 심취되어 있었고, 마지막 때는 지연된 천국의 도래, 천사들에 둘러싸여 나팔소리와 함께 하늘로부터 임할 그리스도의 재림과 동일한 때에 일어나도록 재조정되었다. 이와 같은 신선한 각본은 처음 것보다 성공적이지 못했고 결국 끝없는 지연과 실제적인 종말론적 소망의 소화(消火)라는 결과를 낳았지만, 그런데도 그의 왕국을 세우기 위해 영광중에 그리스도께서 다시 재림하시리라는 소망은 성체를 숭배하는 자들의 입술에 여전히 살아 있다.

그와 같은 예수의 메시지에 대한 수정판은 종교적 사상에 있어서도 획기적인 변환을 수반한다. 예수의 눈은 하나님과 그의 왕국에 고정되었던 반면, 그의 제자들 특히 바울은 부활하고 영광을 받으신 주님에게 초점을 맞추었다. 순전히 하나님 중심이었던 예수의 종교는 그리스도 중심의 신앙이 되었고 거기에는 하늘에 계신 아버지의 역할이 실제로 하나도 없었다. 예수에게 있어서는 회개와 믿음이 모든 가능한 것들을 제공해 주었고 중보자가 필요 없었다. 기독교에서는 세상에 구원을 가져다준 그리스도의 대속의 죽음 없이는 아무것도, 심지어는 믿음과 회개도 가능하지 않다. 하나님 닮아감을 전하고 실천함에 있어 예수의 긴박성 역시 오염되어서 "사랑을 받는 자녀같이 너희는 하나님을 본받는 자가 되라"(엡5:1)는 영적인 조언이 아직 남아있기는 하지만, 다소 사람 바울 자신은 하나님이 아닌 그리스도를 닮은 자라고 소개를 하고 교회의 교인들에게 자기를 닮으라고 권한다(고전 11:1).

바울의 힘 있고 명석하고 시적인 상상력은 그의 시대의 예식의 신비를 반영하는 훌륭한 드라마를 연출하는데, 예수 그리스도의 부활과 죽으심 안에서의 세례를 통하여 새신자는 새 아담(예수)이 에덴동산에서의 첫 인간의 타락으로 비롯된 우주적인 죄악성을 인간의 본성으로부터 제거하는 위대한 구원의 행위와의 교제를 가질 수 있다.

바울의 탁월한 사도직의 또 다른 결과라고 할 수 있는 기독교가 유대인에게서 그레코-로마로 이동한 것은 예수의 종교의 또 다른 변질을 필요로 하게 되었다. 할례를 포함한 토라의 의무들로 이방인에게 부담을 주면 많은 사람이 교회로 들어오지 못하게 되므로 예수 경건의 가장 깊숙한 근원이 선택의 문제가 된 정도가 아니라 그리스도의 이름으로 폐지되고 사라져야 했다. 서양기독교와 거의 동일한 바울주의에서 토라는 생명의 근원에서 죽음의 도구로 변질하고 말았다.

> "우리가 육신에 있을 때에는 율법으로 말미암는 죄의 정욕이 우리 지체 중에 역사하여 우리로 사망을 위하여 열매를 맺게 하였더니 이제는 우리가⋯율법에서 벗어났으니⋯"(롬 7:5-6).

"그리스도는 모든 믿는 자에게 의를 이루기 위하여 율법의 마침이 되시니라"(롬 10:4).

대양(大洋)이 바울의 기독교 복음을 유대인 예수의 종교에서 분리시켰다는 제안이 지나친 과장이라고 말할 수 있겠는가?

구원을 위하여 예수가 보내심을 받은 잃어버린 양, 이스라엘의 위치는 이러한 새로운 세계관에 의해 재평가되어야 했다. 토라에 의해서 눈이 멀고 믿지 않는 유대인들은 비난을 받고 고집스럽다는 저명을 쓰게 되었고, 선택받은 백성으로서의 그들의 특권을 하나님의 새 이스라엘에게 빼앗기게 되었다(갈 6:16). 공정하게 하기 위해서 유대교에 대한 많은 신랄한 논쟁적인 언급에도 불구하고 바울은 끝에는 그의 백성을 영원히 저주하기를 꺼렸다고 말해야 할 것이다. 그의 창조적인 지적 사고능력은 그리스도에 대한 유대인들의 거부는 단지 일시적일 뿐이라는 사상을 창출해낼 수 있었다. 거듭난 이방인 세계를 유대인의 자리에 옮겨놓고 그렇게 함으로 아브라함과 그의 자손들에게 주어진 모든 하나님의 약속의 후사로 만들려고 했던 이방인의 사도는, 이방인들의 승격이 유대인들의 시기심을 유발해서 그들이 회개와 그리스도에의 순종에 이르게 하여 모든 이스라엘이 구원을 받도록 하기 위함이라고(롬 11:26) 은밀하게 희망했다.

제4 복음서의 저자는 유대인에 대한 그러한 애착이 전혀 없었다. 일반적으로는 보통 유대인들에게 적용되었지만 1세기 말엽 편집이 행해졌던 때는 복음서 저자에 의해서 거듭나지 않은 온 유대 민족, 즉 유대 백성 거의 전반을 지칭했던 "유대인들"(Ioudaioi)이라는 용어는 아주 좋지 않은 의미를 함축하고 있었다.

예수의 생애에 관한 요한의 기록을 보면 유대인들은 은밀한 곳에서 예수를 죽이려 했고 그들의 음모가 성공적으로 끝날 때까지는 절대로 단념하지 않았던 피에 굶주린 무리들이다. 참 예수와 하나도 공통된 것이 없는 요한의 그리스도는 당시의 사람들에게 이렇게 선포했다.

> "너희는 너희 아비 마귀에게서 났으니 너희 아비의 욕심대로 너희도 행하고자 하느니라 그는 처음부터 살인한 자요…"(요 8:44).

여기에 간접적으로든 직접적으로든 유대인 대학살(Holocaust)을 유도했던 중세의 그리고 현대 종교의 반-유대주의의 근원이라고 할 수 있는, 유대인들을 마귀로 보는 기독교적 경향의 근원이 있다. 비극적으로 이것이 그토록 오랫동안 교회를 설득하기 위해 예수의 민족들이 6백만 유대인의 생명을 앗아간 이유가 되었다.

그레코-로마 세계에서 진행된 원래 기독교의 비-유대화 작업은 하나님의 형상을 닮음에 관한 예수의 교리의 보편성에 의해 무의식중에 도움을 받았는데, 다시 말하면 모든 사람을 다스리는 하나님의 섭리, 우선적인 관심이 개인이기 때문에 대체로 집단적이고 사회적인 측면을 가지고 있는 유대인의 율법에서 쉽게 벗어날 수 있게 했던 신관이 본의 아니게 도움을 주었다.

이는 또한 동정녀 탄생, 그리스도의 신성화 등과 같은 기독교의 부착물 없이 예수의 가르침을 따르며 토라를 준수하던 유대인들로 구성된 1세기의 수확인 유대-기독교의 쇠퇴와도 밀접한 관계를 맺고 있다. 이들은 유대인 진영에서도 잘 알려지지 않았고 이방인 교회의 교인들에게도 인기가 없었다. 그들이 예수에게 가장 가까이 남아 있었음에도 유대인들은 그들을 기독교인으로 여겼고, 기독교인들은 그들을 이단으로 여겼다. 제롬이 어거스틴에게 보낸 글을 보면 "그들은 유대인이면서도 기독교인으로 남아 있기 원했지만, 그들은 유대인도 기독교인도 아니었다."[2] 그들은 역사에서 사라져갔고, 생존하던 몇몇 사람들은 다시 유대인 진영으로 돌아가고 말았다. 그와 함께 예수가 전하고 실천했던 종교의 흔적은 마침내 사라져 버리고 비-유대인 세계에서 헬라화된 기독교가 승전가를 부르며 승전을 거듭할 수 있게 되었다.

공평하게 말하자면 생소한 교리적, 교회적 특징들에도 불구하고 기독교는 가난한 자들을 위해 부를 포기한 아시시의 프란치스코나 우리의 시대에 있어서 하나님께 버림받은 람바레네에 있는 병든 자들을 위해 명예를 포기한 알버트 슈바이처, 그리고 노구를 이끌고 캘커타

---

[2] 'Dum volunt et Iudaei esse et Christiani nec Iudaei sunt, nec Christiani' (Epist. 89 to Augustine, Patrologia Latina XXII). 소위 에비온파(Ebionites) 혹은 나사렛당(Nazarenes)이라고 불리는 이들은 일반적인 유대교의 규례를 지키는 것처럼 하면서도 단순한 근본주의자, 복음주의적 기독교인처럼 보이는 오늘날의 "메시야적 유대인들", "예수를 위한 유대인"들과는 비교될 수 없다.

의 더러운 거리에서 죽어가는 자들을 돌보는 테레사 수녀를 통해 본을 볼 수 있는 동기의 순수성에 대한 강조, 자비의 마음 등과 같은 예수의 경건의 기본적인 요소들을 아직도 소유하고 있다.

죽기 직전에 영국의 위대한 신약학자 도드(Dodd)는 예수의 생애에 관한 아주 훌륭한 작은 책자를 하나 출판했다. 하지만 만일 이 책에서 연구한 바가 부분적으로라도 사실이라면 도드의 제목인 『기독교의 창시자』(The Founder of Christianity, 1970)는 잘못된 칭호이다. 전혀 연관이 없는 것은 아니지만 예수의 종교와 기독교는 그 형태나 목적, 사상에 있어서 근본적으로 다른 것이며, 따라서 후자를 직접 전자에서 끌어오려 하거나 그 차이를 직접적인 교리상의 발전 정도로 취급하려는 것은 역사적으로 신빙성이 있다고 말하기 어려울 것이다.[3]

또한 예수를 계속해서 기독교교회(혹은 교회들?)의 설립자로 묘사하려는 시도는 합당치 않아 보인다. 마지막으로 다시 한번 강조하자면 만일 그가 전했던 것, 즉 영원한 하나님 나라가 곧 임하리라는 것을 그대로 믿고 전한 것이라면—적어도 나는 그가 그렇게 믿었다는 확신이 있다—그는 다가오는 오랜 세월 동안 지속할 체계화된 사회를 세우고 설립하려는 생각을 전혀 수용할 수 없었을 것이다. 바울과 요한

---

3) 초-역사적 차원에서 기독교 신앙과 신학이 이와 같은 변화를 성령의 역사에 기인한 것으로 돌렸음은 의심할 여지가 없다. "진리의 성령이 오시면 그가 너희를 모든 진리 가운데로 인도하시리니"(요 16:13).

의 전통적인 기독교가 직면해야 할 가장 큰 도전은, 따라서 무신론도 아니고 불가지론이나 물질주의도 아닌 바로 자체 내에 있는 고대의 세 증인 마태와 마가와 누가의 도전이며, 그들을 통해서 말하고 있는 가장 큰 도전자 유대인 예수 자신의 도전이다.

이러한 도전을 받아들일 것인가는 수십 년 아니 수백 년 후에 알게 될 것이지만 이미 통찰력 있는 신약학자들이 그들 앞에 놓여 있는 과업을 의식하고 있는 듯한 희미한 움직임이 나타나고 있다. 그러나 또한 유대인의 학계에서는 예수가 기독교인들의 반-유대주의에 책임이 있다는 고대 배타 사상이 잘못된 것이고 "이스라엘의 신앙 역사에 예수는 중요한 자리를 차지한다"[4]는 마틴 부버(Martin Buber)의 예언을 성취하듯 그를 고대 하시디즘(Hasidism) 중의 한 사람으로 재인식하자는 소리 없는 제안이 들려오고 있는 듯하다.

그뿐 아니다. 예수의 가르침과 본보기의 자석과 같은 매력은 체계화된 종교 밖에 있는 자들, 길을 잃은 인류, 하나님의 자녀로서 살아가며 자비와 정의, 평화가 있는 세상을 동경하는 자들에게 희망과 지침을 준다.

---

4) *Two Types of Faith: A Study of the Interpenetration of Judaism and Christianity* (1951), 13.

참고문헌

Abrahams, I., *Studies in Pharisaism and the Gospels* II, 1924

Allegro J., Anderson, A. A., *Discoveries in the Judaean Desert of Jordan* V: I (4Q 158-4Q 186), 1968

Avigad, N., Yardin, Y., A Genesis Aprocryphon, 1956

Bacher W., Die Agada der Tannaiten II, 1890

Badian,E., *Publicans and Sinners*, 1972

Baillet, M., *Discoveries in the Judaean Desert of Jordan VII: Qumrân Grotte* 4 III (4Q 482-4Q 520), 1982

Baillet, M., Milik, J. T., Vaux, R de, *Discoveries in the Judaean Desert of Jordan III: Les petites grottese de Qumrân*, 1962

Barr, J., 'Abba isn't Daddy!', *JTS* 39 (1988), 28-47

Barrett, C. K., Jesus and Gospel tradition, 1967

Barthélemy, D., Milik, J. T., *Discoveries in the Judaean Desert of Jordan I: Qumran Cave* I, 1955

Black, M., *Aramic Approach to the Gospels and Acts*, 1967

Black, M., *The Doxology of the Pater Noster with a Note on Matthew 6: 13B*, in P. R. Davies and R. T. White, A Tribute to Geza Vermes, 1990

_____ Vanderkam, J. C., *The Book of Enoch or I Enoch*, 1985

Blank, S. H., *The Death of Zachariah in Rabbinic Literature, HUCA* 12-13 (1937-38), 327-46

Blumberg, C. L., 'Interpreting the Parables of Jesus: Where are we and where do we go from here?', *CBQ* 53 (1991), 50-78

Bokser, B. M., 'Wonder-working and Rabbnic Tradition. The Case of Hanina ben Dosa', *JSJ* 16(1985), 42-92

Bornkamm, G., *Jesus of Nazareth*, 1956

Brock, S.P., 'Psalms of Solomon' in H. F. D. Sparks (ed.), *The Aprocryphal Old Testament*, 1984

Buber, M., *Zwei Glaubensweisen*, 1950 [*ET Two Types of Faith: A Study of the Interpenetration of Judaism and Christianity*, 1961]

_____ *Imitatio Dei, Israel and the World*, 1963, 66-77

_____ *Kingship of God*, 1967

Bultmann, R., *Jesus*, 1926[ET *Jesus and the World*, 1934]

_____ *The History of the Synoptic Tradition*, 1963

_____ *Theologie des Neunen Testament*, 1965

Burrows, M., *The Dead Scrolls of St Mark's Monastery I: The Isaiah Manuscript and the Habakkuk Commentary*, 1950; II/2 *The Manual of Discipline*, 1951

Büchler, A., *Types of Jewish Palestinian Piety*, 1922

Caird, G.B., *Saint Luke*, 1963

Camponovo, O., *Königtum, Königsherrschaft und Reich Gottes in den frühjüdischen Schriften*, 1984

Carlstone, C. E., Art. 'Parables', *IDBS*, 641f.

Charlesworth, J. H., *Jesus within Judaism: New Light from Exiting Archaeological Discoveries*, 1989

_____ (ed), *The Old Testament Pseudepigrapha* I-II, 1983-85.

Collins, J. J., 'Sibyline Oracles' in *J. H. Charlesworth, OTPI*.

Cranfield, C. E. B., *The Gospel according to Saint Mark*, 1959

Crossan, J. D., *The Historical Jesus: The Life of a Mediterranean Jewish Peasant*, 1991

Dalman, G., *Jesus-Joshua: Studies in the Gospels*, 1929

_____ *Die Worte Jesu*, 1930 [ET The Words of Jesus, 1902]

Daube, D., *The Newtestament and Rabbinic Judaism*, 1956

Davies. P. R., White R. T., (ed), *A Tribute to Geza Vermes*, 1990

Davies, W. D., Allison, D. C., *The Gospel according to St Matthew* I, 1988

Dequeker, L., *The Saints of the Most High in Qumran and Daniel*, Oudtestamentische Studiën 18 (1973), 108-87

Derret, J. M. D., *The Law in the New Testament*, 1979

_____ 'Law and Society in Jesus' World', *ANRW* 25:1 (1982). 477-564

Dihle, A., *Die goldene Regal. Eine Einfrührung in die Geschichte der antiken und frühchristlichen Vulgarethik*, 1962

Dodd, C.H., *The Parables of the Kingdom*, 1935, 1961

Ego, B., *Studien Zum Verhaltnis vom himmlischer und irdischer Welt im rabbinischen Judentum*, 1989

Evans, C. A., *To See and not Perceive: Isaiah 6:9-10 in Early Jewish and Christian Interpretation*, 1989

Falk, Z. W., *Introduction to Jewish Law in the Second Commonwealth* II, 1978

Feldmann, A., *The Parables and Similes of the Rabbis, Agricultural and Pastoral*, 1927

Feldmann, L. H., *Josephus and Modern Scholarship 1937-1980*, 1984

Fiebig, P., *Altjüdische Gleichnisreden und die Gleichnisse Jesu*, 1904

_____ *Die Gleichnisse Jesu im Lichte der Rabbinischen Gleichnisse des neutestamentlichen Zeitalters*, 1912

Fitzmyer, J. A., 'The Mathean Divorce Texts and some new Palestinian Evidence', *Theological Studies* 37 (1976), 197-226

_____ *A Wandering Aramean*, 1979

Flusser, D., *Die rabbinischen Gleichnisse und der Gleichniserzähler*

Jesus, 1981

_____ Judaism and the Origins of Christianity, 1988

Forester, W., Art. 'Epiousios' in TDNT II, 590-99

Forkman, G., The Limits of the Religious Community: Expulsion from the Religous Community within the Qummran Sect, within Rabbinc Judaism and within Primitive Christianity, 1972

Fredriksen, P., From Jesus to Christ, 1988

Freyne, S., Galilee from Alexander the Great to Hadrian, 1980

_____ Galilee, Jesus and the Gospels, 1988

Furnish, V. P., The Love Command in the New Testament, 1973

Garcia Martinez, F., Qumran and Apocalyptic, 1992

Goodenough, E. R., An Introduction to Philo Judaeus, 1962

Goodman, M. D., State and Societyin Roman Galilee, AD 132-212, 1983

_____ The Ruling Class of Judaea, 1987

Green, W. S., 'Palestinian Holy Men: Charismatic Leadership and Rabbinic Tradition', ANRW ii. 19:2 (1979), 619-37

Harvey, A. E., Jesus and the Constraints of History, 1982

Hauck, F., Art. 'Parables' in TDNTV, 747-51

Heinemann, J., Prayer in the Talmud, 1977

Hengel, M., The Charismatic Leaderand His Followers, 1981

Jeremias, J., Abba. Studien zur neutestamentlichen Theologie und Zeitgeschite, 1966

_____ The Prayers of Jesus, 1967

_____ The Parables of Jesus, 1972

Jülicher, A., Die Gleichnisreden Jesu, I-II, 1886-1910

Käsemann, E., Essays on New Testament Themes, 1964

Kilpatrick, G.D., The Origins of the Gospel according to St Matthew,

1946

Kittel, G., Friedrich, G. (eds), *Theological Dictionary of the New Testament I-X*, 1964-1976

Klausner, J., *Jesus of Nazareth: His Life, Times and Teaching*, 1925

Klein, M., 'The Targumic Tosefta to Exodus 15:2', *JJS* 26(1975), 61-67

_____ *The Fragment-Targums of the Pentateuch according to their Extant Sources*, 1980

Lagarange, M. J., *L'évangile de Jesus Christ*, 1929

Lindenberger, J. M., 'Ahichar' in *OTP* II, 479-507

Manson, T. W., *The Teaching of Jesus*, 1931

_____ *The Sayings of Jesus* [1937], 1979

Marmorstein, A., 'The Imitation of God (Imitatio Dei) in the Haggadah', *Jeschurun* 14 (1927), repr. in *Studies in Jewish Theology*, (1950), 106-21

Meier, J. P., *A Marginal Jew: Rethinking the Historical Jesus*, 1991

Moore, G.F., *Judaism in the First Centuries of the Christian Era* (1930) I-III

Mowry, L., Art. 'Parables', *IDB* III, 649-54

Meyer, A., *Jesu Muttersprache*, 1896

Milik. J. T., *The Book of Enoch: Aramic Fragments of Qumran Cave IV*, 1976

Neusner, J., *Types and Forms in Ancient Jewish Literature: Some Comparisons, History of Religions* II (1972), 354-90

_____ *A History of the Mishnaic Law of Purities*, Part XIII, 1976

Newsom, C., *Songs of the Sabbath Sacrifice*, 1985

Otto, R., *The Kingdom of God and the Son of Man*, 1938

_____ *The Idea of the Holy*, 1959

Pallais, P., *Exegesis of Lev. 19:18 and the Love Command in Judaism: Variations on a Theme* (Oxford Mphil. thesis, 1988)

Perles, F., 'Zur Erklärung von Mt 7:6', *ZNW* 25 (1926), 163f.

Perrin, N., *The Kingdom of God in the Teaching of Jesus*, 1963

_____ *Rediscovering the Teaching of Jesus*, 1967

_____ *Jesus and the Language of the Kingdom*, 1976

Perrot, C., *Jésu et l'historie*, 1979

Puech, E., 'Un hymne essenien en partie retrouvé et les Béatitudes', *Mémorial Jean Carminac*, RQ 13, Nos 49-52 (1988), 59-88

Renan, E., *La vie de Jésus*, 1863

Rabinowitz, L. I. and Scott, R. B. Y., Art. 'Parables', *Enc. Jud.* 13, 72-77

Rad, G. von, Kuhn, K.G., Schmidt, K.L., *Art. Basileus in TDNT* I, 564-93

Rowland, C., *Christian Origins*, 1985

J. Saldarini, *The Fathers according to Rabbi Nathan*, 1975

Sanders, E.P., *Jesus and Judaism*, 1985

_____ *Jewish Law from Jesus to the Mishinah*, 1990

_____ *Judaism: Practice and Belief*: 66 BGE-66 CE, 1992

Sanders, E.P. and Davies, M., *Studying the Synoptic Gospels*, 1989

Sanders, J.A., *Discoveries in the Judean Desert of Jordan IV: The Psalm Scroll of Qumran Cave II*, 1965

Schcheter, S., *Aboth de Rabbi Nathan*, 1887, repr. 1967

_____ *Some Aspects of Rabbinic Theology*, 1909

Schiffman, L.H., *Sectarian Law in the Dead Sea Scrolls, Courts, Testimony and the Penal Code*, 1983

_____ (ed), *Archaeology and History in the Dead Sea Scrolls*, 1990

Schlosser, J., *Le règne de Dieu dans les dits de Jésus*, 1980

Schuller, E. M., *Non-Canonical Psalms from Qumran*, 1986

_____ 'The Psalm of 4Q372 I within the Context of Second Temple

Prayer', *CBQ* 54 (1992), 67-79

Schürer, E., Vermes, G., Millar, F.Black, M., Goodman, M., *The History of the Jewish People in the Age of Jesus Christ I-III*, 1973-1987

Schweitzer, A., *Von Reimarus zu Wrede*, 1906

_____ *The Quest of the Historical Jesus*, 1910

Segal, J.B., *The Hebrew Passover from the Earlist Times to AD 70*, 1963

_____ 'Popular Relgion in Ancient Israel', *JJS* 27 (1976), 1-22

Smith, M., Matt. v.43: "Hate Thine Enemy"', *HTR* 45 (1952), 71-3

_____ *Jesus the Magician*, 1978

Sparks, H.f.d.(ed), *The Apocryphal Old Testament*, 1984

Stendahl, K., *The School of Matthew*, 1954

Stern, D., *Parables in Midrash: Narrative and Exegesis in Rabbinc Literature*, 1991

Strak, H., Billerbeck, P., *Kommentar zum Neuen Testament aus Talmud und Midrash*, 1922-28

Strungnell, J., *Moses Pseudepigrapia at Qumran in L.H. Schiffman, Archaeology and History in the Dead Sea Scrolls*, 1990, 221-56

Sukenik, E.L., *The Dead Sea Scrolls of the Hebrew Univesity*, 1955

Sweet, J.P.M., 'Assumption of Moses in H. F. D. Sparks', *AOT*, 1984

Tov, E., 'The Unpublished Qumran Texts from Caves 4 and II', *JJS* 43 (1992), 101-36

Urbch, E.E., *The Sages: Their Concepts and Beliefs*, 1975

Vermes, G., *Scripture and Tradition in Judaism*, 1961, 1973

_____ 'Bible and Midrash', *CHB* I(1970), 199-231 [=PBJS, 59-91]

_____ *Jesus the Jew*, 1973

_____ *Post Biblical Jewish Studies*, 1975

_____ *The Dead Sea Scrolls: Qumran in Perspective*, 1977, 1982

_____ *The Gospel of Jesus the Jew*, 1981

_____ 'A Summary of the Law by Flavius Josephus', *NT* 24 (1982), 289-307

_____ 'Jewish Studies and New Testament Interpretation', *JJS* 33 (1982), 361-76

_____ *Jesus and the World of Judaism*, 1983

_____ 'Scripture and Tradition in Judaism: Written and Oral Torah', in G. Baumann (ed.), *The Written Word: Literac in Transition*, 1986, 79-95

_____ *The Dead Sea Scrolls in English*, 1987.

_____ 'The Jesus Notice of Josephus Re-examined', *JJS* 38 (1987), 1-10

_____ 'Josephus Portrait of Jesus Reconsiderd', in *Orient and Occident: A Tribute to the Memory of A. Scheiber*, 1988, 373-82

_____ 'Bible Interpretation at Qumran', in *Yigael Yadin Memorial Volume, Eretz Israel XX*, 1989, 184-191

_____ 'Biblical Proof Texts in Qumran Literature' [Edward Ullendorff Festischrift], *JSS* 34 (1989), 493-508

_____ 'Preliminary Remarks on Unpublished Fragments of the Community Rule from Qumran Cave 4', *JJS* 42 (1991), 250-55

_____ 'The Oxford Forum for Qumran Research: Seminar on the Rule of War (4Q285)', *JJS* 43 (1992), 85-90

_____ 'Qumran Forum Miscellanea I', *JJS* 43 (1992), 301-3

Vermes, P., *Buber on God and The Perfect Man*, 1980

Weber, M., *From Max Weber: Essays in Sociology*, ed. H.H. Gerth and C. Wright Mills, 1979

Weiss, J., *Die Predigt Jesu vom Reiche Gottes*, 1990

Weiss Halivini, D., *Midrash, Mishnah and Gemara*, 1986

Wilcox, M., 'Upon the Tree-Deut 21:22-23 in the New Testament', *JBL* 96(1977), 85-89

Winton, A.p., *The Proverbs of Jesus: Issues of History and Rhetoric*, 1990

Würthwein, E., *The Text of the Old Testament*, 1980

Yardin, Y., *The Scroll of the War of the Sons of the Light against the Sons of Darkness*, 1962

_____ *The Temple Scroll I-III*, 1983

Young, B. H., *Jesus and his Jewish Parables: Rediscovering the Roots of Jesus' Teaching*, 1989

Zeitlin, I. M., *Jesus and the Judaism of his Time*, 1988

Ziegler, J., *Die Königgleichnisse des Midrash*, 1903

약어표

Ab.	Abbot
ANRW	Aufstieg und Niedergang der Romischen Welt, ed. H. Temporrini and W. Haase
Ant.	Jewish Antiquities by Flavius Josephus
AOT	Apochryphal Old Testament, ed. H.F.D. Sparks
apGen	Genesis Apochryphon
ar	Aramaic
Arakh.	Arakhin
ARN	Abot de-Rabbi Nathan
AZ	Avodah Zarah
b	bbavli (Babylonia Talmud)
BB	Bava Batra
Beat	Beatitudes
Ber.	Berakhot
BM	Bava Mesia
BQ	Bava Qamma
BR	Bereshit Rabbah (cf. GR and GenR)
C.Ap.	Contra Apionem by Flavius Josephus
CBQ	Catholic Biblical Quarterly
CD	Cairo Damascus Document
CHB	Cambridge History of the Bible, ed. P.R.Ackroyd and C.F. Evans
Decal.	De Decalogo, by Philo

DJD	Discoveries in the Judean Desert
DSSE	The Dead Sea Scrolls in English by G. Vermes
Er.	Eruvin
Ex.R.	Exodus Rabbah
Flac.	In Flaccum by Philo
fr.	Fragment
GenR/GR	Genesis Rabbah (cf. BR)
Gitt	Gittin
H	Hodayot(Thanksgiving hymns)
Hag.	Hagigah
HJP	History of the Jewish People in the Age of Jesus Christ, by E. Schurer G. Vermes F. Millar M. Black M. Goodman
HST	The History of the Synoptic Tradition by R. Bultmann
HUCA	Hebrew Union College Annual
Hul.	Hullin
IDBS	Interpreter's Dictionary of thd Bible: Supplementary Volume
Iss.	Issachar
JBL	Journal of Biblical Literature
J&J	Jesus and Judaism by E. P. Sanders
JJ	Jesus the Jew by G. Vermes
JJS	Journal of Jewish Studies
JWJ	Jesus and the World of Judaism by G. Vermes
Jub.	Jubilees
LAB	Pseudo-Philo'sLiber Antiquitatum Biblicarum
Legat	Legatio ad Gaium by Philo
Lev.R.	Leviticus Rabbah
Life	Josephus' Autobiography
LXX	Septuagint
m	Mishnah
M	Milhamah (War Scroll)
Mak.	Makkot

Mekh.	Mekhilta
Men.	Menahot
Mid.	Middot
Migr.De	Migratione Abrahami by Philo
MosesDe	vita Mosis by Philo
MS	Manuscript
Ned.	Nedarim
Neof.	Neofiti
Ohol.	Oholot
Opif.De	Opifpicio mundi by Philo
OTP	The Old Testament Pseudepigrapha ed. by J. H. Charlesworth
p	Pesher
PBJS	Post Biblical Jewish Studies by G.Vermes
Pes.	Peshim
Pes.R.	Pesiqta Rabbati
PL	Patrological Latina
PRK	Pesiqta de-Rab Kahana
Ps-Jon	Pseudo-Jonathan
Q	Qumran(1Q, etc. Qumran Cave I, etc.)
Q[NT]	Hyphothetical Gospel Source from Quelle
QIP	The Dead Sea Scroll: Qumran in Perspective by G. Vermes
R	Rabbi
RB	Revue Biblque
RQ	Revue de Qumran
S1 Q	Serek (Community Rule); 4 QSa,b,c, etc.=various manuscripts of the Rule from Cave 4
Sa	Rule of the Congregation or Messianic Rule
S&T	Scripture and Tradition in Judaism by G. Vermes
Sanh.	Sanhedrin
Sb	1QS Benedictions

Shab.	Shabbat
Shebu.	Shebuot
Shek.	Shekalim
Sot.	Sotah
Suk.	Sukkah
t	Tosefta
Taan.	Tannit(Fast)
Tanh.	Tanhuma
TDNT	Theoldgical Dictionary of the New Testament
Tg	Targum
Th-A	Genesis Rabbah, ed.J. Theodor-H. Albeck
TS	Temple Scroll
V.C.	De Vita contemplativa by Philo
War	Jewish War by Flavius Josephus
y	yerushalmi(Jerusalem or Palestinian Talmud)
ZNW	Zeitschrift für die neutestamentliche Wissenschaft

색인

ㄱ
가말리엘 2세 236
갈릴리인 유다 232
구스타프 달만 159
굳맨 18, 23

ㄴ
나단 53, 54, 106, 164, 166, 310, 350, 351
노아 110
노이스너 174, 175
느부갓네살 217, 225
느헤미야 322

ㄷ
다니엘 92, 100, 101, 113, 116, 122, 221, 222, 225, 226, 227, 262, 296, 335
다소의 바울 325
도드 243, 259, 369
딜레 27, 61, 79

ㄹ
라그랑제 15
레위 33, 42, 71, 74, 83, 86, 135, 170, 198, 199, 207, 277, 310, 348, 351, 356
로이지 266
루돌프 불트만 16, 215, 279
루돌프 오토 130, 133, 136
르낭 15

ㅁ
마이어 127, 159, 160, 173, 186, 200, 296
마틴 부버 216, 330, 370
마틴 헹엘 24
맨슨 15

ㅂ
바나바 55, 264
바룩 92, 227
바르 199, 340
바이스 216
베냐민 231, 262
베드로 37, 40, 55, 95, 140, 330, 362
보른캄 17
부버 216, 330, 370

ㅅ
사무엘 105, 106, 153, 164, 217, 218, 232, 308
사울 231, 232, 348, 353

삭개오 356
샌더스 19, 20, 24, 55, 59, 60, 61, 130, 198, 215, 260, 323
샴마이 70, 80, 124
세갈 23
슈바이처 15, 211, 216, 259, 260, 261, 368
스가랴 102, 111, 116, 121, 297, 310
스미스 24
스바냐 99
시므온 벤 아자이 206
심라이 87

ⓞ

아담 350, 365
아론 82, 126, 151, 251
아바 힐기야 278
아벨 111
아브람 303
아키바 44, 53, 81, 82, 85, 267
안토니 168, 169, 215
알렉산더 대왕 122
어거스틴 368
에스겔 163, 166, 219
에스라 92, 145, 166, 177, 225, 295, 322
엘리사 벤 아부야 184
여호수아 벤 코라 236
예레미아스 165, 174, 175, 178, 191, 198, 215, 259, 285, 291, 316, 317, 318, 319, 320
예수 벤 시라 82, 92, 322, 340

요하난 126, 140, 153, 175
요하난 벤 자카이 140
유다 121, 148, 162, 168, 173, 219, 231, 232, 307, 310, 318
의인 시므온 322

ⓧ

자이라 171, 190, 191
제롬 165, 171, 291, 368
존스톤 175

ⓚ

클라우스너 22

ⓣ

토빗 80, 160, 240

ⓟ

파포스 벤 유다 173
페린 215, 216
플라비우스 요세푸스 22, 67
필로 29, 44, 71, 72, 76, 77, 80, 85, 94, 307, 323, 324, 325, 326, 339

ⓗ

하난 39, 126, 140, 153, 175, 278, 312, 313, 345, 346
하니나 벤 도사 21, 23, 184, 281, 287, 311, 312, 339
하마 349, 350
하비 19, 215
하이네만 238, 240, 288

헤롯 안티파스 356
호니 21, 23, 39, 196, 278, 312, 339, 343

호크마 92
힐렐 70, 80, 81, 82, 85, 124, 250